石も夢みるスペインロマネスク

村田栄一

社会評論社

②

③

④

⑤

⑥

⑦

⑨

⑩

⑪

⑫

⑬

⑭

⑮

目　次

カラーページ

旅のはじめに

スペインについての、日本人の一般的なイメージは、闘牛とフラメンコというものだ。ドン・キホーテの物語に出てくるラ・マンチャの風車を思い出す人もいるだろう。

プラド美術館を飾るベラスケス、ゴヤ、エル・グレコを連想する人もいるかもしれない。ロルカという人はかなりの通だ。若い人は攻撃的なサッカーの魅力をあげるかもしれない。

いかにも「スペインらしい」と思われるこれらのことは、この本ではいっさい出てこない。

出てくるのは、石の文化の原点ともいうべき800年前の素朴な建築と、それを飾る石の彫刻やフレスコ壁画、そして、それらを包みこんでいる人里離れた自然だ。

ロマネスクと呼ばれる時代は、12世紀を中心とするもので、日本でいえば、源平の争乱から鎌倉時代にあたる。まだ、ゴシックの大建築やルネッサンスの華麗な文化が花開くより前の時代だ。

建築といえば、ひたすら、石を積み上げるだけ、彫刻といえば、円空仏にも似た稚拙なもの、絵画は、こどもが描いたかのように、遠近法もバランスも無視している。

その無骨さ、空想性、デフォルメぶりが、「写実」を越えた迫力を持っているとぼくには思える。そして、そんな作品が今も残っているところを、スペインで訪ね歩いたところ、みんなが「スペインらしい」と思うアンダルシアやマドリードぬきのスペイン旅行記ができてしまった。

だから、ガイドブックには書いてないところ、書いてないことばかりの本となった。

そこがおもしろいと言ってくれる読者と出会えると嬉しい。

序　ロマネスク讃歌

ヨーロッパの田舎めぐりをしていると、巨大なゴシックや、ルネッサンス風の写実や、飾りたてるバロックなどのどれとも異なった、小さくて、ずんぐりした、素朴で古拙な教会や彫刻、壁画などに出会うことがあります。

こどもの絵や粘土細工にも似たそれらは、ロマネスクと呼ばれる時代の産物です。

その魅力にとりつかれてしまったぼくは、今年の夏もスペイン中を走り回る2700kmのドライブをしてきました。ピカソやミロなどの造型表現につながる「ロマネスク」のおもしろさを、皆さんにお伝えしたいと思います。

＊　＊　＊

ぼくが長年おつき合いしてきた地域の主婦たちによるAndanteという学習グループがある。このグループは、1981年以来25年間、欠かさず連続講座を開き、ぼくもまた欠かすことなく参加してきた。その2006年度のシリーズで話したことを整理してまとめたのがこの記録である。

ロマネスクはロマンチック？

この講座ともずいぶん長いおつき合いとなります。ここ数年は、憲法や教育基本法などをめぐるいろいろな問題についてお話してきましたが、日本と世界のこどもにかかわるさまざまなことについても紹介してきました。

「ぼくの主夫体験」について語ったこともありますし、「不倫は家庭の常備薬」というテーマのディベートをコーディネイトしたこともあります。それが、今回は「ロマネスク」について語れという注文です。

ロマネスクっていうと、皆さんはこの言葉からどんな感じを受けますか？

「ロマンチック」そうですね。多くの人はそういうニュアンスをこの言葉から感じ取るのではないでしょうか。その感じ方があてはまるのかどうか、それは、これからの話の進み具合のなかで明らかになると思います。

物事を説明するときによく、「いつ」「どこで」「誰が」「何をした」という枠を設けて整理しますが、この言い方を借りて言うと、ロマネスクというのは、12世紀をその最盛期とする約千年前のことになります。その規模は、フランス、ドイツ、イタリア、スペインなどほぼヨーロッパ全域にわたって同時多発的に展開された、教会建築とそれに関わる美術における様式だと言ってよいでしょう。

その様式の担い手となったのは、一口に言ってキリスト教徒たち、とりわけ、修道院を中心とする人たちでした。

その人たちが、テレビもコンピュータも鉄道も高速道路もない、つまり、情報も交通も発達していなかった時代だったのに、それまでのものとは一線を画す新しい様式をヨーロッパ規模で実現したのです。なぜ、こういうことが可能だったのでしょう。

なぜ、同時多発の共通様式だったのか

この謎を解く上で最も基本となる手がかりは、その時代までにキリスト教が広く普及して、ヨーロッパ全域にわたってキリスト教を信じる人たちが存在していたということです。しかし、これだけでは説明になりません。そこでぼくは三つばかりの条件を考えてみました。

先ず第一に考えられることは、それが、最初のミレニアム直後のことだということです。ミレニアムという言葉は、5年前、20世紀が終わって、二千年代の21世紀に入るというときさかんに使われた言葉ですので覚えているでしょう。千年紀ということです。

紀元千年が近づいてくるころ、当時の人々は、そこで「最後の審判」が下るのではないかと怯えていたのでした。最後の審判というのは、ヨハネの黙示録で示されたことで、死後、浮遊していた霊魂が、天国行きと地獄行きに振り分けられるということです。

よほどの聖人君子でないかぎり、人間誰しも何らかの「悪事」は身に覚えがあることです。神の目は全てお見通しということになれば、それ

が些細なことであっても咎められるかもしれません。まさに戦々恐々としていたのです。

ところが、びくびくして迎えた紀元千年だったのですが、何事も起こりませんでした。キリスト教徒全員がほっと胸をなでおろしたのです。その安堵感が「神様ありがとう」の大フィーバーにつながることはよく分かります。

それまでの粗末な木造の教会を壊して、堅固な石造りの「神の家」(教会)を、一斉に建て始めました。

その様子について、11世紀の初頭、ベネディクト派の修道僧だったグラベールという人が次のように記録しています。

「西暦千年を過ぎた数年の間、ほとんど全世界において、特に北イタリアとフランスにおいて、教会が再建されるのが見られた……。世界は、教会の白い衣で飾るため、その古いぼろ着を振り捨てたのである」

今は、千年の時を経て黒ずんでいますが、切り出されたばかりの石を積んだ教会は、白く輝いていたのでしょうね。でも、当時の石造技術はそれほどでもなかったので、ただひたすら積み上げるだけの小さな窓もない素朴なものでした。この低さと暗さを克服して、より高く、より明るくということが、ロマネスクに続くゴシック建築の課題となったのですが、今日の話はそちらには触れません。教会づくりの気運が一気に嵩じたということだけを確認して次に進みましょう。

ロマネスクの時代は、人々が遠くまで旅をし、その途中でさまざまな交流がなされた時代でもありました。それは、「聖地巡礼」というかたちで流行したのでした。人間が行き交えば、そこで情報も交換され、技術も伝播します。教会づくりの技術も磨かれるというものです。その中世巡礼について少し説明します。

9世紀の初め(813年)、スペインの西端ガリシアで聖ヤコブの墓が見つかったという噂が広がりました。その場所は流れ星が教えてくれたというので、Santiago de Compostela「星の野原の聖ヤコブ」と呼ばれるようになりました。コンポステラには「墓地」という意味もあります。

そのヤコブという人は、キリストの十二使徒のひとりでヨハネの兄弟でもある大ヤコブと言われている人です。もともとはガリラヤ湖畔の漁師でその激しい気性から「雷の申し子」と呼ばれたということです。

この聖ヤコブはスペイン語では「サンチャゴ」と言いますが、フランス語では「サンジャック」、英語だと「セントジェームス」です。

スペインに最初にキリスト教を伝えたのがこの人だと言われ、7年間の伝導を終えてパレスチナに帰り、そこで殉教したと伝えられています。十二使徒最初の殉教者です。

そして、彼の遺骸を載せた舟は、風に運ばれてスペインの地に漂着したという伝説が残っていました。その墓が見つかったというのですからこれはビッグニュースです。

ちょうどそのころ、スペインではイスラム教徒とのたたかいが激化していました。

イスラム教徒がスペインに侵入したのが711年、瞬く間にスペインのほぼ全土を占領してしまいました。対抗勢力は北端のカンタブリア山脈と東端のピレネー山脈に閉じ込められていました。ここから、キリスト教徒たちの反撃が始まります。

そのイスラム教徒たちへの戦争のことをレコンキスタ（再征服）と言います。この対イスラム戦争は、1492年グラナダの奪取まで、何と781年間も続いたのです。

サンチャゴ発見の報が流れてから30年くらい経ったころ、イスラム教徒との戦いで苦戦中のキリスト教陣営に、突然、白馬に跨がり白地に赤い十字の軍旗を持った騎士が現れ、先頭きって敵陣に斬り込み、勝利に導いたという「奇蹟」が伝えられました。これが、マタモロス（モーロ人殺し）のサンチャゴだということになり、レコンキスタの勢力は一気に盛り上がりました。何しろ「サンチャゴ」と叫んで突撃すれば必ず勝つというのですから、勇気百倍というものです。

日本でも天草四郎率いる島原の乱（1637年）で、キリシタンたちは、「さんちゃご」と叫んで敵陣に斬り込んだという記録が残っています。

そんなわけで、聖ヤコブはレコンキスタの守護聖人となり、その墓があるサンチャゴは聖地となりました。そして、ここへの巡礼が始まったのです。

それまでの巡礼地は、キリスト殉教の地であるエルサレムと、聖ペトロが殉教し、神の代理人としてのローマ教皇がいるローマでしたが、トルコ人の侵入によってエルサレムへの巡礼が危険になったということもあって、第三の聖地であるサンチャゴへの巡礼が大ブームになりました。バチカンもまた巡礼を保護するための「サンチャゴ騎士団」の後押しをしたりして力を入れました。

この巡礼ブームが最もピークに達したのは12世紀、まさにロマネスクの時代です。年間50万の人たちがイベリア半島の西端まで歩いたというのですからたいした勢いです。

この巡礼たちのために、世界最初のガイドブックが発行され、道も整備され、宿泊施設も病院も設立されました。ホテルもホスピタルもほぼ同じ意味で、その整備については修道院ががんばりました。

そして、何よりも力を入れたのが、巡礼たちがその途中で立ち寄り、祈りを捧げていくところとしての教会建設です。同じ時期に一斉に作るのですから、そのスタイルは同じです。巡礼路に沿った村々にロマネスク教会が建てられ、残っている理由がこれでわかりますね。

さて、教会を建てたら、そこに参詣客を集めなければなりません。そのためには「目玉商品」が必要です。それは、なんらかの奇蹟にまつわる伝説とお宝です。

「目が見えるようになった」とか、「歩けるようになった」などという奇蹟譚は、それにあやかりたいという人を集めます。そして、お宝というのはほとんど聖人たちの遺物や遺体にかかわるもので、それを拝観することを通して聖人との一体感を強めたいと願ったのではないでしょうか。このお宝のことを聖遺物といいますが、それが有名なものであればあるほど人が集まるのは当然なことです。

皆さん、イタリアのベネチアというところをご存じですよね。シェークスピアの「ベニスの商人」やゴンドラで有名な大観光地です。

このベネチアで最も人が集まるのは、サン・マルコ寺院と、それが建っているサン・マルコ広場です。聖マルコがこの町の守護神だから中心となるものにその名がつけられているのです。

聖マルコというのは、新約聖書を書いた４人の福音史家のひとりで、翼を持った獅子をシンボルとするキリストの弟子のなかでも大物中の大物です。その遺体を持っているというのがベネチアの自慢なのです。ですから、町のシンボルマークもライオンです。

だけど、この聖マルコの遺体と称する代物は、９世紀（828年）に、アレクサンドリアから買ってきたものなんです。当時は、アラビア商人から物を買うことは禁止されていたのですが、東方貿易でがっぽり儲けていたベネチアは、そんな禁令は無視して買ってきたのです。そして、その２年後の830年から聖マルコの遺骸を納める教会をビザンチン様式で建てはじめました。これが、サン・マルコ寺院なのです。

聖遺物というものがどれだけ大きな功徳をもたらすかという典型的な例です。巡礼の時代は、聖遺物への関心が広範に高まった時代でもありました。ここで、もうひとつの「大旅行」が関係してきます。

ニューヨークやワシントンが攻撃された９・11への報復としてアメリカがイラク戦争に突入したのは３年前のことですが、その攻撃を「聖戦」として美化するためにブッシュ大統領はイラクへの軍隊を「十字軍」と規定しました。それはただちに世界中から批判されてすぐに取り消したということがありました。これは単にお粗末な話ということだけでなく、ブッシュという男が、現代の政治家としていかに最低かということをはっきりさせてしまったということでもあります。

どうして、「十字軍」を名乗ることが現代世界では通用しないのでしょうか。十字軍というのは、キリストがそこで磔にされたところとして聖地となったエルサレムをイスラム教徒の手から奪回しようとして送り込まれた軍隊のことですが、それは、キリスト教徒の立場からすればまさに「聖なる戦い」だったのかも知れませんが、イスラム側から見れば「侵略」でしかありません。さまざまな違いを越えて共存していかなければならない現代世界において、イスラム世界では「悪の権化」でしかない十字軍を持ち出すことが、いかに馬鹿げたというより馬鹿丸出しであることは、これでお分かりでしょう。

この十字軍遠征は、11 世紀末から 13 世紀にかけて、７回（８回という解釈もある）行なわれましたが、それはまさに巡礼の時代と重なり合っています。

キリストゆかりの地に到達した十字軍は、そこで、大量のキリストや聖人たちの聖遺物を買いあさり、あるいは略奪してヨーロッパに運び込みました。この降って湧いたような聖遺物の大量需要に応ずるべく、偽物製造工場も作られたということです。

とにかく、この聖遺物移動によって、聖母マリアがキリストを育てた家だとか、茨の冠とか、磔にされた十字架とか、その十字架にキリストを打ちつけた釘とか、最後の晩餐の時のワイングラスとか、とにかく、さまざまな「遺物」や「遺骨」などがどっと流れ込んできたのです。中には、キリストが幼児のときに使ったという触れ込みの革製の哺乳瓶だとか布のおむつだとか、何と、キリスト５歳の時の頭蓋骨まであったというのですから驚きです。

聖十字架は木片にして分けたとされていますが、フィレンツェのサンタ・クローチェのように、それを今保有しているというところのものを全部集めると大きなビルくらいの量になるのだそうです。

人気聖遺物のひとつに聖骸布というのがあります。これは、十字架を担がされてゴルゴダの丘へと追い上げられたキリストが汗まみれとなり、それを群衆にまぎれて見ていた聖女ヴェロニカが、たまらず駆け寄り、イエスの顔を拭ったとき、その顔形がはっきりとその布に残ったというものです。これは南フランスのカドゥアンというところに秘蔵されているということです。

もっと有名な聖骸布は、キリストの遺体を包んだとされているもので、そこには痩せた男性の全身像がネガ状に転写されているのだそうです。これは、ローマ教皇公認のもとに、トリノの聖ヨハネ大聖堂で保管されています。この布を 1988 年に、放射性炭素年代測定で検査したところ、それが、1250 年から 1390 年の間に作られたものであるということが分かりました。写っていた男性像は顔料で描かれたものであることも判明しています。つまり、巡礼の時代に作られた偽物というわけです。

でも、こういうビッグネームの聖遺物は、十字軍遠征に参加したフランスやイタリアの教会の取り合いとなり、僻遠のスペインには回ってきません。そこで、聖人や聖女たちの遺物や遺体の断片が、真偽取り混ぜて「お宝」となったわけです。その争奪戦も公然と行なわれていたようです。

お宝を確保した教会は、今度はそれを見てもらわなければいけません。そこで、信者の流れが停滞しないように巡回できるような構造にしました。巡礼路教会と呼ばれるスタイルが出現したのです。

こうして、十字軍は東西交流を通して、イスラム世界には侵略を、キリスト教世界には多くの聖遺物をもたらしたのでした。

ついでに言うと、長期間の遠征に妻を残して参加する兵士たちに「安心感」をもたらすためのものとして発明されたのが「貞操帯」でした。

12世紀のロマネスクの時代、キリスト教世界とイスラム世界の東西交流ということで言えば、十字軍遠征は、たしかに侵略というかたちのものでしたが、それとは異なる交流というか、東から西への影響という事実も認めておかなければいけません。

古代ギリシアで花開いた哲学、論理学、天文学、数学、医学などの科学文化は、ギリシア滅亡後、ヨーロッパにではなくイスラム世界に伝わり、そこでより高度なものへと発展させられました。多くの文献が、ギリシア語からアラビア語に翻訳されて活用されていました。当時の先進国は疑いもなくイスラム世界でした。

８世紀以降のスペインが、イスラムの支配下にあったということはさっき申し上げましたが、その密接な関係のなかで、イスラム世界の高度な文化や技術がスペインに流入しました。カタルーニャのリポユやトレドやコルドバなどが、アラビア語文献をラテン語に翻訳するということを通じて、その文化を摂取してヨーロッパへ普及する拠点となりました。これが後にルネッサンスをもたらす基盤となったのです。

当時のヨーロッパがイスラム文化からどれだけの恩恵を受けているか

ということについては語り尽くせないほどのことがあるのですが、ここでは、一つだけ取り上げておきます。

皆さん、ローマ数字というのを知ってますよね。時計の文字盤などによく使われているやつです。Ⅰ、Ⅱ、Ⅲ、Ⅳ、Ⅴ、Ⅵ、Ⅶ、Ⅷ、Ⅸ、Ⅹ、ⅩⅠ、ⅩⅡと書いてあります。

よく見ると、4は5マイナス1、9は10マイナス1で表されていますね。5はV、10はXです。そして、50はL、100はC、500はD、1000はMで表すというのがローマ数字の記数法です。ですから、40はXL、90はXC、400はCD、900はCMです。

この記数法で、今日つまり2006年9月29日は、MMVI IX XXIX です。

では、これが読めますか。MCMXXXV XII XXIII. ……ぼくの生年月日です。

皆さんも自分の生年月日をローマ数字で表すとどうなるかやってみてください。

これを使って年号などを書くのはちょっとカッコいいのですが、これで計算しろと言われたら困りますね。何しろゼロ記号がないのですから位取りということができません。

ぼくの年齢にしたって、アラビア数字だと、2006 − 1935 = 71と簡単に計算できますが、これが、MMVI − MCMXXXVではどうやっていいのかわかりません。

ゼロを含むアラビア数字の十進法が日常生活の面でも、科学の発展に関しても非常に便利で大事なものであるということがわかります。このアラビア数字の記数法も、12世紀にイスラムからスペイン経由でヨーロッパにもたらされたものなのです。

その時代までにヨーロッパ規模でキリスト教が広まり、その人たちが一斉に「最後の審判」を免れたことを喜び、巡礼というかたちで、あるいはイスラム世界からの文化流入というかたちで、情報や技術が行き交うことによって、テレビも鉄道もない時代だったにもかかわらずヨーロッパ規模である共通の様式が同時多発的に生み出されたのではないかというのがぼくの推測です。

こうして、ロマネスク様式というものが成立しました。

それがなぜロマネスクなのか

こんにち、ロマネスクと呼ばれる建築物や壁画を制作した人たち、またそれを享受した当時の人たちは、自分たちの文化を指して「ロマネスク」などと名乗っていたわけではありません。その様式がロマネスクと規定されたのは、19 世紀に入ってからのことです。

そこには、どんな事情があったのでしょうか。

はっきり言えるのは、ロマンチックな事情などありませんでした。むしろ、その逆です。ロマネスクとは、軽蔑的なニュアンスを含む言葉として発せられ、名づけられたのでした。

その名づけ親は、フランスの考古学者ジェルヴィルという人ですが、その根拠は、中世ロマネスク様式とくくられる美術や建築などが、「我々の粗野な祖先たちにより、時がたつにつれ、不自然にされ、堕落させられたローマ風様式」だからだと言うのです。

確かに、ゴシック期以降の建築や彫刻と比べると、ロマネスクの教会は、技術的に劣っていてずんぐりと低いし、壁は厚いだけでステンドグラスもないから暗いし、飾られている彫刻や描かれている壁画などは写実的とは言えないし、釣り合いもとれてない稚拙なものばかりです。

ミロのヴィーナスに代表されるような古代ギリシア・ローマの美術を規範とするならば、ヘタクソだし、歪んでいます。ルネッサンスで再発見された古典美とは、自然や人間の外観をありのままに写し、それを理想的な美しさにまで高める法則性や正確な比例関係（プロポーション）を見定めることでした。

ロマネスクの造型の底に流れる美意識は、それとは逆に、見えるものの内面の見えないものを、かたちにこだわることなく表現しようとするものでした。聖アウグスティヌスが言ったとされる「美は物質的な塊の中に求めてはならない」という規範に従っての造型だったのです。その外観無視の自由奔放な形態表現には、ただ幼稚というだけではないそれなりの美意識があってのことだったのです。

19世紀末から20世紀にかけて、めざましい展開を見せたモダンアートは、それまでの伝統的な写実主義を乗り越えて、美の多様性に立脚することによって、まさに、現代美術となることができました。フォーヴィスムもキュービスムもシュルレアリスムもアブストラクトも、みな、デフォルメと記号化ということを武器にして花開いたのです。

ロマネスク様式を支えた美意識や手法は、通奏低音のように、現代の美術に受け継がれているのです。

ですから、千年前の造型を追うということは、単なる骨董趣味ではなく、実は、美の最先端を追っかけているのだとこじつけてもいいのかも知れません。

ロマネスクの魅力ってどんなところ？

どうしてロマネスクなんかに惚れてしまったの？と聞かれても即答できません。相手が人であっても物であっても、好きになるということは理屈ではなく感性の問題ですから、時には「アバタもエクボ」になりかねません。でも、それでは味もそっけもありませんから、かなり無理して好きになったわけを分析してみましょう。

①ロマネスクを訪ねて行くと、いい景色に出会うことが多い

ロマネスクの教会の殆どは田舎に残っています。まだ、大都市を制覇するほどの政治的・宗教的大権力が登場する以前の群雄割拠のローカルな時代の産物ですから、ロマネスクあるところに自然ありなのです。日本の戦国時代でもその時代を刻印している城は山城です。権力が大きくなるに従って平地に城が築かれて都市になりました。それと同じように、ヨーロッパでも都市に大きな教会が作られるようになったのはゴシック時代になってからのことです。観光客のほとんどは、交通や宿泊の関係もあって都市にしか行きませんので、そこで目にする大建築のほとんどはゴシック以降のものです。ロマネスクを訪ねたいのであれば、交通不便で泊まるところもないということを覚悟しなければいけません。どうしてもレンタ・カーが必要になるということです。通訳なしの自力観光

です。

この段々畑の積み重ねの上に寄り添うように家が集まりその中心に教会がある風景は、ウフェ（写真①）というところです。この教会が城のようにも見えるのは、ナバーラとアラゴンという地方の国境にある村なので、レコンキスタの時代の勢力争いの前線基地でもあった名残です。ここの教会に祀られているのは、サンタ・マリア・ラ・ブランカという銀箔で包まれたロマネスクの木像なのですが、毎年、４月末か５月初めの日曜日、このマリアに許しを請う人々が、麓の村々から、黒装束裸足で十字架を担ぎ、ここに集まってくるロメリアの祭りで知られています。ここで売っている蜂蜜は野の香りがしてとても美味しいです。

ピレネー山脈に近い、アグエロ（写真②）という村です。村全体よりももっと大きい岩が村の背後に衝立のように聳えています。この景色が見えるすぐ右手の道を登った丘の上にサンチャゴ教会があります。その入口の左側の柱に「サロメの踊り」が彫刻されています。

大きな谷を見下ろす村外れの丘の上に可愛い礼拝堂が建っています。ドゥーロという村です。このサン・キルゼというお堂のなかの祭壇を彩りも鮮やかな板絵が飾っていました。12 世紀に描かれたもので、３歳の息子と共にトルコで殉教した聖女ユリタを讃える板絵です。その絵には、キリスト教を棄てさせようとして、鋸で挽いたり、刀で刺したり、釘打ちにしたり、釜茹でにしたりと、拷問のようすが描かれ、それでも転向しなかったとユリタ母子を讃えています。この板絵は今、バルセローナのカタルーニャ美術館に展示されています。この丘は羊の放牧場にもなっていて、それぞれの首につけられた鈴の音が空に響いて、まさに天上の音楽でした。

①

②

これは、フランスのカニグーという山の絶壁に築かれた修道院の全景です。車が入れないので、麓の村からぼくの足で1時間以上かけて登りました。この風景を撮るためにはさらに山道を登らなければなりませんでした。とても疲れた思い出が残る写真です。

これもフランスのコンクという村のサン・フォアという教会を上から眺めた写真です。この谷は霧が出やすいところで、その霧の海から教会の塔の先端だけがのぞいている風景はとても幻想的です。この教会の正面を飾っている「最後の審判」の彫刻については、後ほど紹介します。

このように、ロマネスクの教会は美しい自然のなかにあることが多いのです。

②ロマネスクは個性的である

ロマネスクはヨーロッパ規模で同時多発的に展開された最初の共通様式であるということは､すでに申し上げましたが､ゴシック様式が､「でっかい」「とんがっている」というように要約されるのに対して、ロマネスクはそう簡単にまとめられない多様性を持っています。これは、その様式を促し保障した「権力」の大小とも関係しているのではないでしょうか。とにかく、ロマネスクというのはきわめてローカルです。それだけローカリティゆたかということもできます。

権力というものは、その力を誇示したいためにどうしても人目につくことを考えがちです。ズバリ言うと、悪趣味に陥りやすいものです。大学教授だからさぞ知的センスもなかなかのものだろうと思われるような女性でも、いざ、大臣になったりすると見ている方が恥ずかしくなるような趣味の悪いドレス着用で登場したりするのを見ても、権力は悪趣味に走るということがわかると思います。

ロマネスクはその基盤となる権力が小さいだけ､そのスタイルも､使っている素材も、装飾もそれぞれに異なっています。その地方色ゆたかなところがぼくは好きです。

③ロマネスクには暗号を解くおもしろさがある

まず、この写真を見てください。これは、バルセローナの下町、観光客はそこに入らないようにと必ず注意される地域にあるサン・パウ・デル・カンプ（野原のサン・ペドロ）という小さな教会の正面入口です。扉口の上に半円形の空間がありますが、これをタンパンといい、その教会のテーマとなるような彫刻が施されている例が多いところです。もちろん、どこでも主役はキリストです。

この教会の場合は、真ん中にキリスト、その左右に、聖パウロと聖ペテロが彫られています。注目していただきたいのは（写真③）、さらにその上の部分です。ぐっとクローズアップしてみます。上の方に「指」が刻まれていますね。これは、「神」の象徴です。神は人間を超越した存在ですので人像では表せません。天地創造の創物主として「指」でそれを示すことになっています。

その下に、翼をつけた人と鷲がついています。そして、雨水を吐き出すかたちで、獅子と牡牛がつけられているのがわかりますか。これは、聖書にマタイ伝とかヨハネ伝などというかたちでその名を残している４人の福音史家と呼ばれる人たちのシンボルで、人－マタイ、鷲－ヨハネ、獅子－マルコ、牛－ルカという約束になっています。

次の写真を見てください。これは、巡礼たちがピレネーを越えてスペインに入った最初の町ハーカの教会にあるものです（写真④）。この彫刻が、ロマネスクとしてヨーロッパに残っているものの中では一番古いのではないかと推定されているものです。タンパンの中央に彫られているのは、車輪みたいなかたちです。さっき、中央はキリストと言いましたが、これはどうしたことなのでしょう。

実は、この車輪がキリストなのです。ここには、いくつかの文字が隠されています。

ＸとＰとＩ（横軸）ですね。こういう組合せ文字のことをモノグラムといいます。では、このＸＰＩがどうしてキリストなのでしょうか。これはローマ字ではなくてギリシア文字なのです。ギリシア文字でキリストは、ＸＰＩΣＴＯΣと綴り、クリストスと読みます。この車輪のようなかたち（クリスム）にはその最初の三文字が含まれています。

③

④

そして、横軸になったIの両脇にαとωがつけられています。アルファはギリシア文字のアルファベットの最初であり、オメガは最後の文字です。これは「私は最初であり最後である」というキリストの言葉を記したものです。

ギリシア文字でキリストと綴る最初のX一字だけでもキリストを意味することがあります。クリスマスのときなどによく使われるX masというのがそれで、これは、キリストのミサということを意味しています。

神の姿を人像で表すことができないのと同様に、初期キリスト教ではキリストの姿も人像で表すことを恐縮だと思っていたようです。それでモノグラムで表すようにしたのでしょう。これは、スペインのアラゴン地方の古いロマネスク教会に残っています。

ロマネスクは地方色ゆたかだと言いましたが、キリストの顔や表情もさまざまです。聖母マリアにしても、それぞれ村一番の「ふっくらさん」をモデルにしたのではないかと思うくらいさまざまです。スペインとの国境に近いフランスのフェノラールという農家の納屋みたいな教会の壁に描かれたマリアなんて、怖いぐらい野性的な百姓女そのものです。

ローマ教皇庁の権力が大きくなって、統制がとれてくるに従って、キリストは堂々と威厳ある表情に、マリアは慈愛に満ちた美女にと類型化してしまいます。「エラソー」「ヤサシソー」だけど、人間味は薄くなり親しみにくくなります。車輪みたいなかたちでキリストを表したハーカのタンパンをもう一度見てください。このクリスムを守るように二頭の獅子が向かい合って彫られています。左側の獅子の足下にはひとりの男がひざまずいています。右側の獅子の足の下には熊とトカゲみたいな形をした怪獣がいます。これはバシリスクといって悪いことの象徴です。そして、左側の獅子の頭の上には「獅子は足許にあるものを哀れむ　そしてキリストは加護を祈願する人を哀れむ」とラテン語で書かれています。右側には「力強き獅子は死の勢力を打ちのめす」と書かれています。罪人を哀れんでいる左側の獅子は口を閉ざし、死の王国の象徴であるバシリスクを打ちのめしている右側の獅子の口は開いて歯をむき出しにしています。この対照的な表現によって、「罪を許す慈悲の姿」と「罪や死に打ち勝つ姿」というキリストの性格の二面性が表現されているのだそうです。まるで、暗号解読みたいで面白いですね。

ほぼ１年前（2005年11月７日）の朝日新聞に、イスラエルのある刑務所敷地で古いキリスト教教会と思われる遺跡を発掘したという記事が載っていました。それによると、３世紀か４世紀のもので、恐らく最古のキリスト教教会ではないかと推定されているのですが、その遺跡の床には、魚を描いたモザイクが残っていたのだそうです。

この「魚」もまたキリストの象徴なのです。ギリシア文字で魚は、ＩΧΘΨΣと綴り、イクススと読みます。この５つの文字はそれぞれ「イエス・キリスト・神の・子・救い主」と書いたときに先頭にくる文字、つまりアクロスティックですね。

何でこんな面倒な隠語みたいなものが必要だったのかというと、イスラエルで発見された古い教会が建てられるころまでは、キリスト教徒は「隠れきりしたん」だったのです。ミラノ勅令でキリスト教が公認されたのが313年つまり４世紀初めですから、それまでのキリスト教徒は、文字通りアンダーグラウンドの存在でした。地下に潜んだローマのカタコンベがそのよい例です。

禁制のキリスト教信仰を貫いて鎖国時代を生き抜いた九州の隠れきりしたんたちが、仏像の背中にこっそり十字を刻んだように、ローマ帝国によって弾圧されていた初期キリスト教徒にとって、お魚マークがそのままキリストを意味するというような象徴的な図像がどうしても必要だったのでしょう。ロマネスク時代の作品を見るということは、そこにさりげなく散りばめられた暗号を読むということなのです。

今、写っている写真は、ピレネーに近いところのアインサという古い町の広場脇に建つ教会の門ですが、その入口の上に小さな四角の凹みがあります。そこをクローズアップしてみましょう。この小さな窪みのなかにはっきりと車輪マークが刻まれているでしょう。こういうさりげなさが曲者なのです。こんなの見つけるとすごく嬉しいです。

④ロマネスクのおもしろさはデフォルメにある

タンパンの一部を写したこの写真を見てください。これは、サングエサという町のサンタ・マリア教会の南側入口にあるものです。このタンパンのテーマは「最後の審判」ですが、これはその向かって右側の「地獄」の場面です。地獄に追放された人々の列が、押しくらまんじゅうみたいに、あるいは、満員電車の中みたいにひしめいて、半円の枠に従ってどんどん小さくなっていく描き方が面白いと思いませんか。下には雁首だけが重なっています。プロポーションを無視すると一気に画面がおもしろくなる、こどもの絵とよく似ています。

最近の朝日新聞の「朝日歌壇」というページでこんな入選作を見ました。四万十市の島村さんという方の作品で、

幼きは青い画用紙を一頭の鯨で埋めて夏逝かんとす

というものです。海をイメージする青い画用紙いっぱいに鯨を一頭だけ、それをはみださんばかりに大きく描くことによって、海の広さに対抗する鯨の大きさを表現したいという気持ちが伝わってきます。このように、本質をズバリと全体のバランスなど無視して描き出すというところにこどもの絵の迫力があり魅力があります。

タンパンの半円形という枠に従ってフォルムが自在に変形したこの扉口では、他の「変形」も見ることができます。タンパンの下にあるまぐさ石を支えているのは左右３本ずつの柱なんですが、これが人間の姿をした人像柱なんです。左側３体はいずれも女性で、マグダレーナのマリア、聖母マリア、ヤコブとヨセフの母マリアという３人のマリアが並んでいます。右側は、聖ペトロとパウロ、そしてイスカリオテのユダで、

ユダは小さな首吊りの姿です。この６体の人像は、その母体が柱ということもあって極端に細長く引き伸ばされています。きっと 12 頭身ぐらいあるのではないでしょうか。

このように、人体のプロポーションなどという外観のリアリティよりも、半円とか柱などという枠の中で自由にデフォルメしていくという、制約を逆手にとった表現方法こそがロマネスクを特徴づけているのです。

ロマネスクを特徴づけているものとして、回廊の空間美ということも取り上げておかなければいけません。ゴシックになるとステンドグラスが登場しますので、回廊はずっとお手軽になってしまいます。その回廊を構成するのは柱の列ですがその柱の頭部が大事な表現空間になります。その逆台形の柱頭に施された彫刻こそがロマネスクの華といってもいいくらいです。そこには、聖書の物語や人物や動物、植物文様などさまざまな場面が描かれています。これからあちこちの回廊で撮影してきたお気に入りの柱頭を 40 枚ばかり連続して写しますので、その自在なデフォルメぶりを楽しんでください。

⑤想像力を駆使して描いた世界に分け入る

先ほどは、「最後の審判」を主題としたサングエサのタンパンを紹介しましたが、このテーマはとても好んで使われています。パリのノートルダムにもありますが、ここではロマネスク彫刻の傑作と言われているフランス・オータンのサン・ラザール教会のものと、コンクのサン・フォア教会のもの（写真⑤）をご覧ください。中央にキリスト、その下に、天秤ばかりで死者の魂を計量して天国行きと地獄行きに選別している大天使ミカエル、そして、左天国、右地獄というのが定型です。人類はじまって以来それを実際に見た人はひとりもいないという世界を描くのですから完全に想像力にかかっています。

ぼくはここ十年近く、連続して学生たちを連れてパリに行ってましたが、ノートルダムの最後の審判（写真⑥）の前でいつもこんな話をしたものです。

「あそこで、サン・ミッシェルがはかりで人間の魂を量っていますが、

本来数値化することができないものを重さという単位に還元して比較している。人間の能力を偏差値という一元的な物差しで計量し、それで選別する最初の姿がここにあるのだ」と。

それにしても、左側の天国は平和で静かで、そこに安住した人たちの表情は安心しきって単調ですね。とても退屈そう。それと比べると、地獄は表情ゆたかですね。鬼も魔物もみんないつかどこかで見たことのある人みたいで、ずっとおもしろそうです。ぼくは死んだらこっちの方に行きたいです。友だちもみんなこっちに来ているみたいだから。

百パーセント想像力の産物という点で、もう一つ紹介しておきたいのは、ヨハネの黙示録です。これは新約聖書の最後に入っていますので簡単に読めます。これは、紀元１世紀末にギリシア語で書かれたもので、今アナトリアと呼ばれている西アジアで迫害されていたキリスト教徒に対して、そういう迫害を与える地上の王国はやがて滅亡し、キリストが再来して神の国がやって来ますよと、慰め、激励した文書です。

この黙示録を文字が読めない人にも分かるようにイラスト入りの註釈書にしたのが、ベアトという坊さんでした。８世紀後半のことです。この原本はどこかに行ってしまって見つからないのですが、それを羊皮紙に写した写本が今世界で 20 数冊残っています。

ロマネスク時代にこの写本があちこちの教会の彫刻や壁画に与えた影響は大きなものでした。カタルーニャのセウ・ドゥルジェイという町のカテドラル美術館に、10 世紀後半から 11 世紀にかけて制作されたと推定されているこのベアトゥス写本が保存されています。これは、最も保存状態がいい写本のひとつとされているものですが、DVD になっていますのでその全貌がよく分かります。その中から20枚ばかりの挿絵を紹介しておきます。

想像力を駆使して描く世界の楽しさを味わってください。千年前に描いたとは思えないほど鮮明な色が残っています。

⑥ロマネスクはさり気ない小さなものへの視力を鍛えてくれる

千年前の天使や悪魔の絵に続いて、現代のこどもが描いた絵が出てきてもそれほど違和感はないでしょう。これは、ポブラ・デ・リョレットという山奥の村にキリストの磔刑像を見にいった時、通りの壁に貼ってあった「ごみの分別」を呼びかける絵です。

次は、バルセローナの街角で見かけた「犬の散歩」で、糞は飼い主が始末して下さいというポスターです（写真⑦）。ピラミッド状の犬糞が可愛らしく、グラシアスと書いてあります。

旅に出ると、どうしても、目新しいもの、巨大なもの、カラフルなものに目が行ってしまいます。日常に即したさりげないもののおもしろさに着目することを忘れがちです。

若い学生たちなんて、あっち見ては「スッゴーイ」、こっち見ては「カッワイイー」の合唱です。それを笑うぼくだって、若いときは「異議なーし」と「ナンセンス」の二分法で世界を裁断していたのですから笑う資格はないのですが、それにしても粗雑なのはいけません。

以前、バルセローナの街路樹の根元を保護する鉄網が一本一本それぞれの木の太さや偏りに合わせて手作りしたものであることを発見して感動したものですが、今年の夏は、前に見かけた路上にはめ込まれた時計が、きちんと動いていることが分かって嬉しかったです。この写真で分かるように時と分のところがガラスブロックになっていて、そこに下から光を当てて時刻を示すという仕掛けです。この写真では8時45分を指しています。

1936年、内戦が始まった時に設置された実験的な試みのものなのですが、故障したまま放置され、1989年に自治政府が修復したものです。何と53年ぶりに蘇った時計なんです。

バルセローナの町のあちこちには道行く人たちが喉を潤すことができるように水道が設けられていますが、そこに取りつけられている彫刻が微笑ましい。少女が腹這いになって蛇口に手を伸ばしているのや（写真⑧)、貧しい身なりの少年がにっこり笑っているのなど（写真⑨)、これを制作した人の、暮らしに楽しさを贈ろうとする優しさが伝わってくるように思います。

ロマネスクを楽しむうちに、こんな些細なことに美を見いだす視力みたいなものが鍛えられてきたのかなと思うのです。

では、改めて、今までお話してきたことを思い出しながら通してスライドショーを楽しんでください。こんどは伴奏つきです。BGM として使わせていただいたのは、韓国で大ブームとなった倉本裕基さんのピアノ・コンソレーションです。

⑧

⑨

1

幻のシンフォニー

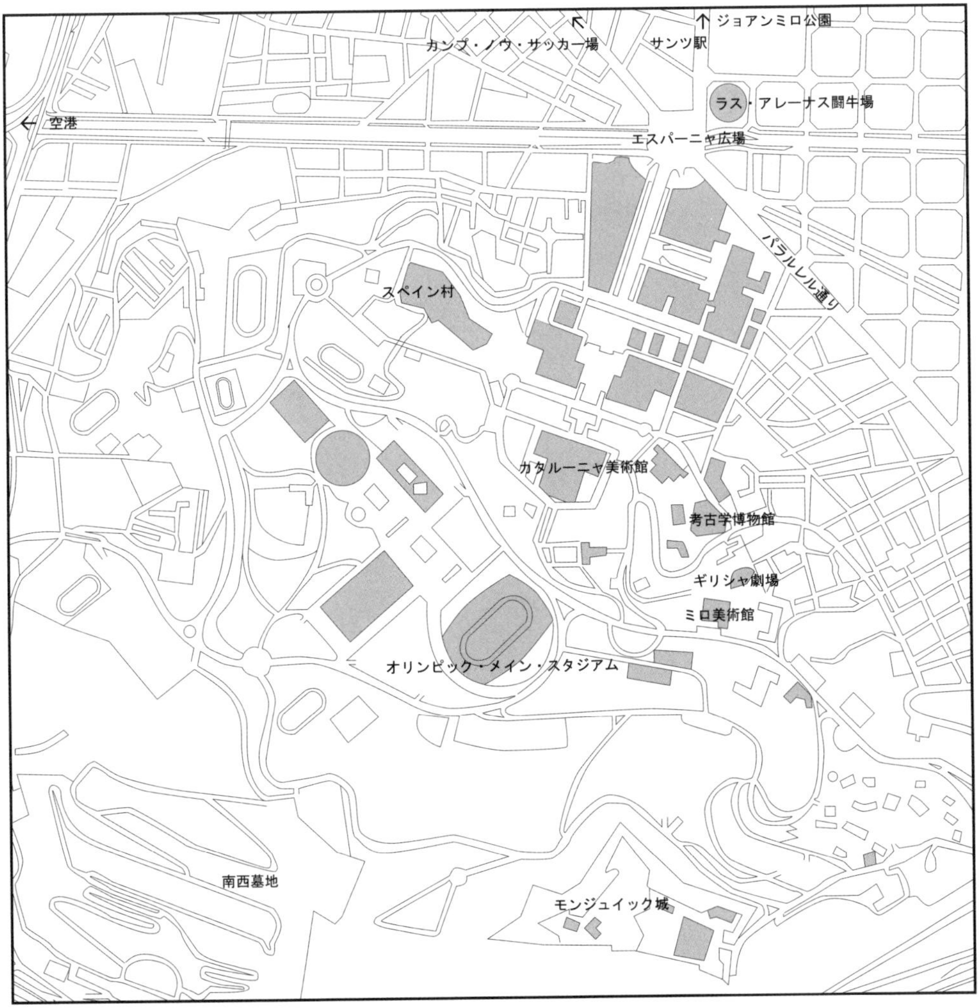
ジョアンミロ公園
カンプ・ノウ・サッカー場
サンツ駅
ラス・アレーナス闘牛場
空港
エスパーニャ広場
パラルレル通り
スペイン村
カタルーニャ美術館
考古学博物館
ギリシャ劇場
ミロ美術館
オリンピック・メイン・スタジアム
南西墓地
モンジュイック城

バルセローナ発祥の地モンジュイック

バルセローナ市街は地中海（南）に向かってなだらかに傾斜している。

その傾きを海際の一角でせきとめるかのように隆起しているのがモンジュイック Montjuic である。モン（山）とはいってもその標高は213mでしかない。だから丘といったほうが相応しい。語源をたどれば、「ジュピターの山」（イベリア半島に侵攻しこの丘に定着したローマ人がここにジュピターに捧げる神殿を建立したという）、あるいは、「ユダヤ人の山」（かつてここがユダヤ人の居住区だったという）に由来するとも言われている。いずれにしてもバルセローナ発祥の地（「この地域の原住民ライエターナ族の首都バルキーノがこの丘の上にあり、それがバルセローナのルーツだという」と、神吉敬三『バルセローナ』文芸春秋社刊には書いてある）であることには違いない。

ここがいくつもの美術館・博物館や展示場を備えた文化ゾーンに変貌したきつかけとなったのは、この丘を会場として1929年に開かれた万国博のための再開発によってである。万国博といっても、外国から参加したのはドイツだけだったのだが、そのために建設されたスペイン村 Poble Espanyol やスペイン広場の「照明つき噴水」などは今でも人気を集めているし、衣装館、通信・交通館、冶金館、電気・機械動力館、農業館などの各パビリオンは、国際見本市会場として今も使われている。また、政府館として建てられた宮殿風の Palau Nacional は、カタルーニャ美術館 Museu d'Art de Catalunya となっている。バルセローナに地下鉄がつくられたのもこの万国博のためであった。

そして、アトラクション会場として、ギリシャのエピダウロスに残る有名な円形劇場を模して建てられたのがギリシャ劇場 Teatre Grec であった。

糸杉に囲まれたこの美しい野外劇場は、毎年夏の夜ここで催される野外劇や舞踊、音楽のイベントで人気を博している。

今からおよそ70年前の夏（1936年7月19日）の夜も、ここで、ベートーヴェンの第九交響曲が演奏されることになっていた。タクトを振るのはカタルーニャ生まれの世界的チェロ奏者パウ・カザルス、演奏はかれのオーケストラとグラシア合唱団だ。

しかし、この演奏はリハーサルまでは済ませたもののついに響くことなく終わった。この、幻のコンサートについて語りたい。

ワイマール体制の崩壊とナチスオリンピック

1931年5月、国際オリンピック委員会（ＩＯＣ）は、1936年に開かれる第11回オリンピックの開催都市をベルリンと発表した。電報による投票結果は、ベルリン48、バルセローナ16、棄権8であった。総会ではなく電報集計という異例の措置がとられたのは、その一ヵ月前に総会（バルセローナ）が開かれることになっていたスペインに政変が生じたからだ。

同年4月12日に行なわれたスペインの地方選挙において、特に都市部で共和派が王党派に圧勝し、続々と共和制宣言をする事態となり、即時退位をもとめられた国王アルフォンソ13世は、14日、カルタヘーナ港からマルセイユに向けて亡命した。ブルボン王朝の終焉であった（1975

年フランコ総統死去によりこの王の孫であるファン・カルロス現国王が即位することでブルボンの血を継ぐ王政復古とはなったけれど)。第二共和制の成立である。

一方、ドイツはまだヒトラーが政権をとる以前のワイマール体制下にあった。ワイマール体制とは、第一次世界大戦に敗北したドイツがその再生をかけて1919年に採択した憲法に基づく社会体制のことで、主権在民、男女平等の普通選挙の導入など、20世紀の民主主義憲法の嚆矢となるものであった。

共和制スペインは、このワイマールをモデルにした新憲法を制定する方向に進むが、ドイツは逆行した。

1933年1月、ヒトラー(ナチス)は政権につき、直ちに(4月)職場からユダヤ人やユダヤ人との混血者を排除する公務員法を可決させた。国内のスポーツクラブからも一切のユダヤ系選手が閉め出され、かれらを収容する強制労働キャンプが建設され始めた。

「動物と人間が競走するのは不公平だ。ベルリン五輪では、一人の選手と七匹の犬とが走るような事態は起こらないだろう」(結城和香子『オリンピック物語』中公新書ラクレ)

ロスアンジェルス五輪(1932年)の時のナチス系新聞はこう書いた。ここで「犬」とされたのは、黒人であり、ユダヤ人であった。

また、1936年にドイツのガルミッシュ＝パルテンキルヘンで行なわれた冬季五輪の競技施設周辺のいたるところに「ユダヤ人に告ぐ――あなた方は入れないのでお引き取りください」と書かれた札が立てられた。さすがに、この露骨な差別を黙視するわけにはいかなくなったＩＯＣ会長のラトゥールはヒトラーに会見を申し込んで言った。そのときのやりとりは次のようなものだったらしい。

「総統閣下、あの歓迎の言葉を刻んだ立て札は、オリンピック精神に反しているのでご注意しておきます」

「しかし会長、友人の家に招かれたとき、主人のやり方に注意するのは失礼だとは思いませんか」

「失礼ながら総統閣下、五輪の旗がスタジアムの上に掲げられると、もうそこはドイツではないのです。そこはオリンピアで、家の主人はわ

れわれなのです」（ブランデージ『近代オリンピックの遺産』初出、沢木耕太郎『オリンピア』集英社より重引）

ベルリン大会の開催を懸念してかヒトラーはこの立て札を撤去させた。そして、ドイツ代表の選手団にはユダヤ人選手も加わっているというポーズを示した。しかし、それはあくまでもポーズでしかなかった。

前掲『オリンピック物語』によれば、ユダヤ系選手とされたのはヘレン・マイヤーというフェンシングの女子選手ひとりだけであった。彼女はこの種目で銀メダルを獲得するのであるが、実は、ユダヤ系ハーフで「16人の祖先中８人が非ユダヤ人でしかも未婚」という「新ユダヤ人基準」をクリアしていたのであった。一方、走り高跳びの優勝候補とされたグレテル・バーグマンなどは排除されていたのだった。

ナチス五輪を拒否してバルセローナへ

ナチスのこの露骨な差別に対して、各国から抗議の声が挙がった。とりわけ、ユダヤ系国民が多く多数の黒人選手を有するアメリカが批判の急先鋒に立った。ベルリンオリンピックボイコットの声は、ヨーロッパにも拡がり、反ファシズム人民戦線テーゼを採択したコミンテルン（ソ連主導の共産党国際組織）がとりわけ強く呼応した。ベルリンに代わる「もうひとつのオリンピック」開催地として、競技施設が整い、共和制への道を歩みつつあるバルセローナが選択されたのは自然の勢いというべきだろう。

「ベルリンで準備されつつあるオリンピックは、恥知らずの捏造であり、オリンピック精神に対する侮辱である。数百万というスポーツマンが自由な社会活動を禁止され、数千のスポーツマンが獄につながれている。多くの働く人たちが、その信念や宗教のために脅迫や追及にさらされている。ある人種全体の存在が非合法とされる。そのような国において、オリンピックは開催されるべきではない。バルセローナ・オリンピアーダは、本来の精神にのっとり、人類と各国の友情という偉大な目標をもって、開催される。」

（開催準備委員会の声明、36年５月、川成洋『幻のオリンピック』より重引）

そして、カタルーニャ自治政府プレジデントのリュイス・コンパニスが名誉委員長に就任した。こうして、ふたつの「オリンピック」が同時進行するという事態になったのである。

ベルリンのナチスオリンピックに対抗するバルセローナのそれはOLIMPIADA POPULAR（人民オリンピック）と名づけられ、わずか二ヵ月ほどの短期間のうちに急速な盛り上がりを見せた。

エントリーした国は23（ベルギー、デンマーク、アルジェリア、カナダ、ギリシア、フィンランド、イギリス、ノルウェー、アイルランド、ソ連、モロッコ、オランダ、パレスチナ、スウェーデン、ハンガリー、チェコスロバキア、アメリカ合衆国、ドイツ、イタリア、スイス、フランス、スペインなど）に上り、ベルリンを拒否した人も含めて選手数は（フランスの1500名、スペインの4000名を含めて）6000人を数えたという（ちなみに、ベルリンオリンピックの方は、49カ国・地域、3936名であった）。

これらの人々が集まって挙行される開会式は、7月19日午後4時からメインスタジアムで行なわれ、同日午後10時から近くのギリシア劇場に場所を移して「民族芸能の夕べ」が行なわれることになっていた。その音楽総指揮者であるパウ・カザルスのタクトでベートーヴェンの「第九交響曲」が演奏されることになっていたのである。

その最終リハーサルが、前日（7月18日）の夕方からドメネク・イ・モンタネルの設計で知られるカタルーニャ音楽堂で行なわれていた。練習が終楽章に入り、まさに「歓喜の合唱」が流れだそうとする瞬間、カタルーニャ政府からの使者がカザルスのもとにやって来た。それは、内戦の勃発と市街戦の危険を伝え、参加者の即時帰宅を促すための使いであった。

涙のリハーサル

カザルスの言葉を引こう。

「私は楽員と歌手たちに今聞いたことを伝え、さらにつけ加えて、われわれはいつまた集まれるかわからないのだから、別れる前に《シンフォニー》を終わりまでやりたいと思うがどうだろうといった。すると、そうだ、賛成、賛成、と全員が叫び始めたのだ。ああ、なんという感動の瞬間だったろう！」（コレドール『カザルスとの対話』白水社より）

「私は涙で譜面が見えなかった」とカザルスは語っているが、オーケストラも歌い手たちも、思いのありったけをこめた終生忘れ得ぬハーモニーを奏でたのだろうとぼくは思う。

それも終わって解散する前に、カザルスは全員に向かって、国の状況が正常に復したら、バルセローナとマドリードで《第九シンフォニー》を指揮しようと誓った。

「しかし今日に至るもそれが果たせないのだが、この計画を実現しないで死んでしまうのはまったく残念だ」と、彼は亡命地プラード（フランス領カタルーニャ）で語っている。思えば、その5年前の1931年4月、国王アルフォンソ13世を追放した共和制の成立を祝う式典が、今、カタルーニャ美術館となっているモンジュイック宮殿 Palau Nacional で開かれたときも、7千人の参列者を前にして、カザルスは「第九」のタクトを振ったのであった。そして、終楽章の「歓喜の合唱」が流れる中で、カタルーニャ自治政府首席のマシアが高らかにカタルーニャ共和国としての独立宣言を読み上げたのであった。

フランコ支配下のスペインには戻らない、また、フランコ政府を承認している国では演奏しないと宣言して亡命を続け、20年経った1958年、カザルスは世界人権宣言十周年記念コンサートのために国連に招かれ（国連本部のあるニューヨークはアメリカではないと説得されて）、そこで、バッハの「ニ長調ソナタ」とカタルーニャ民謡の「鳥の歌」を演奏し、簡潔な演説をした。50ケ国以上のラジオ・テレビで中継されたその放送の中で彼は提案した。

「オーケストラと合唱団を持つすべての町が、同じ日にベートーヴェンの《歓喜の歌》を演奏して、それがラジオ・テレビによって世界中のもっとも小さな社会にも放送されるということです。私はこの歌が、私

たちすべての者が望み、待ち受けている平和への祈りとして演奏されることを望むものです」（前掲『カザルスとの対話』より）

95歳を目前にした1971年にも、カザルスは国連に招かれ、そこでかれが作曲した「国連賛歌」を初演し、事務総長のウ・タントから国連平和メダルを授与されると、自分のチェロを持ち出した。

「身動き一つせずに耳を傾けている聴衆に向かって静かに語りかけながら彼は、もう四十年も大衆を前に演奏していないけれど、『今日は演奏しなければなりません』と言った。チェロをしっかり抱きかかえて演奏の体勢をとると、彼は右手を持ち上げて、〈鳥の歌〉を紹介した。彼の声は感極まっていた。『空を飛ぶ鳥たちは、羽ばたきしながら……歌っています、ピース、ピース……ピース……ピース……そしてこの曲を、バッハやベートーヴェン、そしてすべての優れた作曲家は愛し、讃えることでしょう。これは我が祖国、カタロニアの魂なのです。」（ロバート・バルドック『パブロ・カザルスの生涯』筑摩書房より）

おお友よこの調べではないもっと快い
歓びに満ちた調べで歌いはじめよう

とシラーの原詞にベートーヴェンがつけ加えた言葉で歌い出され、

時流が厳しく分け隔てたもの、
すべての人間が兄弟となる。

でしめくくられるこの第九シンフォニーの合唱は、同じ国の人々が憎み合い殺し合う悲惨な内戦の勃発によって、幻のシンフォニーとなった。

それから半世紀を経た1989年11月10日、世界を東西に分断する象徴であった「ベルリンの壁」が崩壊した。その一か月後、東西ドイツの楽団員が合同して「第九」を演奏した（指揮バーンスタイン）。かれらはこ

の曲の歌詞のうち

Freude（歓喜）を Freiheit（自由）と替えて歌った。

その翌年の統一ドイツ誕生祝賀祭典でもこの曲が演奏された。そして、EU は、その憲法で、この第九交響曲第四楽章を欧州連合歌と定めている。

蘇った幻のシンフォニー

さて、バルセローナでは、この「幻のシンフォニー」は蘇ったのであろうか。

それが幻と化してから 56 年後の 1992 年、第 25 回オリンピックの会場となったのはバルセローナだった。

世界 169 の国・地域から 9368 名の代表を集めたこのオリンピックの開会式は 7 月 25 日、モンジュイックのメインスタジアムは 6 万 5 千人の観客で埋め尽くされた。そのプロローグを飾ったのは、地中海の神話をモチーフとしたマスゲームだったが、その音楽を作曲・指揮したのは坂本龍一だった。式典全体の音楽監督はホセ・カレーラスで、プラシド・ドミンゴ、モンセラ・カバリェ、テレサ・ベルガンサなど錚々たる歌い手が動員された。

「午後八時から始まった開会セレモニーは三時間近くかかり、まだ進んでいた。それもほぼ終わりに近づいたとき、スポット照明が、突然ひとりの少年の姿を浮かび上がらせた。少年はベートーヴェンの『第九交響曲』第四楽章の合唱部『歓びの歌』の冒頭のメロディを歌い始めた。五六年目の『第九』は、清純で澄んだ一三歳の少年の声で始まった。……少年はＴシャツを着、胸に“ＥＣ”のシンボルマークを付けていた。少年のソロを、混声コーラスが追いかけていくように『歓びの歌』に入っていった。ステージ上で演奏しているのは、カザルスの同志たちが生き残って創設に参加した、あのバルセロナ市立管弦楽団である。」（石井清司『４分間の第９交響曲』ＮＨＫ出版より）

わずか４分間に圧縮され編曲されたものであったが、カザルスとその思いを共有する人々が抱きつづけてきた夢はついに果たされたのであった。

そして、このオリンピックの閉幕を飾ったのは、あの「鳥の歌」だった。

カタルーニャの聖地モンセラー修道院では、毎日の公開ミサで、その少年合唱団が今でもこの「鳥の歌」を歌い続けている。この修道院の庭に建てられたパウ・カザルスのブロンズ像がそれを見守っている。

私は、カタロニアの古い祝歌（キャロル）「鳥の歌」のメロディでコンサートをしめくくることにしています。その歌詞はキリスト降誕をうたっています。生命と人間にたいする敬虔な思いにみちた、じつに美しく心優しいことばで、生命をこよなく気高く表現しています。

このカタロニアの祝歌のなかで、みどりごを歌い迎えるのは鷹、雀、小夜啼鳥、そして小さなミソサザイです。鳥たちはみどりごを、甘い香りで大地をよろこばせる一輪の花にたとえて歌います。

——パウ・カザルス——

2

美術館の丘

バルセローナめぐりの話がモンジュイックから始まってしまったので、しばらく、このあたりを散策しながら、いくつかの場所にこだわってみたい。

市内からこのモンジュイックの丘に登るには、

①エスパーニャ広場PL.d'Espanyaから徒歩で
②港の向こうのバルセロネータBarcelonetaから海上を渡るゴンドラでミラマールMiramarまで行き、そこから徒歩で
③メトロL3／L2のパラル・レルParal.lelから登山電車、ゴンドラと乗り継いで山上のお城まで

という3つのルートが考えられる。

歩きはじめはエスパーニャ広場から

まず、最もポピュラーなエスパーニャ広場から歩きはじめるとしよう。

このエスパーニャ広場は、空港から来ると市内への門にあたる。(空港方面を背にして) 左に折れると、長距離列車が発着するサンツ駅やサッカーの名門バルサの本拠地カンプ・ノウ・サッカー場へ続いている。今は使われなくなって解体中の闘牛場の後ろは (旧屠場を改装した) ジョアン・ミロ公園で、「鳥と女」と題されたかれの彫刻が塔のように建っている。

直進すると、市心を貫通するグラン・ビアで、そのまま進んでいくとフランス方面に繋がる高速道路に接続する。斜め右方向はパラル・レル大通りで、(パラル・レルとは、平行という意味もあるがここでは緯度線という意味。この大通りが北緯41度44分に一致しているからだ) バルセローナ港に通じている。

目をひくのは、歓迎アーチのように並立している30 mほどのイスラム風の塔柱で、ここからモンジュイックへの道が始まる。この二本の門塔から発するマリア・クリスティーナ女王通りの両側に連なる格納庫のような14の建物は、1929年国際博のときの展示場跡を改装した国際見

本市の施設で、いつも何らかの催しで賑わっている。

この女王通りが尽きて一段高くなった広場（フォロンダ男爵広場）中央に大きな噴水が仕掛けられている。29国際博の呼び物になったこの自動噴水は、コンピュータで制御され、様々に変化する水の躍動を照明と音楽で彩る迫力に満ちたスペクタルとして今でも人気を集めている。女王通り両脇の連続する噴水群がそのよき序曲となっている。

正面に聳える巨大な宮殿風建築がカタルーニャ美術館 Museu Nacional d'Art Catalunya なのだが、その「偉容」については厳しい意見もある。

「スペイン広場から階段をのぼりながら見あげると、その偉容が迫ってくる。カタルーニヤを象徴する建物を、ということで造られたそれは、みずからの経済力や政治力を示すために、人を圧倒するものでなくてはならなかった。こうした力を誇示する建築物のほとんどがアナクロニズムに陥る。」（岡村多佳夫『バルセロナ』講談社現代新書）

「遠目には十七、八世紀の大宮殿をおもわせるものの、よくよく観察すればドームの大屋根あり、ゴシックの尖塔あり、ともかく威容をしめすという目的のためには各種の様式を折衷した歴史主義というべきか、それにしては安普請の図体だけ大きい建物がカタルーニヤ美術館なのである。」（鈴木孝壽『カタルーニャ美術館物語』筑摩書房）

その評価はいろいろあるにしても、とにかくデカイ。そして、夜になると中央ドームの頂上からスターウォーズを思わせるビーム光線が夜空に放射されるのだから「威風堂々」なのだ。

とてつもなく大きな建物だから近くに見えてもそこまで階段を登るのはけっこう難儀だった。1992年のバルセローナ・オリンピックのとき、その背後のメイン・スタジアムまでの足の便を考慮して（イタリアのペルージアのような）野外エスカレータが設置されて楽になった。

この美術館の正面テラスからバルセローナ市街を見渡す展望がすばらしい。

建造中の聖家族教会＝サグラダ・ファミリアの尖塔群もはるかに見える。

カタルーニャ美術館とその収蔵物の来歴については後述することにして、丘歩きを続けよう。

美術館を背にして右手の道を迂回しながら下っていくと考古学博物館 Museu Arqueologic がある。これは、カタルーニャ美術館の前身であった旧カタルーニャ美術館から分離独立して創設され 1935 年に開館したものである。建物は 1929 年国際博のときの写真芸術展示館を転用したものだ。マドリードの考古学博物館ほどの規模ではないにしても、旧石器時代からギリシア・ローマを経て西ゴート時代までの逸品がよく整理されて並んでいる。

とりわけ、目をひくのは、アンプリアスというフランス国境に近い海辺のギリシア植民市遺跡からの出土品である。紀元前６世紀に始まり８世紀にイスラム教徒の到来によって消滅したこのアンプリアスは、途中でローマと同盟を結んでいるために、ギリシア・ローマ両時代の影像やモザイクなどがその端麗で華麗な姿をここに残している。カテドラル裏の市立歴史博物館の地下に保存されているローマ遺跡と合わせてここを見ると、バルセローナという町がローマ遺跡の上に造られたものだということがよく分かる。来館者が少ないので、いつ行ってもこの博物館は静かだ。その静寂がぼくは気に入っている。

この考古学博物館の前の階段を昇りつめたところが前章で紹介したギリシア劇場だ。

ミロ美術館――若い世代への美空間

少し戻って、オリンピック・スタジアムに通じる道を左折し、ちょっと行った左手にあるのがミロ美術館（通称）だ。正式には Fundació Joan Miró ジョアン・ミロ財団現代芸術研究センターという。独裁者フランコが死んだ年（1975 年）にオープンしたこの美術館は、ミロがその作品と共にバルセローナに寄贈したものだ。とても感じのいい白い建物だ。

ミロの依頼に応えてこの美術館を設計したのはジュゼップ・リュイス・セルトで、若い時パリのコルビジェのアトリエで働いたこともあるかれは、「ゲルニカ」の展示で記憶されている 1937 年のパリ万博でのスペイン共和国館の設計者としても知られている。
　内戦後、アメリカに亡命しハーバード大学建築学科主任として活躍したセルトは、シャガールが眠るサン・ポール（南仏）の丘のマーグ財団庭園美術館の設計もしている。マチスのロザリオ礼拝堂があるヴァンスはその隣村だ。
　ここに展示されているミロの絵画、彫刻、版画、陶器などのすべてがミロ独特の線と色彩で楽しませてくれるが、ただ楽しいだけではない。例えば、あえて色彩を封印した墨一色の画面に奇怪な鳥たちが浮かぶ版画「バルセローナ・シリーズ」（全50点）などには、それが制作された当時（1942〜44年）のファシズムへの沈痛な抗議がこめられているように思える。
　内戦のさなかに開かれたパリ万博に出品したかれの「スペインを救え」というポスターの下部にミロは次のような言葉を刷りこんだ。
「現在の闘いにあって、私は、フランコ側に時代遅れの暴力を、反対の側に創造的な果てしない原動力をもってスペインを激しくかきたてる人民を見る。その力は全世界を驚かせるだろう。」
　かれが、「バルセローナ・シリーズ」に着手したのはその５年後のことであった。
　それから30年経った1973年、80歳のミロは、描いた絵に火をつけて焦がし、キャンバスの背の木枠の十字が露出した作品を発表した（焼けたキャンバス）。絵画を焼き尽くそうとする火（暴力）と、それに抗する絵との緊迫した拮抗関係がそこに描出されたと言えるのではないだろうか。
　この美術館でいつも思うのは、それがとても「開かれている」という感じだ。外光を存分に取りこむセルトの設計の効果もあるのだろうが、ここではいつもミロの作品に囲まれるかたちでの企画展が催されているからかも知れない。アントニ・タピエスやバウハウスやクレーなどの作品との協奏が楽しい。今から20年以上昔のことになるが、ヘンリ・ムーアの彫刻が多数展示されているときにここを訪ねたことがある。その取り合わせが実にみごとだった。

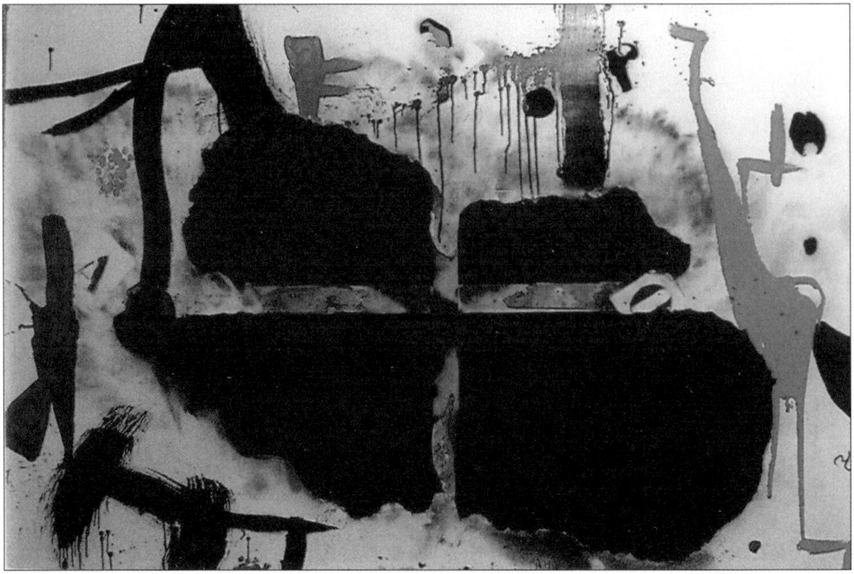

ここには「エスパイ13」という世界の若い無名なアーティストのために提供された空間もある。さらに、こどもたち向けの劇や人形劇などを上演するための劇場もある。これらの全てがこの美術館を開放的な空間にしているのであろう。

ここは、バルセローナ市民のためだけでなく、若い世代の人々にミロが贈った美空間でもあるのだ。

この美術館だけでなく、ミロはバルセローナの市中に溢れ、人々の暮らしにとけこんでいる。先述したミロ公園のモニュメントもそうだけど、バルセローナ空港の外壁にもかれの壁画があるし、ランブラスの遊歩道の中ほどにはめこまれたかれのモザイクタイルを踏んで人々は行き来している。ラ・カイシャという年金を扱う金融機関のためにデザインされたヒトデのようなロゴマークも市中のいたるところで目にすることができる。

放浪のカタルーニャ美術

さて、さっき説明を保留しておいたカタルーニャ美術館に話を戻そう。この建物が1929年国際博に際して政府館として王宮っぽく造られたものであることは既に書いた。それがカタルーニャ美術館として転用され開館したのは1934年11月11日であると全ての書物には書かれている。公的には確かにそうであるが、最初に予定していた10月7日が、共和制下の農地改革をめぐるマドリード政府との対立で、戒厳令による武力弾圧で自治政府もろともにつぶされ、その弾圧を糊塗するための「開館」であったことはカタルーニャ人としては屈辱的なことであった。その2年後の総選挙で「反ファシズム」を掲げた人民戦線派は大勝する。復権したカタルーニャ自治政府はバルセローナ市と共に、1936年5月26日、この美術館のカタルーニャ人のための開館式典を挙行した。その席で、バルセローナの美術館・博物館の統括責任者であるペラ・クルミナスは次のように述べた。

「……一昨年の“弾圧の十月”では、美術館に勤務している者は全員決起し抗議デモに加わり、軍の行動を憎悪した。……カタルーニャ美術館のオープニングは、本日ただ一回だけであり、軍のため今まで不当に遅延していたものである。」（鈴木孝壽『前掲書』）

この行動には、自分たちの祖先がこの地で生み出した芸術遺産を、あくまでも「カタルーニャ」の財産（アイデンティティ）として守りたいという誇りやナショナリズムが見てとれる。

しかし、この「開館」から2ヵ月も経たないうちに（1936年7月18日）、選挙によって合法的に成立した共和国政府に対する（独・伊に支援された）反乱が勃発し、スペインは内戦に突入した。

このフランコに率いられる反乱軍に最も頑強な抵抗を示したカタルーニャは、当然、激戦地になることが予想された。美術館の屋根にも爆弾が落とされた。

コレクションの安全のための緊急避難が必要な事態となった。

そこで、主要な作品の殆どは、バルセローナから120kmほど北上したピレネー山麓のオロットという小さな町のサン・エステバン教会に移送された。ここは、フランス国境まで50km足らずというところだ。

しかし、ここでもまだ十全ではないということで、カタルーニャ自治政府はフランス政府と協議して、急遽、パリで「十世紀から十五世紀のカタルーニャ芸術展」を催すことにし、200点の壁画、板絵、彫刻などを国境の向こうへ送りだした。この展覧会は、ルーブル別館のジュ・ドー・ポム美術館で37年3月20日から4月10日まで一般公開され、約30万人の入場者を集めて好評だった。展覧会終了後もこの出展物は、一年半にわたってパリ郊外のメゾン・ラフィーツというシャトウに留め置かれた。オロットに残された部分も、フランコ軍の北上に追われるようにしてフランスに逃れた。

1939年1月26日、フランコ軍によってバルセローナは完全に制圧された。

4月の勝利宣言を待つことなく、翌月、イギリス、フランスはフランコ政権を承認する。新政府のもとへ美術品を返還せよという要求が当然なされる。

さらにめまぐるしいことには、同年9月、ナチスドイツのポーランド侵入によって第二次世界大戦が始まる。そうなると今度は、ナチスによる美術品強奪という事態が懸念されるということになった（1940年6月、パリは占領された）。

フランコ軍の爆撃を避けてフランスへ逃れたカタルーニャ美術館の作品群は、今度はナチスの強奪から逃れるためにフランコ支配下のバルセローナへ戻るという運命をたどったわけである。まさに流浪の芸術品といってよい。

このフランスへの「疎開」につき添い、バルセローナへの帰国までを見届けた初代館長のジョアキン・フォルクは、帰国命令を拒んでまでもこのコレクションと運命を共にした功ではなく「罰」として、給料も年金も差し止められ、罷免され、帰国してからは戦犯として裁かれ、公民権が停止された。

かれが復権したのは1952年であった。

ピレネーの村々から運ばれてきたロマネスク壁画

流浪ということで言えば、カタルーニャ美術館の中心となるロマネスク時代の壁画、祭壇画、彫刻などは、もともと、ピレネー山脈の襞のような谷間の村々に眠っていたものである。

これらが、バルセローナに集結する最初の機会となったのが1888年の万国博であった。その催しの一環として開設された、「古代芸術展示館」に、カタルーニャ一帯の教会や博物館やコレクターの所有する板絵や彫刻や考古学的出土品などが集められ、アルバムが刊行された。

博覧会終了後その散逸を惜しむ声が強く出され、それが市立美術館(1891年)の母体となった。1907年、カタルーニャ美術館と改称され、場所も、万博展示館からかつてのシウタデーラ要塞の跡に残る兵器庫へと移った。

さて、ピレネーの谷間の教会に残されていた彫刻や板絵などは人目のつく所まで移動できるのであるが、教会の壁に描かれている壁画は動かせない。そのロマネスク期の壁画が素晴らしいものだということが、それを模写して分冊シリーズで発行された『カタルーニャの壁画』によって知られるようになった。ということは、コレクターの関心の的となるということでもあった。

19世紀末から20世紀初頭にかけて、世界各地の古代遺跡の発見や発掘が相次いだ。

例えば、クメール芸術の粋と謳われたカンボジアに残された12世紀の石造大寺院遺跡であるアンコール・ワットの「発見」は、1863年フランス人のアンリ・ムオによるものであった。

スウェーデンの探検家ヘディンによる中央アジア古代のオアシス都市楼蘭廃墟の発見は、1900年のことであり、ツタンカーメンの王墓が発掘されたのは1922年であった。

同じカタルーニャでもピレネー山脈の向こう側のプラード近郊のキュクサにサン・ミッシェル修道院がある。このロマネスク期の回廊は大革命後崩壊したまま柱頭などは散逸したままになっていた。1907年、この散逸した柱頭をアメリカの彫刻家バーナードが持ち帰った。それを買い取ったアメリカのメトロポリタン美術館は、ピレネー産の大理石で柱頭を補足して(分館の)回廊美術館としたということがあった。

スペイン側ピレネーでも、ロマネスク壁画(ムールのサンタ・ルシア教会)

がアメリカ人コレクターのポラークによって買収され、剥離されてアメリカに渡り、それがやがてボストン美術館の壁を飾るということになる。

時あたかもスペインは、米西戦争(1898年)に敗れ、フィリッピン、キューバ、プエルトリコ、グアムを手放さねばならないということになった。

かつての大国の威信は地に堕ちた。古美術収集家にとってはやりたい放題に近い可能性が生じていた。

壁画はフレスコという技法で描かれている。これは、壁に塗った漆喰がまだ生乾きのうちに水で溶いた顔料を用いて描くもので、石灰の層に絵の具がしみこんだ漆喰は、乾燥すると堅くなるのできわめて耐久性に富んだ画面が得られる。

しかし、いくら堅牢といっても12世紀以来の時間のなかで、自然劣化は避けられない。本体の教会堂そのものが崩れ落ちてしまっているところも多い。

この劣化と海外流出のふたつからロマネスク壁画を守らなければいけないという課題に直面したのである。ここで美術館が選択したのは、ポラークがそうしたように壁画の画面を剥離してそれをバルセローナに移送するということであった。剥いだ色層をキャンバスに移し、本来の壁面と同じ寸法と曲面の木組みのものに組み込むというものだ。このやり方は、今、カタルーニャ美術館に行くとよく分かるようになっている。剥ぎ取った跡にはその模写を置くという約束のもとに、1920年から始まったこの作業で、18の教会から70点あまりの壁画がカタルーニャ美術館に収蔵された。これが、世界一といわれる壁画コレクションの経緯である。

これらの壁画群も、内戦による爆撃とナチスからの強奪を避けて、他の彫刻や祭壇画などとともに流浪したのであった。

そして美術館は、これらの作品をきちんと展示するための大改装に入った。

1990年から始まったこのリニューアルは、バルセローナ・オリンピックの期間も続き、かつて入って右側だったロマネスク部門を左側に移して、1995年12月に再開した。その途中で(1991年)この美術館はバルセローナ市立からカタルーニャ自治州立となった。

この美術館の見どころである壁画や祭壇画や彫刻などについては、それぞれが元々飾られていたところをこれから訪ねるのであるから、そこで、紹介したいと思う。

＊この項執筆に際して、前掲の鈴木孝壽氏の著作に多くを負った。記して感謝したい。

悲しみの聖母

セウ・ドゥルジェユの板絵「一二使徒」(p165)

ボイ「聖ステファノの殉教」壁画（p219)

ドゥーロの板絵「聖女ユリタと息子聖キルゼの殉教図」(p216)

3

処刑の丘

フランシスコ・フェレルのモニュメント

五角形星型城砦から三角地帯へ

バルセローナ港東端の海上に伸びる防波堤のつけ根は、バルセロネータ（小バルセローナ）と呼ばれる三角形の住宅地である。魚介類レストランが多いところだ。縦横の街路で区画された都市計画の産物であるこの三角地帯は、18世紀初頭、「五角形」の後始末として建設された。

ここでいう五角形とは、スペイン王位継承戦争（1700～14年）の勝者であるフェリペ５世（ルイ14世の孫でブルボン系最初のスペイン王）の命で築かれたシウタデーラ要塞のことである。

９月11日といえば、ニューヨークがテロリストに襲われた日として記憶に新しいが、カタルーニャの人々にとってはもっと古くから記憶に留めるべき屈辱の記念日（カタルーニャの日）となっている。

カステーリャ（ブルボン）の中央集権に反対して、アラゴン、バレンシアと共に、ハプスブルグ側についたカタルーニャは、1714年のこの日バルセローナにおける決戦で決定的な敗北を喫したのである。

その激戦地であったリベーラ地区にフェリペ５世がカタルーニャへの威圧と監視のために五角形星型の城砦を築かせた。そのため強制的に退去させられた人々（1262軒）を収容するところとして建設されたのが、このバルセロネータの三角形なのである。

その三角形が尽きて防波堤が始まろうとするあたりに、海上ケーブルカーの発着塔がある。このケーブルが船着場を経由し、バルセローナ港を横断してモンジュイックの丘に接続しているのだ。潮風を浴びながら海上を渡るスリルを味わい、バルセローナ市街を一望しつつゆらりゆらりと丘に近づいていくのは爽快だ。

ミラマール展望台に着き、ここから右手に市街を俯瞰しつつのんびり歩く。このあたりは交通が激しくないので自動車学校の実技教習車がよく走っている。オリンピック・プールを過ぎてしばらく行くと、左手に、遊園地を経由してモンジュイック城へ登るケーブル駅が見えてくる。その駅の手前の登り道を少し登った右側に、手入れのよく行き届いた庭園がある。ここは、犬禁制なので安心して芝生に寝ころがることもできる。

花が美しく、木陰も多い静かなビューポイントとしてお薦めしたい。
ケーブル駅を過ぎて少し進んだ右手にミロ美術館が見えてくる。ここで、前章のスペイン広場からの道とドッキングするというわけだ。

アルカイックな象徴で飾られた野の教会

最短距離で頂上のお城まで行きたいという人におすすめなのは、地下鉄のパラル・レルから登山電車に乗り、ケーブルに乗り継ぐというコースだ。頂上の城址には港と町の眺めがよいテラスとレストランがある。
モンジュイックへの行きか帰りに、このパラル・レルを使うという人が、もし、ロマネスクに関心を持っているのであれば、ぜひ、お薦めしたいところがある。
ロマネスク美術の宝庫と呼ばれているカタルーニャ美術館でも見ることができない、ロマネスクの本物がこのメトロ駅近くにあるのだ。駅から歩いてすぐのところにサン・パウ・デル・カンプ教会がある。
旧ベネディクト派の修道院でカンプ（野）と名づけられているところを見ると、昔は、城壁の外にあったのだろう。どのくらい昔なのかというと、9世紀には創建されたと推定されている。それが恐らくは、985年のイスラム教徒の軍団が来襲したとき破壊されて、12世紀ごろまでに再建されたのだろう。今は、礼拝堂と回廊と司祭館を残すのみだ。
ところが、この小振りな教会が、ロマネスク様式としてまことに魅力的なのだ。
そのアルカイック（古拙）なシンボリズムを味わうために、西面するファサードに向かい合ってみよう。
扉口上部の半円形の部分をタンパンというが、そこには、中央のキリストの左右に聖パウロと聖ペテロが刻まれている。それを囲む縁飾りの彫刻が微笑ましい。
正面上部に「指」が刻まれている。これは「神」の象徴だ。神の指は「天地創造」のシンボルである。そして、タンパンを囲むように、有翼の人と鷲が上部に、両脇に吐水口のかたちで獅子と牡牛がつけられている。これはそれぞれ、聖マタイ、聖ヨハネ、聖マルコ、聖ルカの象徴だ。

この四人は新約聖書にその名を残す福音史家（エバンゲリスト）のことである。

回廊がまた可愛い。２本組み48本の列柱がそれぞれ彫刻された柱頭を載せ、イスラム風の多葉アーチを形作っている。そこにこの教会の古さを感じる。このロマネスク精神の厳格さと象徴性を横溢させたファサードと回廊は、同じ本物でも、それらが本来設置されていた山奥の教会から運ばれてきた壁画や祭壇画や木刻を集めたものであるカタルーニャ美術館では見ることができない。

銃殺されたフリースクールの創設者

では、ケーブルカーでモンジュイックの頂上のお城まで登ることにしようか。

この城址は現在軍事博物館MUSEU MILITARになっているが、昔は要塞だった。そして、長いこと軍事刑務所として使われてきたところだ。

この城の礎石が置かれたのは1706年、ということは、スペイン王位継承戦争のさなか、反中央政府のためということになる。錆びた小さな大砲が海に向かって置かれているがこんな玩具のようなものがどれだけ実用的だったのか疑わしい。

1909年10月13日朝、この軍事刑務所に捕らわれていたひとりの男が処刑された。彼を狙う12の銃口を前に「近代学校万歳」と叫んで殺されていったその男の名は、フランシスコ・フェレル・イ・グアルディア、50年の生涯だった。

フェレルの銃殺理由は、「悲劇の一週間」の思想的首魁ということだった。では、この「悲劇の一週間」とは何だったのか、そして、フェレルとは何者だったのだろうか。

1898年の米西戦争敗北の結果、フィリッピン、キューバなどの植民地を失ってしまったスペインが、最後の頼みの綱としたのがモロッコであった。すでに、セウタ、メリリャという対イスラム橋頭堡として確保していた地点をさらに拡大すべく、フランスと図って（アルヘシーラス会議1906年）モロッコを植民地として分割した。

現地住民がそれを黙過するはずがない。武装解放闘争が始まり、1909年には、メリリャの駐屯スペイン軍を攻撃した。この反乱を鎮圧すべくマウラ政権は4万名の予備役兵を召集し、モロッコに投入することにした。その増援軍の出発港がバルセローナだった。

この植民地支配のための海外派兵に反対するバルセローナのアナキスト系労働組合は、ゼネストを宣言して、生産活動と都市機能を麻痺させ、その矛先は、常に中央権力の走狗でしかなかった教会や修道院にまで拡大し、多くの教会が襲われた。同年7月26日から31日までの一週間でこの「暴動」はカタルーニャ全域に広がり、その鎮圧のために投入された治安部隊によって百人以上の労働者が殺された。これが「悲劇の一週間」の経緯である。

そして、この暴動の思想的責任者として逮捕されたのがフェレルだった。

フランシスコ・フェレル

フェレルは、1859年1月10日、バルセローナ郊外のアレリャという村で生まれた。父は樽大工（後に小地主）で11人きょうだいの7番目の息子だった。当時としてはごく普通のことなのだけど、学校はカトリック教会の管理下にあって、時間の大半は教理問答に費やされ、殴打と厳罰がこどもたちに課された。

フェレルは後に、「教育するということは、実際には抑えつけ、調教し、飼いならすことにほかならない。近代学校の基礎づくりには、わたしが幼いときに経験したのと反対のやり方をとりさえすればよい」と語っているが、その「幼いときの経験」のなかに、こどもだったフェレルがある時、先生のことを「あんちくしょう」と口をすべらせて厳しく処罰されたことも含まれているのかもしれない。

13歳になったとき、すでに父を亡くしていたフェレルは、自分の家のブドウ畑で働きはじめ、それから、バルセローナの織物工場の徒弟工となった。21歳になったかれは、バルセローナからフランス国境方面に向かって走る北部鉄道に検札係として入社し、やがて、鉄道員を対象とする移動図書館を設けるというようなこともした。このころから共和派の活動家だったらしい。ストに参加してクビになり、27歳のときには追放されてパリへ向かわざるを得なくなった。

それから15年にわたるフランス生活のなかで、社会主義者やアナキストたちと知り合うことになる。

アメリカの女性アナキストとして有名なエマ・ゴールドマンは、「ルイズ・ミシエルこそ、ついにスペインでその生命をうしなうに至らしめた近代教育のための生涯を、フェレルに決意させた人である」と言っているが、そのルイズ・ミシエルとは、モンマルトルに小さいながらも新しい考えで学校を建て運営した人である。

当時、フェレルの周辺にいたフランスのアナキストたちは、「武闘派」というよりもっと柔軟な考え方をする人々だったらしい。かれらのうちのひとりであるジャン・グラーブの次の文章がそれを代表する。

「統治者なき社会の建設には、個別にうけいれられる各人は自治することができること、他人の自律を尊重しながらみずからも尊重される自律の仕方を知ること、また周囲の権勢の暴虐からその自由意思を解放することが必要である。

……ところで、権威なしですませうる人物、また仲間と衝突することなしにその自律を実践することのできる各人というなら、われわれみんなが今日の事態に適切な精神力を身につけることが必要である」

これは、社会改革を、「教育」という長い射程でとらえ、そこに期待するという考え方である。そして、その教育に、知育・体育・徳育の一体性をもとめるものでもあった。この方式にのっとった新しい学校への試みが、パリ郊外のプレヴォスト孤児院（1880～94年、ポール・ロバンによる）をはじめあちこちで始められた。前述のルイズ・ミシエルもそうだがフェレルの親しい人たちが始めたこの教育運動がかれに大きな影響を与えたことは確かだ。

フランス滞在中のフェレルは、スペイン語を教えるなどして生計をたてていたのだが、その生徒のひとりにムーニエという富裕で熱心なカトリック信者の未亡人がいた。娘のジャンヌはフェレルの愛人のひとりでもあった。このムーニエとの関係については『近代学校』の第二章に説明されているのだが、1901年4月に亡くなった彼女から遺贈された百万フランの金貨が、フェレルの近代学校の設立資金になったのである。

近代学校の革新性

ムーニエの死後半年たった9月8日、バルセローナのバイレン街の古い僧院を改装して、フェレルの「近代学校」が開校した。最初、30人だった生徒の数は、3年後には266人になった。やがてそれは千人にも増大し、10の分校に配分せねばならなくなった。

5年後には、バルセローナだけでなくカタルーニャ地方に147の分校を設け、スペイン国内でも、マドリード、セビーリャ、マラガ、カディス、コルドバ、パルマ、バレンシアなどに広がり、ポルトガル、サンパウロ、アムステルダム、ブリュッセル等、海外にも拡大するという勢いだった。

「近代学校の基礎づくりには、わたしが幼いときに経験したのと反対のやり方をとりさえすればよい」と言ったとおり、フェレルの学校はまことに斬新なものだった。それまでの学校には見られなかった近代学校の革新性とはどういうところにあったのだろうか。

まず、**非宗教性**ということを建学の原理としたことである。

「永続きしない社会形態からくるけちな要件に生命力を閉じ込める鋳型にほかならない教義も、また方式も、教えないだろう。私たちの授業には、事実によって証明された解答、理性によって認められた学理、証拠によって確立された真理だけがふくまれる。」と、学習要綱は宣言した。これは、中国で古くから言われてきた「実事求是」——事実に即して真理・真実を探求する——ということと同じである。何らかの教義に依拠しないということは、宗教に対してだけではなく政治的教義に対しても言えることである。「私たちは自分たちが宗教的教育や政治的教育に敵対しているのに気づく」と、フェレルも明言している。

さらに、「科学こそわれわれの生活の唯一の支配者である」とその合理主義を強調しながら、同時に、その知力は学校を離れても、あらゆる偏見と闘い続ける「精神的活力」とならなければならないと言う。そして、

「教育は単に精神の訓練にあるのではなくて、感情や意思を包含しなくてはならないのだから、私たちは子供の訓練についてはその知的印象が情緒の生気に転換されるということに最大限の注意を払うだろう」と述べるのである。

フェレルの学校の第２の特徴は、**男女共学**ということだ。今、共学は世界中どこでも当たり前のこととされているが、女性の政治参加もそうだけど、共学だってそんなに古くから制度化されていたわけではない。

日本の場合は、両方とも戦後の新憲法になってからのことだ。戦時下の国民学校に入学したぼくの場合は、学級が男女別に分けられていた。フランスやイタリアやスペインの田舎へ行くと、かつての男女別に建てられた校舎が今でも残っているところがたくさんある。それを今では低学年・高学年と分けて使っているところが多い。

第３の特徴は、**合併教育**ということである。フェレルは、無料を含むスライド制の授業料制度を採用して、さまざまな階層のこどもたちを同じ教室で教えようとしたのである。

社会的に抑圧された貧しい階層のこどもたちだけを集めると、そこでは、階級的憎悪や反逆心ばかりを育ててしまいやすくなることを危惧したのである。金持ちのこどもたちばかりの学校では特権意識が育つことの裏返しである。

「唯一の健全で進歩した学校構成は、貧しい者と富める者とを合併教育するものであり、それは合理的学校の整然とした平等性によって天真爛漫な幼年時代の平等性のままに、ある階級を他の階級と接触させることになるのである。……このように考えた結果、あらゆる社会階層の生徒を引き受け、これを共通の学級に収容しようと決心した。」というのである。

近代学校の特徴の第４点としてあげたいのは、それが、**賞罰のない学校**だという点だ。フェレルは、近代学校の開校に当たって親たちに次のような約束をした。

「私たちの教える子供たちの精神が、教師の監督を離れても、偏見にたいする断乎とした敵愾心をもちつづけ、またかれらがあらゆる問題についてみずからの合理的信念を形づくることのできる信頼できる人となるように気をくばります」

つまり、賞罰や評価による刺激や脅威という非内発的な動機によって勉強したり行動したりするような人間ではなく、自律的に学び行動するこどもたちを育てたいと願ったのである。

「どの生徒も皆、自分自身の主人公となって、何事につけてもかれ自身の生活をみちびきうる能力をそなえて学窓から社会生活へ踏み出してゆくことになる」ことが望まれたのだ。

だから、フェレルの学校からは、体罰はもちろん試験もなくなるということになった。

さらに、指摘しておきたいことは、フェレルの学校が、**開かれた学校**であったということだ。これは、大衆向けの「日曜講演」や連続講義が催されたことと、「学報」という機関紙が発行されたことでわかる。近代学校は、地域の民衆や労働者にも開放され、その意図は広く公開されていたのだ。

以上が、かれの遺著『近代学校』を手がかりにして描いた素描である。百年前に展開された実験的な運動であったとはいうものの今日にも通底する先駆的な響きが伝わってくる。

しかし、フリースクールの元祖ともいうべきこの近代学校は、短命に終わらざるを得なかった。開校して5年経った1906年、フェレルは逮捕され、学校も強圧的に閉鎖されてしまったのである。

当時のスペイン国王は、アルフォンソ13世だった。この王は現国王の祖父にあたる人で、生誕当日に即位し、第二共和制成立のとき王位を棄てて亡命したことで歴史に名を残している。この国王はイギリスのビクトリア女王の姪と結婚したのだが、その挙式に向かう王室の馬車を目掛けて爆弾が投げられ、多くの死傷者が出るという事件が起きた。

犯人はカタルーニャの青年で逮捕にきた刑事を殺して自殺するという結末になったのだが、そのマテオ・モラールが、一時、近代学校の図書館で働いていたことがあるというそれだけの理由で、フェレルが投獄され、学校が閉鎖されてしまったのである。マテオはフェレルとの意見の相違から学校を去った人間であり、その犯行はまったく個人的なものでフェレルとは無関係だった。

かれの無実を訴える抗議運動は海外にも波及するほどのもので、当局も釈放せざるを得なかったのであるが、学校の再開は許されなかった。

学校を奪われたフェレルは、ピレネーの山村にこもって、近代学校を総括する執筆活動に専念することになる。この著述は、かれに死刑という判決を下したモンジュイックの軍事刑務所でも続行され、これがかれの遺著となった。「近代学校万歳」と叫んで銃殺されていった男の執念の産物ともいえるだろう。

フェレルの逮捕－処刑については、それが全くのフレームアップであり不当なものであるという抗議は、かれの銃殺後も相次ぎ、３年後、スペイン最高軍事評議会はついに無実であったことを表明せざるを得なかった。それで、時のマウラ政権も倒れた。

この無罪確定によって、それまで没収されていた文書類も返還されたのだが、そのなかに、近代学校の成立経過とそれが目指したものについての自筆の手記が含まれていた。それが『近代学校－その起源と理想』と題された本となって世に出たのであるが、フランコ独裁時代に禁書とされ、それが広く読まれるためには、フランコの死（1975年）の翌年の再版まで待たねばならなかった。

日本でこの本が遠藤斌（渡部栄介名）の翻訳によって渓文社から出版されたのは1933年８月のことであった。しかし、即日発禁となり人目に触れることは許されなかった。1980年に創樹社から改訳出版されるまでは、ごく僅かな人だけが覚えている幻の書だったのである。

「それは合理的な社会状態にあっての未来の学校の完全な見本というのではなくて、そんな学校のさきがけであり、われわれの資力の可能な最善の適応であるべきだった。すなわち、いまだに生きのびている昔ながらの学校様式をはっきり捨て去ること、そして実質的な科学の真理の手にゆだねて将来の子どもたちを薫陶することをめざす慎重な実験でなくてはならなかった。」

フェレルのこの謙虚な総括は、今でもその意義を失うことなく、われわれの胸に響いてくる。

近代学校運動の水脈

かれが近代学校運動というかたちで種子を蒔き、その実現を目指した民主主義、合理主義の波は、フェレルを処刑したぐらいでは押し止めることはできなかった。

その端的な表れが国王アルフォンソ13世を追放した第二共和制である。その成立時の政変でオリンピックの開催はドイツにさらわれてしまったが、この共和国が新たに制定した憲法（1931年）の第1条には、「スペインはあらゆる種類の労働者の共和国である」と明記された。

この憲法の特筆すべき点としては、まず第1に、教会を国家から分離して信教の自由を保障したことである。

第2に、教育は国家の事業とされ学校から宗教色を払拭し、カトリック教会につながる全ての教育機関が禁止されたことである。そのためには、新たに2万7千の学校をつくらなければならなかったが、予算はそれに必要な額の4分の1程度しかなかった。教師も決定的に不足していた。

第3に、女性と兵士の参政権を含む普通選挙制が規定され、教会によらない結婚や離婚も認められた。

これらの改革に、フェレルの運動を支持していた人々やかれの学校で育った人たちが大きく関わっていたことは疑いもない。

バルセローナの郊外に「ガルビー」という学校がある。私立だけど宗教色を排した進歩的な学校として知られている。フランコ時代の末期に創立されたのだが、その起源は第二共和国時代の体験学習を主とした「海の学校」にあり、その再現を意図して設立されたものだ。

1981年、その前年に小学校教師をやめたぼくは、バルセローナに滞在してフェレルの痕跡をさがしていた。そして、社会学の卒論に取り組んでいるアンナ・カセスという若い研究者と出会うことができた。彼女のテーマがまさにそれだったのだ。

レリダ近くのアルベカという村が、どういうわけか伝統的に革新色が強いという事実に着目したアンナが調査に入ったところ、1923年から26年までその村の教師だったホセ・トレス・トゥリボという男が浮かび上がってきたというのだ。かれがフェレルの残党のひとりだったというわけだ。

フランコ時代が終わったころ、それまで壁に塗りこんで隠してあった当時の学習帳が出てきた。そこにはカタルーニャ語文法と、非宗教的な立場からなされた歴史授業が記録されていたのだそうだ。しかし、ホセの影響は、その授業を受けた生徒よりも、村人を対象とした夜間学校と演劇及び合唱の方により深い痕跡をとどめていたようだ。もともと、俳優としてフェレルの運動に加わったホセは、アナキスト狩りを逃れたサラゴサで1919年に教師の資格を取ったものの、反教会の新聞記事が原因で投獄され、その後、知り合いを頼ってアルベカ村へ流れてきたのだった。そのころ、この村には公立と教会の学校がすでにひとつずつあったのだけど、それにあきたらない村人が、組合をつくってホセを教師とする村立の学校を建てたという。かれは、積極的にアナキズムを主張しないにしても、聞かれたら、自分の考えを隠すことなく話すという態度で通したという。

しかし、ホセは、以前の教え子と、正式の結婚手続きをしないまま同居していたため、そのことを、かれに生徒を奪われた他の学校から指弾され、村人も、正式の結婚をかれに迫った。それが承知できないホセは３年で村を去ることになった。

その後のホセは、反フランコの側に立って内戦を戦い、逮捕、強制労働、亡命、そして、最後はナチスに捕らわれ、フランス北部の収容所に送られ、1943年、そこで生涯を終えたというのが、アンナの調査のあらましだ。

これは、ひとつの例にすぎないが、フェレルの影響はかなり広汎に根を降ろしているのではないだろうか。モンセラット修道院近くの、毎年村人の手で受難劇を上演している村の、その受難劇のシナリオにフェレルの影響を認めている研究者（田尻陽一氏）もいるぐらいだ。

さて、フェレルの教育思想の骨格部分をその「近代学校－Escuela Moderna」という名称とともに引き継いでいる運動といえば、セレスタン・フレネをその創立者とする「現代学校運動国際連盟」(Fédération Internationale des Mouvements d'Ecole Moderne) を挙げるべきだろう。

今、世界各地で「近代学校」を冠している学校を見たら、それは、フレネ教育運動につながっている学校と思ってよい。1982年から、ぼくはフェレルの衣鉢を継ぐ思いをこめて、このフレネ教育運動に加わってきた。ぼくが創立責任者となった「現代学校運動JAPAN」がそれだ。

フェレルの墓は、モンジュイックの南西墓地にある。内戦が始まったとき、バルセローナの市街戦で戦死したアスカソと、革命軍団を率いて転戦し、マドリードで斃れたドゥルティという二人のアナキストと並んで眠っている。その墓碑銘には「合理化と友愛の使徒。かれが生きた時代の専制主義と偏狭の犠牲となった」と刻まれている。この三人の墓は、1966年からフランコの死後まで、かれらの人気を嫌う政府の手で撤去されていたが、独裁時代から今日に至るまで手向けの花が絶えることはなかった。

カタルーニャ美術館の横を通って、オリンピック・スタジアムへ向かう途中に、胸をはって両手に握った松明を空高く掲げている男の裸像が建てられている。

その彫像を見ながら、「オリンピックの聖火ね」と言って通りすぎる人が多いが、そのクリーム色の石の台座には、「フランセスク・フェレル・イ・グアルディア — 近代学校の創設者 — 1859～1909」と刻まれている。そして、碑銘にはこう書いてある。

「社会正義、友愛、寛容の心を護るために亡くなりながら、長い間忘れられていたいた人の名誉を回復し、この碑を建てる。バルセロナ市庁／フェレル・イ・グアルディア財団」

建立日は、1990年10月13日。それは、処刑から81年を経たかれの命日である。

銃殺の丘――もうひとりの犠牲者

このフェレルのモニュメントが建立されたちょうど一年前、同じようにモンジュイック城で銃殺されたもう一人の人物を顕彰する板碑が、この近くのところに掲げられた。

その人物とは、リュイス・コンパニス。場所は、オリンピックスタジアムの北入口だ。

コンパニスは、第二共和制から内戦期にかけて、カタルーニャ左派党（エスケラ）を率いて活躍した政治家・弁護士であり、マシアを継いだ第二代カタルーニャ自治政府のプレジデントだった。かれがプレジデントを勤めた時期は、第二共和制の大混乱のときに当たる。

さきほど、1931年に制定された共和国憲法が、まことに革新的なものであったということを説明したが、それが、農地改革やカトリック統制などという根本的な社会変革を目指したものであるだけに、また、世界恐慌の波をかぶったこともあって、その実施には大きな困難と抵抗を伴った。

保守派は「スペイン右翼自治連盟」（CEDA）や「ファランヘ」などを結成して、改革を阻もうとした。この政争は、1934年10月、CEDAが中央政府に３人の閣僚を送り込み、31年憲法の廃止ということを公然と語りだすという状況になって暴発した。各地でゼネストや武装蜂起が勃発した。
コンパニスは、「スペイン連邦共和国内のカタルーニャ共和国」の樹立を宣言して、マドリード中央政府との決別を表明した。政府はただちに戒厳令を発し、軍を動員してコンパニスを逮捕し、投獄し、30年の懲役刑とした。
かれが獄中にあるあいだも政争は続き、36年２月の総選挙で人民戦線を結成した左派が、僅差（1.5パーセント）で勝利し、コンパニスは釈放され、プレジデントに復帰した。参謀総長フランコはカナリア諸島へ左遷され、後にそこから反乱を起こすことになる。
この1936年は、オリンピックの年でもあり、ナチス・オリンピックに対抗して、バルセローナで「人民オリンピック」が企図されたということは既に述べた。コンパニスはその名誉委員長に就任したのだった。そのメインスタジアムとして準備され、大改装を経て現在のオリンピック・スタジアムとなったところに、コンパニスのプレートが掲げられた所以である。
バルセローナの市章が刻まれたその白大理石のプレートには、次のように書かれている。
「カタルーニャ自治政府と1936年人民オリンピック組織委員会のプレジデントであったリュイス・コンパニス。バルセローナ市は、その名を記憶に留め顕彰します。1989年10月15日」
さて、カナリア諸島に左遷されていたフランコが、選挙によって合法的に成立した政府に対して反乱を起こし、内戦となってバルセローナ・オリンピックが夢と消えたのは先述の通りである。
カタルーニャ自治政府プレジデントとして反乱軍と戦ったコンパニスも、敗色が濃くなった39年２月、フランスに亡命せざるを得なくなった。かれの亡命と期を一にして、勝利を確信したフランコは「政治責任法」を発布して、あの共和国宣言の34年10月まで遡って、あらゆる左翼、内戦で反乱軍に敵対した全ての人間を取締りの対象とした。

コンパニスが亡命したフランスは、ナチスに降伏し（ドイツに協力する）ペタンを首相とするヴィシー政権となった。フランコ政権のお尋ね者を引き渡すようにというリストが送られ、ゲシュタポが暗躍する。そして、1940年8月、コンパニスは逮捕され、フランコの手に渡された。

そして、モンジュイックの軍事刑務所に送られ、二か月にわたる拷問の末、「反逆罪」ということで死刑判決が下され、ついに、10月15日早朝、銃殺に処せられたのであった。

1936年7月、もし、その前日に内戦が勃発していなかったら、開会式の会場を埋めた人々を前にして、リュイス・コンパニスは実行委員会を代表して人民オリンピックの開会宣言をしたはずである。そのスタジアムが改装されて、1992年バルセローナ・オリンピックのメイン・スタジアムとなった。

今では、世界中のサッカーファンなら誰でも知っている。

スペイン・リーグに属する「エスパニョール」チームのホーム・グラウンドとしても使われているこのスタジアムが「リュイス・コンパニス」と呼ばれていることを。

リュイス・コンパニスへの献辞

4

ガウディこぼれ話

ガウディびいきの日本人

“スペイン・バルセローナ、ここは、建築家アントニオ・ガウディに会える街”こんなテレビコマーシャルが流れていたころから、もう、20年近く経った。

1992年のバルセローナ・オリンピックとセビリャ万国博に向けて、スペインへの関心が高まりつつあったころのことである。

このCMで、それまでは、知る人ぞ知る存在だったガウディ Antoni Gaudí i Cornetの知名度は一挙に高まった。

そればかりではなく、バルセローナといえばガウディと思い込んでしまう傾向すら生じた。

これなどは、「流行」とか「有名」にすぐ飛びついてしまう、軽薄で操作されやすい国民性をよく表しているが、固い石を使いながらも、曲線（面）を多用してそれを柔らかく表現し、しかもカラフルで、そこに情感を感じさせるガウディの作品群は、機能本位の近代建築に、反自然を感じてしまう日本人にとって、「面白い」と思わせるものでもあった。

まして、百年以上も前から造りはじめ、完成まであと何年かかるかわからないものを、今も造りつづけているという、とほうもない時間感覚に圧倒され、ロマンすら感じてしまったのではないだろうか。

たしかに、ガウディは、鉄筋とガラスを使う近代建築からすれば「異端」と思える。

機能主義デザインの主唱者で、「家は住むための機械だ」と言い切った「合理主義者」ル・コルビュジェは、ガウディが死んだ2年後の1928年にバルセローナを訪れ、サグラダ・ファミリア付属学校（ガウディが自腹を切って建てた）の屋根のシェル構造については激賞したものの、「ガウディはあきらかにバルセローナの町の恥だ」とまで言ったものだ。

しかし、そのコルビュジェも、それから20数年経ってフランス東部スイス国境に近いところに建てた「ロンシャン礼拝堂」（1950～55年）は、巨大キノコを思わせる彫塑的なものだった。

世界どの国よりもガウディの知名度は日本で高い。そのせいか、日本語で書かれた旅行案内書は、ガウディの作品についてかなりのスペースを割いて解説している。だから、ぼくはあえて、そこでは触れられていないような「こぼれ話」を選んで書くことにしよう。

グエル公園に見る奇想と合理

バルセローナでガウディを見ようとする人が、必ず足を運ぶのがグエル公園 Park Güell と、聖家族贖罪教会 El Temple Expiatori de la Sagrada Família だろう。観光バスで案内するツアーコースもそうなっている。

バルセローナの北西ペラダ山の南斜面に、15ヘクタールの規模で広がるグエル公園は、最初からバルセローナ市に提出した書類にも英語で Park と記されてあったのだが、それはイギリス風の庭園都市という意味でそうしたのであって、ここには60軒の庭つき一戸建て住宅が美しく展開される予定だった。

それが実現したら、世界最初の庭園都市となったのだけど、購入したのはガウディと医者のトリアスの二人だけだった。それとは別に施主のグエルもここに住んだのだが、そこは今、学校になっている。ガウディが買って父、姪とで住んだ家はガウディ博物館になっている。

1900年に始まった工事は14年で挫折し、1922年、市に寄付されて現在の公園となり、1984年にはユネスコ世界遺産に登録された。

だから、ここを訪れる人は、ここが庭園都市として計画され、開発されたところだということを念頭においてほしい。

正門両脇に、おとぎ話に出てくるようなかわいい建物があるが、これは門衛館（右）と訪問客を迎える待合館として建てられたものだ。大階段の右下、門衛館の前には馬車回しがある。

セラミックタイルで彩られた大トカゲの口から吐き出された水が流れ落ちる階段を登りつめると、ギリシア建築を思わせる83本のドーリス式列柱が立ち並ぶ空間がある。ここは、市場となる予定だった。

歩き回ってみれば分かるが、4メートル間隔で碁盤の目状に配置された円柱のうち4本が抜かれ、3か所にやや広いスペースが確保されている。柱を外したところに円盤装飾がなされ、ランプを吊るす金具が取りつけてある。

天井は、伏せたお碗を下から見るように凹んでいてタイルで装飾されている。柱の腰の部分は白いタイルで覆われている。この凹んだ天井と柱の白い部分に、ガウディが仕掛けた謎が潜んでいる。

ぼくはここ20年あまり毎年ここに教師や学生のグループを案内して来ているのだが、いつもここでひとつの「実験」をしている。

整列した柱が奥まで見通せる場所から柱列に添って誰かに歩いてもらうのである。歩きはじめのとき、柱の白い部分の上端はたいてい頭の位置にある。それが奥に進むにつれてどんどん頭よりも高くなっていくのだ。つまり、白い部分は奥へ行くに従って高くなるように設計されているというわけだ。

この逆遠近法によって水平感が保たれる視覚マジックといえる。

では、凹んだ天井の謎とは？

ここでは、伏せたお碗の端が集合したところに柱が取り付けられていることだけを確認して、この列柱によって支えられている上階のテラスに出ることにする。ここは、地中海を遠望する気持ちのいい広場だ。それを蛇行しながら縁取っているのが有名な波うつベンチだ。この部分は、資金難による工事中断後に施工されたところで、タイル工場から出た不良品を利用して仕上げただけに、装飾的でありながら、生活の匂いが伝わるふしぎな効果をあげている。

不規則に蛇行させているのは、ここに座る人たちがお互いの顔をみながら会話できるようにという配慮からなのであろう。だけど、そのユニットは、4種類のプレハブ材を巧みに組み合わせたものを波うつように接続したものだ。

「変形」に秘めた「合理」と言っていい。

ここではそのベンチに座ってみなければいけない。腰の部分に当たる帯状の突起がとても気持ちいい。それもそのはず、ガウディはこのベンチの断面設計の際、働いていた左官のひとりを裸にして、練りたての石膏に座らせて実際に象ったものを基本形にしたからだ。

この広場には土砂が敷きつめられ舗装されていない。目にすることはできないが、その土砂を取り除くと、そこにはお碗型ヴォールトが90個も並んでいるのだ。下から見て天井が凹んでいるのそのためなのだ。

雨が降るとその雨水は、土砂によって濾過され、それが集まるところに設置された柱を貫通するパイプで地下の貯水槽に導かれるという仕組みだ。この水は、公園の散水や防火用として、あるいは非常用の飲料水としても利用できるように蓄えられる。1200㎥の容量を持つこの貯水タンクから引かれた水が、正面階段の大トカゲの口から吐き出されるという構造になっているのだ。

ちなみに、排水口となったこの大トカゲは、ギリシア神話に登場する地下水の守護者大蛇ピュトンを象徴したものだろうと言われている。

お碗ヴォルトが露出したこのめずらしい写真（p79）は、1988年夏の補修工事中に撮ったものだ。ガウディといえば、その着想の奇抜さばかりに目が行きがちであるが、その「奇想」の底に、近代建築家としての「合理」がつらぬかれていることは、他の建築物でも実証されている。この「お碗」などは、そのよい一例と言えるだろう。

バルセローナの石彫り青年

さてここで、サグラダ・ファミリアの方に話を移そう。この教会がイエスの「父」聖ヨセフに捧げるためのものとして着工されたのは1882年のことであった。その百周年を目前に控えたころ、ぼくはバルセローナで下宿暮らしをしていた。そのころのある日の日記を紹介する。

（1981年）12月10日（木）

昼から外尾くんが来て、これから鍋をやろうという。白身の魚やイカやキノコを大量にさげてきたとあっては、学校（スペイン語の）なんぞに行ってはいられない。かれが、今、石工として働いているサグラダ・ファミリアが、来年の3月19日に起工百年祭を行う。それを記念するカンパニアを自分たちでもやりたいと、同教会に研究で出入りしている（田中）裕也くん（かれはぼくと同じ家に下宿していた）と話し合い、その相談に乗れというのが用件だった。

ほかの国と比べて、日本にはガウディのファンが多い。サグラダ・ファミリアを見るためだけにバルセローナを訪れる人もかなりいる。しかし、その姿態のユニークさと大きさに圧倒されただけで帰る人がほとんどではないだろうか、ということから、特に「生誕の門」彫刻の図像的説明に力を入れた日本語のパンフレットを作ろうということになった。

そうこう話しているうちに、外尾という29歳の青年が、そこで働くようになるまでのいきさつや、ガウディの現場で仕事しながら学んだことなどを、ヒューマン・ドキュメントとして一冊にまとめたらおもしろいのではないかという気になって、しきりにたきつけ、かれも段々その気になって来た。酒の勢いとはいうものの、こういうもりあがりは楽しい。

「そんなこと言っても、おれ文章なんて書いたことないから心配だな」

「まかしておけ。ガキの作文の添削なら、おれはプロだぜ」

てな調子で、これもわれらの「記念事業」に組み入れることにしてしまった。

この「鍋談義」で決めた「日本語パンフレット」は、裕也くんのスケッチとぼくの文章で、まだワープロがない時代だったので、A3二つ折り手書きのままのコピーとしてサグラダ・ファミリアに寄付した。かなり後まで売店で売っていたが、あまりお粗末なので、後に、トーメン（商社）の助成と、鳥居徳敏さんの助力を受け、A4版24ページのきちんとした冊子にして、1万部寄贈した。

「外尾くんの本」に関しては、そのとき『教室のドンキホーテ』というぼくの教師生活を総括する本を制作中だった筑摩書房と連絡して「村田が文章に責任を持つなら」という条件でＯＫしてもらった。

「ガキの作文添削ならまかしておけ」と豪語したのはいいけれど、当の本人は、それが出来上がって贈呈する日に備えて、サインの練習をするだけで何も書こうとしない。けっきょく、「村田氏に感謝する」という後書きまで含めて全文ぼくが書く羽目となった。それが、1985年、外尾の名で出版された『バルセロナ石彫り修行』（ちくま少年図書館）である。

これはただちに、全国学校図書館協議会課題図書コンクールの高校生向け課題図書に指定されるということになってしまった。

ラッパを吹く天使に顔を貸した男

その取材過程で会った人、とりわけ、ガウディ研究では世界的にも著名な鳥居徳敏さんなどから教えてもらったエピソードのいくつかを紹介しておこう。

まず、外尾くんが制作した、東側「生誕のファサード」に取り付けられた６体の奏楽天使のうち、最初に彫った「ハープを弾く天使」についてであるが、そのハープの弦をどうするかということが問題になった。

外尾くんは、最初から「なくてもいい」という意見だった。見る人の想像の中で空中の音楽を聴いてほしいというのがその理由。しかし、「どうしても弦を」というのが建設当局の意見で、結局３本半という半端な結論で、不格好な鉄棒がつけられてしまった。

後にこれは取り去られて外尾くんの主張通りになるのだが、弦の存在が竪琴の響きを想像するときの助けになるのか邪魔になるのか、「リアル」であることの難しさがここにある。

ガウディは、このサグラダ・ファミリアを彩る彫刻について「リアル」であることにかなりこだわったようだ。生誕のファサード両側に、救世主誕生を世界に告げるラッパを吹く４体の天使がある。その表情をよく見てほしい。きわめてリアルな人間の顔をしている。それもそのはず、これは実際に生きている人物から石膏で型取りして作ったものだからだ。では、この聖堂に自分の顔を貸してしまった人とは誰か。

サグラダ・ファミリアの建設が始まったころ、このあたりは郊外で時には軍隊がやってきて演習するような野原だった。ある日、ビックの司教（かれの精神的パトロンともいうべきトーラス神父と思われる）が訪ねてきてガウディと話しているとき、軍楽隊の練習が始まった。かれは、助手のオピッソを使いに出して、うるさいから練習を止めろと言わせた。

ところが、軍隊に指図するとは何事かと怒った下士官が二人の部下を連れて文句をつけに来た。しかし、その場にいた司教の方が位が上で、伍長はペシャンコになった。すかさず、ガウディがラッパを吹く天使のモデルになってくれと頼み、そこで石膏取りということになってしまったというのである。

お使い役のオピッソ（画家でピカソの友人）も巻き添えにされ、都合4体の天使像の原型がこうして揃ったのだという。

「ズボン下だけの姿になるとガウディは有無を言わせず私にポーズをとらせた。そして彫刻家のロレンソ・マタマラとラモンが、私の体に石膏を塗った。私はすぐに猛烈な腹痛におそわれて、そのまま気絶した」と、当時25歳だったリカルド・オピッソは語っている。

このように実物から型取った彫刻がサグラダ・ファミリアには多い。

左側「希望の扉口」左下にある「エジプトへの逃避」のロバもそうだ。ガウディがモデルとなるロバを探していると聞いて、何人もの人が提供すると申し出たのだが、どれもりっぱでガウディのイメージとは合わない。

かれは磨き砂売りの老婆が連れていたやせこけたロバのやさしい表情に目をつけ、老婆に頼んでそれに石膏を塗りつけたところ、老婆はロバが死んでしまうのではないかと驚き、泣き叫んだとは、この現場を訪ねたシュヴァイツアーにガウディが語って聞かせた逸話である。

こう書くと、ガウディという人物は、いかにもリアリズムにこだわったかのようであるが、全く違う面もあった。

生誕のファサード正面上部にイエス誕生時の星座図が描かれている。自分の星座がどのように描かれているか探してみるのもおもしろい。だけど、困る人もいるはずだ。そう、サソリ座の人は発見できない。それが欠けているのだ。

ある日「出勤」途中の草原で、ガウディはサソリを見つけ、ハンカチに包んで大事にアトリエまで持ってきた。そして、観察しようとして持ち上げた瞬間、チクリと刺され、ハンマーで叩きつぶしてしまったのだという。その恨みでサソリは星座から追放されてしまったのだという、まことしやかな説がここでは伝わっている。

魂の海をゆく宇宙船

このサグラダ・ファミリアは「石の聖書」とも呼ばれている。新約聖書のさまざまな場面が彫刻で描かれていて、それを読む楽しみを見る人に与えてくれる。そして、小塔の先端はいろいろな木の芽だし、後陣外壁の樋にはカタツムリやヘビやトカゲなどが取りつけられている。

建ちはじめた内部の柱の先は枝分かれして（これがアーチとなって天井の重量を支えるのであるが）森をイメージさせる。フォルムのユニークさに圧倒されるばかりでなく、ガウディがこの建築にこめた神と自然に捧げる讃歌を感受するのもガウディ詣での楽しみというものだろう。

今は工事が進んで立ち入ることができなくなってしまったけど、かつて、バルセローナ暮らしをしていたとき、ぼくは内側のあちこちに積まれた石に座ったり寝ころんだりして時を過ごした。見上げる空は尖塔群で区切られて狭い。そこをよぎる雲の流れは早い。それはほとんど、塔をマストとする航海の気分だった。ガウディがここに作ろうとしたものは、実は、魂の海をゆく宇宙船だったのではなかろうかという空想にとりつかれたのは、そんな時だった。

カタルーニャの森と野に生きるさまざまな動植物の姿をちりばめたこの教会に、ガウディは「ノアの方舟」への思いもこめたのではないだろうか。

『ガウディ——建築家の見た夢』（創元社）という本を書いた、フィリップ・ティエボーは次の言葉でその叙述をしめくくっている。

「建築史上、サグラダ・ファミリア教会に匹敵する建物はおそらく存在しない。ガウディが『地中海式ゴシックのギリシア風聖堂』と呼んだサグラダ・ファミリア教会には、古代の神話とキリスト教の驚異がとけあった、夢のような叙事詩が刻まれているのである。」

世界最大の楽器

最後の石造巨大建築と呼ばれているこの聖堂が完成した暁には、それが、世界最大の楽器にもなるはずである。

晩年をスペインで過ごし、『ゴヤ』という大作をものにした堀田善衛氏は次のように書いている。

「全体が完成したときには、八十四本の塔が建ち、そこにすべて円筒形のカンパニリアが入れられたとすれば、地中海から吹いて来る風によって、八十四本の、それぞれにクロマティクの異なる音をもつものが、果して如何なる交響をひびかせてくれるものであろうか。八十四本ということは、ピアノの鍵の総数を意味する。……かつてロシア革命直後のモスクワにおいて、ロシア未来派の諸君が、あらゆる工場の汽笛を調節し、それをつかって、いわば都市音楽のようなことをやったことがあった。……グエル公園の夕照のなかでぼんやりしていると、晩年、信仰にのみ生きていたガウディと、革命直後のロシア未来派とが、ヨーロッパの西と東の辺境で一緒にいきていた時間が戻って来るような気持さえもがして来るのである」(『カタルーニャ讃歌』新潮社)

まことに壮大なイメージだ。そのイメージにけちをつけるつもりはないが、堀田氏の思い違いについていくつか訂正しておきたい。

まず、サグラダ・ファミリア完成時の構想(1950年ころ、ボネット・ガリによって描かれた)として、そこに建つ塔は、イエス・キリストを象徴する十字架を頂く170 mの中央塔。これは展望台を内蔵し、4本の光束を夜空に放つものだ。

それから、星型の頂華をもつ聖母マリアの塔。これは138 m。さらに、中央塔を囲むかたちで4本の福音史家の塔が建つ。これは、それぞれのシンボルである獅子、牛、鷲、人の顔をした生物の頂華を持つ。高さは135 m。

東(生誕)、西(受難)、南(栄光)のファサードを構成する4本ずつ12本の12使徒の塔は、100～120 mとされている。つまり、塔の総数は18本である。

そのうち、鐘塔となるのは12使徒の塔で、生誕と受難の両塔には大小さまざまの筒型銅製の鐘が吊るされる。各々、ピアノと同じように全音半音を含む8オクターブの音を出すように調律されることになっている。そして、生誕の方は打楽器、受難の方は管楽器のように鳴らされる。

それは、電気回路を持つ聖堂内の鍵盤で演奏される。

そして、大正面の栄光の門にはふつうの鐘が設置されるという構想なのだ。

84本の塔にそれぞれ異なる音の鐘が入るわけではない。また、ピアノの鍵数は88である。

それにしても、この巨大な聖堂全体から光と音楽が溢れ出るようすは、想像するだけでもわくわくすることだ。

素晴らしい聖堂建築を指して「凍れる音楽」Gefrorene Musikと言うことがある。これは、もともとはドイツの哲学者シェリングがシャルトル大聖堂のことをそう言ったのだそうだが、ゲーテもシュトラスブルグ大聖堂をそう評した。7世紀末に建立された薬師寺の東塔（730年）は、白鳳文化を代表する傑作とされ、国宝にもなっているが、この塔を指して「凍れる音楽」と言ったのは、アメリカの美術史家フェノロサだ。

こう並べてみると、完成したサグラダ・ファミリアもまた「凍れる音楽」と呼ばれて遜色ない。だけどそれが、冷凍物などではなく実際に音楽を奏でるとなったら、これは驚異だ。それまで生きていられないのが残念だ。

と、ここに書いたが、最近のサグラダ・ファミリアは、コンクリートや鉄筋を使い、それを薄い石板で覆うなどして建設のピッチを早めている。2030年には完成だなどという噂も聞こえてくる。そうなれば、もしかしたらという思いも湧いてくる。でも、そのためには百歳近くまで生きていなければならない。

着工百年の記念祭のころ、「完成まであと何年？」というよくある質問に対して、教会関係者は、いつも、Dueño no tiene prisa（家主はお急ぎにならない）と答えていたのを思い出す。ぼくとしては、こちらの方にロマンを感じてしまうのだが……。

熱烈なガウディの応援者であったカタルーニャの詩人マラガールが、1900年に発表した『生まれつつある聖堂』という頌歌が、「終わりなき形成の何という喜びであろうか」と歌い出されていることなども思い出す。

ひとつ、疑問が残る。すでにできている生誕門の塔、受難門の塔、どこを見てもパイプ状の鐘をどこから塔内に入れるのか分からない。

その銅製の鐘は、長いもので20メートルもあるのだそうだ。それを曲げることなく搬入することは、果して可能なのだろうか？

サグラダ・ファミリアで学生たちに説明する外尾氏

5

バルセローナ路上観察

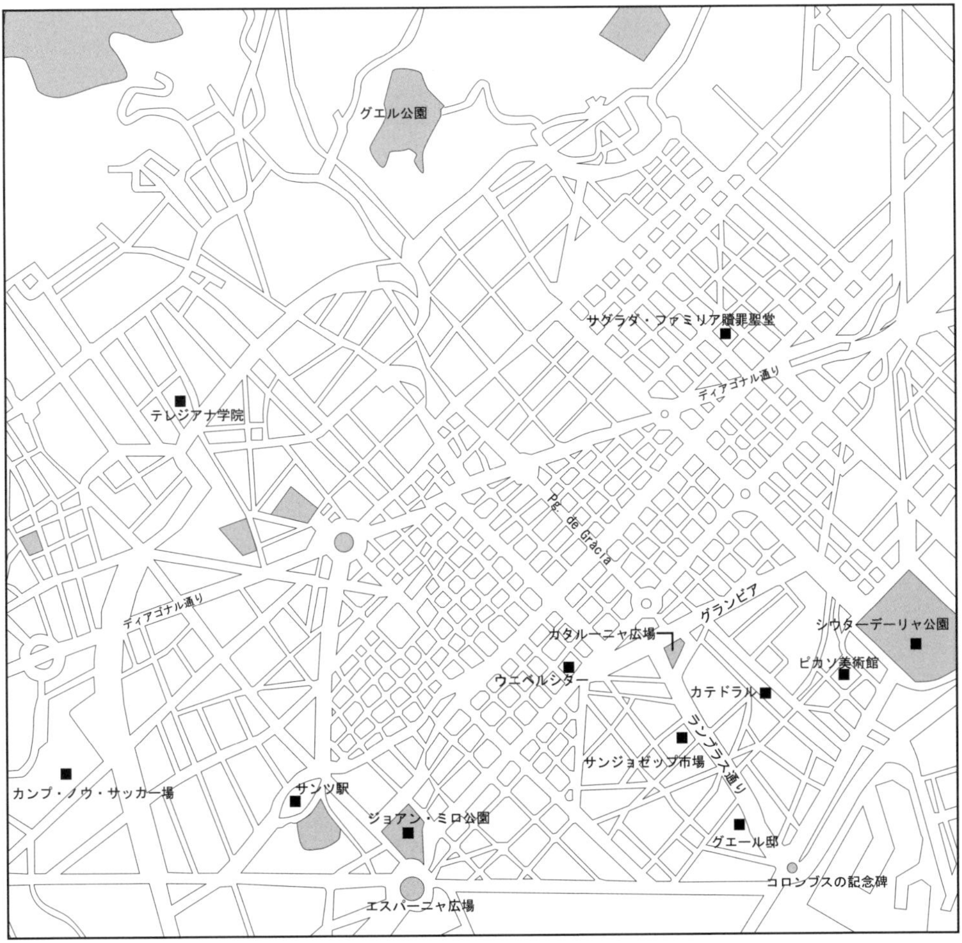

下を向いて歩こう

見知らぬ街を歩くと、視線は珍しい建物やショーウインドウのディスプレイなどに向けられ、若い子などは、「スゴーイ」「カッワイー」の連発ということになり、つい、足元がおろそかになる。

しかし、バルセローナのそれも風情ある下町の狭い通りでは、頭上に吊るされた洗濯物から垂れる雫に打たれ、犬糞に足を滑らせるということになりかねない。足元にも目を配る必要がある。

でも、そうやって「下を向いて歩く」ことにも慣れてくると、いろいろと発見することもある。それらのいくつかについて書いておこう。

バルセローナのヘソともいうべきカタルーニャ広場の西南隅から港へ向かってまっすぐ下るランブラス通りは、バルセローナを訪れる人なら必ず歩く散歩道だ。そこで路上パフォーマンスを繰り広げている大道芸を楽しみながら、小鳥屋ゾーン、花屋ゾーンと続く道を下って行くと、街路樹が途切れるところに出る。メトロの駅もあるそこはボケーリア広場だ。

そこの歩道の真ん中に、色鮮やかなジョアン・ミロのモザイク画がはめこまれている。人々はその巨匠の作品をこともなげに踏みつけて往来している。

街に溶け込んだそのさりげなさがぼくは好きだ。また、そんな場所に自分の作品を提供したミロも偉い。

ミロと言えばピカソ。この町で育ったピカソの作品を路上から眺めるとしたら、視線を少し上げなければならない。

カタルーニャ広場の東南隅からカテドラルへと続く「天使の門」通りを下ってカテドラル前のノウ広場に出る左角の建築学校の壁三面にわたって、黒い石を埋め込んで描いた、かれの躍動的な素描がある。

そこには、バルセローナの大祭メルセー祭の時に登場する巨人人形やサルダーナを踊る人々などが描かれている。

ゴシックの偉容を誇るカテドラルと前衛的な素描というこの取り合わせ、しかもそれがみごとに釣り合っているというあたりに、このバルセ

ローナという街の厚みのようなものが感じられる。

このピカソの素描があるところから少しカタルーニャ広場に寄ったところに、ミロがデザインしたロゴで知られるカイシャという銀行があるが、その前にある水道に目を留めてほしい。カタルーニャ風タイルで飾られた美しいものだ。

町の人が自由に使える水道につけられた装飾ということであれば、ディアゴナル大通りに近いランブラ・カタルーニャとコルセガが交わるところに、腹這いになった少女が蛇口に手を伸ばしているかわいい水道、カタルーニャ広場から大学前に出るところに、貧しい身なりの少年が微笑んでいる水道、そして、メトロのパラル・レルを出た小さな広場には、日傘をさした若い婦人像で飾られた水道などがある。公共の場をこのような可憐な彫刻で彩るセンスがこの町の魅力だ。

蘇った路上時計

カタルーニャ広場に面して、エル・コルテ・イングレスというデパートがある。日本の老舗デパートの発祥が呉服屋だったように、ポルトガルにまでそのチェーンを広げたこのデパートの前身も「イギリス風裁断」を売り物にする服地屋だったのだろう。

そのコルテ・イングレスに沿って東に行くと、ライェダナ通りに出る。

この通りを下りきった右側が中央郵便局なのだが、そこまで行かず、少し下った右側（69番地）の歩道いっぱいに、「時計」がはめこまれている。市章がついているところを見ると、どうやら公共的な意図で作られたものらしい。その「時」と「分」の刻みのところが丸いガラスブロックで

できていることから想像するのだが、ここに地下から光をあてて「夜光時計」にしたのではなかろうか。奇想というべきだろう。

隅に記された制作年には 1936 とある。内戦が始まった年である。

かつて、ロシア革命の直後の 1920 年代に、文学、美術、演劇など全ての分野で前衛的な実験が噴出した時期があった。それは、スターリンの弾圧で短命に終わってしまったのだが、ここバルセローナでも、第二共和制から人民戦線の勝利、そして、内戦に至るわずか５年間のうちに、さまざまな芸術革命が試みられたのであろう。この「夜光時計」なども、その名残のひとつなのではなかろうか。

この時計が制作されてすぐ、内戦となり、このあたりにもバリケードが築かれ、市街戦があったに違いない。そんな時にもこの時計は、人々に時を告げていたのだろうか。

1989 年に出たこの本の初版にそう書いたところ、それを読んだバルセローナの友人がさっそくこの時計を見に行って、「あの時計今も光が当たって動いているよ」と教えてくれた。

2006 年の夏、ここへ行ってみたら確かに動いていた。ほぼ正確に「時」

と「分」のところに光が当たっていた。そして「1989年、自治政府がこれを修復した」と記されていた。半世紀を経て蘇ったということになる。

街路樹の根元に優しさが見える

カタルーニャ広場から北上するパセッチュ・ダ・グラシア通り Paseig de Gracia。ここは高級品店が並ぶ開放的でしゃれた大通りだ。ガウディが手がけたカーザ・バッリョもカーザ・ミラもこの通りに面している。

この通りのしゃれた感じを生み出しているものとして歩道に敷かれたライト・ブルーの六角形の模様タイルがある。隣接するタイルに向かって三方向に広がる連続模様を描きだすみごとなデザインだ。これもまたガウディの図案だというから感心してしまう。

歩道に目を向けたついでに、もうひとつ、街路樹の根元も見てほしい。

樹木の根が風雨に触れることができるように、そこは小さな土の空間となっている。その土が踏み固められないように頑丈な鉄網が載せられているが、その鉄網が一個一個オーダーメイドだということに気づくはずである。街路樹一本一本の太さや位置の偏りに応じて、それに適応するように穴があけられている。

バルセローナ中に何万本の街路樹があるか知らないが、その太さと位置に応じてこれを手作りする信じがたいほどの非能率！

歩きながらこの金網をひとつひとつ見て行くうちに、生あるものに「人工物」が従う謙虚なやさしさが心にしみてくる。

今、この金網はカタルーニャ広場近くでは見られなくなってしまったが、グエル公園入口に通じる坂道を歩いてみるとお目にかかることができる。

教師仲間や学生たちと一緒にバルセローナを訪ねるとき、ぼくは必ずこの「金網」を見てもらうことにしている。出来合いの規格にではなく、ひとりひとりのこどもたちに合わせることこそが教育の原点だと思うからである。

能率本位の都市計画が、どこかに置き忘れてきた「人が住む街」の暖かさ、それをこの街はさりげなく、しっかりと確保している。こんなささやかな出会いや発見が旅をゆたかにしてくれる。

だから、バルセローナでは「下を向いて」歩こう。

バルセローナのおすすめゴシック

さて、この本の主題は、「ロマネスク」である。これから、バルセローナを出て、近郊からスペイン各地を巡ることになる。そこで訪れるところはロマネスクに偏ることになるので、この町を出る前に、バルセローナで見ておきたい、ぼくが気に入っているゴシックを２つばかり紹介しておくことにしよう。

この章の最初に案内したのは、ランブラス通りのミロのモザイクであるが、その少し上（カタルーニャ広場に向かって）右側に建物が途切れているところがある。そこまで戻ってみよう。建物の隙間を通して鐘塔が見えるはずである。

オリンピック前の改築によってこの隙間が生じたおかげで、それまではきちんと見ることができなかったこの塔が見えるようになった。

サンタ・マリア・デル・ピ教会 Església de Santa Maria del Pi である。14 世紀の初頭からほぼ一世紀半かけて建てられた（1453 年献堂）この教会は、14 世紀カタルーニャ・ゴシックの代表的な作例と言われている。

カタルーニャ・ゴシックの独自性とはどんなものであるかということについては後述するが、一身廊のこの教会に入ってみると、とにかく「広い」という感じがする。そして、簡素だ。それだけに、バラ窓の大きさと美しさが目立つ。バルセローナで「バラ窓」が見たかったら迷わずここに来るとよい。

内戦期の混乱でこのバラ窓は破壊されたがそれを忠実に復元したものだ。

入口右側に置かれた磔刑像もみごとだ。外に出ると、この教会の名称 Pi に因んだ松の木が植わっていくのに気づくだろう。

もうひとつのお薦めゴシックは、サンタ・マリア・デル・マール教会だ。ピカソ美術館へ行こうとしてカテドラル裏手のジャウメ一世（メトロ駅）のところからライエダナ通りの信号を渡ったところで斜め右を見ると、アルジェンテリーア（銀細工）通りの向こうに塔が見える。ピカソ美術館のあるモンカダ通りを港方向に進むと、この教会の後陣に出る。

10世紀末にはすでに存在していたこの教会を新しく建て直そうとして最初の石（礎石）が置かれたのは1329年、それから50年弱という異例な短期間で完成した。それだけに、他の教会によく見られるような異なる建築様式と混じりあうということのない教会となった。14世紀カタルーニャ・ゴシックの最も美しい完成された教会と言われる所以である。

「この界隈に住んでいた船乗りたちによって造営された。彼らはささやかな財源で、当時大聖堂の財政をまかなっていた町民階級に対抗しようとしたのだった。その結果がこの教会で、簡素さと優雅さがすばらしい」とミシュラン・ガイドブックには書いてある。

ピ教会の印象が「広い」とすれば、この教会から受ける印象は「高い」そして、「明るい」だろう。すっきりした感じなのだ。

町歩きや、ピカソ美術館でのピカソのエネルギーに圧倒された疲れが、この教会に入って座ると癒されていくという感じなのだ。この、ゴシックに特有な「高さ」を保持しながらも、重苦しいという感じを与えないところに、カタルーニャ・ゴシックの特徴がある。

ゴシック建築というのは、その高さを保持するために、屋根や側壁の重量を逃がす目的で肋骨のような飛梁がつきものである。これは、パリのノートルダムやセビリャのカテドラルを見れば分かる。

この飛梁にあたる構造を建物の外側にではなく内部構造に組み込んでしまったのがカタルーニャ・ゴシックなのだ。だから、外面がすっきりする。

このカタルーニャ・ゴシックの特性の延長として、繰り返し実験した放物線にそって柱を傾斜させ、ゴシック特有の「松葉杖」つまり飛梁と扶壁を取り除くことに成功したのがガウディだったと思う。

これは、建築学とは無縁の素人考えだからアテにはならないのだけど……

この教会の扉口上部についている小さな飾り物もぼくのお気に入りだ。

向かい合った二人の男が何やら重い荷物を背負っている。どんな意味があってここに取り付けられているのかわからないけど、とても微笑ましい。

この、サンタ・マリア・デル・マール教会は、ミロの葬儀が行われたところでもある。晩年をマヨルカ島のアトリエで過ごし、そこで死んだミロの遺体は、海を渡ってここで見送られ、帰らぬ船出をした。

そういえば、ぼくも列席した飲み友だちのジョルディの結婚式もここだった。婚約者だったミリアムはさっさと医者になったのに、何度も試験に落ちて産婦人科医の資格が取れなかったジョルディも、今は父親の後を継いで一人前の医者になっていることだろう。

Santa Maria del Mar =『海の聖母』といえば、ぼくの好きな詩人吉田一穂の最初の詩集のタイトルである。この教会の夜の時鐘は、その巻頭の「母」という詩にふさわしい。

あゝ麗しい距離《デスタンス》
つねに遠のいてゆく風景……

悲しみの彼方、母への、
捜り打つ夜半の最弱音《ピアニッシモ》

食事　la comida　13.30～16.00　20.00～23.00

初めにお断りしておくが、ぼくは食通ではない。戦中戦後の食料難の時代に育ち、長じては、小学校教師として、20年以上も脱脂粉乳時代の学校給食を食べつづけてきたせいか、何を食べてもうまい。だから、スペインでもレストランの選り好みをしなくて済む。

また、スペインでは、見た目や規模の大小、値段の高低にかかわらず、どんな店でも基本的にうまいものを出す。だけど、さすがのぼくでも次の３か所だけはまずいと思う。

それは、駅のレストラン、タブラオ（フラメンコ酒場）、日本人団体客が入る高級ホテルのレストランだ。それと、日本人経営の日本食レストランも飯の炊き方は下手だし、値段は高く、態度はデカイ。できるだけこういう所を避ければうまいものと出会える。

最も賢明なのは、町の人が普通に利用している大衆食堂で食べることだ。こういうところは、たいてい、定食 menú del dia を用意している。

そこに食べたいものが含まれているなら、それがいい。手っとり早くて、うまいし安い。

朝食 el desayuno ／昼食 el almuerzo ／夕食 la cena

①第１皿 primer plato

・Entremeses variados オードブル盛り合わせ

・Sopa de ～（ajo にんにく／ cebolla オニオン／ pescado 魚 /mariscos 魚介類／ fideos ヌードル／ cardo 肉入り）

・Gaspacho　冷たい野菜スープ／ Consomé　コンソメ

・Ensalada mixta ミックスサラダ／レタス lechuga、玉葱 cebolla、人参 zanahoria ／トマト tomate ／ピーマン pimiente

②第２皿 segundo plato（魚 pescado ／肉 carne）

bacalao,merluza 鱈、atún　鮪、lenguado 舌びらめ、sardina 鰯、bonito 鰹、besugo 鯛、salmón 鮭、trucha 鱒、calamar イカ、pulpo 蛸、

almeja はまぐり、gamba 海老、langosta 伊勢海老、anguila うなぎ、cangrejo 蟹、ostra 牡蠣、

vaca 牛、ternera 子牛、cordero 子羊、cerdo 豚、conejo 兎、pollo チキン、solomillo ヒレ肉、entrecot アバラ肉、chuleta 骨つきのアバラ肉、lomo 背肉、asado オーブンで／a la plancha 鉄板焼き／a la parrilla 直火焼き、fritos 揚げ物

③デザート postre

helado アイスクリーム、sorbete シャーベット、tarta ケーキ、flan プリン、naranja オレンジ、melón メロン、sandía 西瓜、pera 洋梨、limón レモン、melocotón 黄桃、fresa 苺、manzana リンゴ、plátano バナナ、piña パイナップル

④飲み物 las bebidas

agua 水（sin gas ガスなし、con gas ガス入り）

café ～（solo ブラック、cortado ミルク少し、con leche ミルク入り）

zumo ジュース（de naranja オレンジ、de tomate トマト）

cerveza ビール、caña 生ビール、leche 牛乳、té 紅茶

vino ワイン（tinto 赤、blanco 白、rosado ロゼ、de la casa ハウス・ワイン）

⑤サンドイッチ bocadillo

bocadillo de（jamón ハム、chorizo 腸づめ、lomo　豚肉、tortilla　オムレツ）

⑥調味料その他

aceite 油、sal 塩、azúcar 砂糖、vinagre 酢、salsa ソース、mayonesa マヨネーズ、vaso コップ、copa　杯、cuchillo ナイフ、tenedor フォーク、cuchara スプーン

・お勘定！ La cuenta, por favor

・トイレはどこですか？ ¿Dónde esta servicios?

6

ロマネスクに魅せられて

ロマネスクとは

さて、これまで、バルセローナという街が持っている歴史的・文化的な奥行きの深さのようなものを、ぼくなりの関心に引きつけて書いてきた。当然、偏好と言える。だけど、それが皮相的な偏見に止まらないところまでは掘り下げるように心がけてきたつもりだ。

そろそろ、この本の主題であるロマネスク探訪の旅に出なければいけない。しかし、その前に、ロマネスクって何？なぜロマネスクなの？ということについて説明しておいた方がいいだろう。

まず、一般的な説明として、広辞苑にはこう記されている。

「中世、11世紀から12世紀中葉にかけて南フランスをはじめ西ヨーロッパ諸国に行われた建築・彫刻・絵画の様式。ゴシック様式に先立ち、教会建築を中心とし、古代ローマやゲルマンの諸要素と共に、東方趣味の影響も受けている。」

「11～12世紀前半にヨーロッパのラテン系諸国に起こった建築様式。広義には同時代の美術全般。ローマの様式を復活させ、ビザンチン美術の影響で東方の要素を取り入れて諸民族が独自に育てあげた最初の様式。

その特色はサン・セルナン寺などの教会建築に最もよく現われ、十字架の平面プランに重厚な壁をもつアーチが重なり、外観は単純で重重しく神秘感に富む。彫刻は建築装飾としておもに聖堂の入口付近に施されている。力強い描線の壁画、ミニアチュールも発達した。」（学研新世紀大辞典）

以上が、事典的一般説明である。ちなみに、ロマネスクは英語、フランス語ではロマン、スペイン語ではロマニコというが、この本ではロマネスクに統一する。

これだけでは物足りない、もっと親切な説明が欲しいという人は、『フランスロマネスクを巡る旅』（新潮社とんぼの本）中の木俣元一氏による「ロマネスク美術談義」を読むとよい。

では、ぼくにとって「ロマネスク」とは何かということについて述べよう。以下は『シエスタの夢／私のスペイン』（1983年理論社）に収めた部分の引用であることをお断りしておく。

森有正氏への違和感

旅の空の下で、旅のエッセイを読むことは楽しいことです。まして、先達がその思索をうながされた場所に立って、同じ風光を浴びながら、静かに対話を続けるようにして読むことができれば最高です。

ぼくにとって、森有正氏の一連の哲学エッセイは、そんな時に携える無上の本でした。南フランスをめぐる小さな旅から帰ったばかりの時に、『バビロンの流れのほとりにて』(筑摩書房)を読んでいたら、次のような一節にぶつかりました。

「ヨーロッパの諸教会が、草奔時代を出てからビザンティンのスティルをうけついで、しかも素樸な、自己の感覚の示すあとを辿りながら、ロマン、ゴチック、ルネサンスというふうに経て来た建築様式の推移のあとは、それ自体精神の覚醒の一つの見事な曲線である。アルルのサン・トロフィームの僧院の美しい廻廊ではロマンとゴチックとが半々に空間を分けていて、その両者が相接している角に立って両者を眺めると、ロマンからゴチックへと、どれだけ大きな精神の発展が行なわれたかを、一目で感ずることができる」

40歳を少し過ぎたばかりのころの森氏が、マントンの宿で書いたこの文章に目が留まったのは、文中で触れられているアルルのサン・トロフィーム僧院の回廊を見てきたばかりだったということもありますが、そこで森氏が感じたものとは、いくらか異なる感想をぼくが抱いていたからだと思います。

森氏が言うように、サン・トロフィーム僧院の回廊は、北と東が12世紀、南と西が14世紀の手に成るもので、この間に、ロマネスクからゴシックへと様式が推移したことがはっきりと見分けられます。

問題は、その様式変化を、森氏のように、「精神の覚醒・発展」と、とらえることが果して妥当なのかということです。もちろんこの場合、森氏は回廊の姿だけについてそう言っているのではなくて、それによって象徴されるもっと大きな時代の流れについてそう感じたのだと思います。しかし、この文章を書いた1953年ごろの大方の歴史観は、ギリシア・ローマ ― 中世（ロマネスク・ゴシック） ― ルネッサンス ― 近代、という系列を、「暗黒の中世」という媒介において認識する発展観に支えられたものでした。

戦後初のフランス政府給費留学生として渡欧して何年も経ってない時期の森氏が、敗戦体験を背に発展史観に強くとらわれていたことは無理もないことだと思うのです。

美意識は、個人にとって異なるのですから、どれが正しいなどということは言えるはずもないのですが、サン・トロフィーム僧院の回廊に即して言えば、ぼくは古い様式のものに、より大きな魅力を感じたし、ゴシック様式の方に「大きな精神の発展を……一目で感ずること」ができなかった、というのが違和感の中身です。これは恐らく、ぼくのメタフィジカルな面での思考力の弱さでもあるとは思うのですが。

そういえば、以前にも似た経験がありました。1979年の夏、サンチャゴ・デ・コンポステラへの巡礼路をたどって歩いた時、ブルゴスの街外れにあるレス・ウェルガス修道院を訪ねたたとがあります。ここもゴシックへの移行期に建てられたもので、様式を違えた二つの回廊を持つところです。その時の感想をぼくは次のように書いたことがあります。

ゴシックに先行するロマネスクの魅力といえば、その重厚で簡素な形態や幻想が躍動する壁画や彫刻の美しさなどがあげられるだろうが、厚い石の壁に囲まれた暗闇の中から、歩廊に連続アーチの影を落とす、四角に閉ざされた静かで明るい空間に導き入れられる、その劇的な転換の瞬間がぼくはとても好きだ。石を積み上げた、ただごついだけの外観からは想像もつかないすっきりした様式美が回廊には凝縮されていると思う。

それは、外部の自然から遮断されて、再構成された〈自然〉であり、その囲いこみを通して、そこに佇む人の心や思索をいやが上にも内部に誘うところの求心的な磁力をもった空間である。さらに、回廊は、常に闇に近い会堂を通って突如光と出会う場所でもある。鉄やガラスでなしに、石という素材だけで神の家を構成せねばならなかった時代にふさわしい画然たる対照のドラマがそこにはある。〈自然〉と〈闇〉との二重の断絶がそこに包みこまれているから、回廊は、そこに立つ人の心を緊張させ、内省をうながすのだともいえるのではないだろうか。……日本の古い寺の庭も、瞑想の場には違いない。しかし、それが回廊と異なるのは、枯山水や借景などのように、そこに自然を重ね、自然に向かって心を開いていく観想の場であるということになるだろうか。

ゴシック期以降、このような魅力的な空間が見られなくなったのはなぜかと思う。一つ思いつくのは、それはステンド・グラスの出現と大いに関係があるのではないかということだ（それを可能にしたものこそ、開口部を広くとる工法に成功したゴシック様式の「進歩」だ）。

壁面が光彩の乱舞するところとなることにより、教会の内部空間は一変した。光と闇の弁証法はそこで終わり、神の家は光に包まれるところとなった。そこから〈照明〉によって、闇を駆逐する現代までは一直線だ。その過程で失われたものが何かということを、ロマネスクの回廊は静かに暗示しているように、ぼくには思えるのだ。（『GRAPHICATION』）

ロマネスクとの出会い

ここに書いたように、ロマネスクからゴシックにかけて、教会における〈光〉の位置は回廊から壁へと重心を移しました。その分だけ、回廊がお手軽になったことは否めないと思うのです。ですから、それはたしかに変化には違いないにしても、「進歩」という発展系列に組み入れて評価することには無理があるのではないか、というこだわりがぼくにはあります。

1976年の夏、ぼくはパリ郊外のシャルトル大聖堂を訪ねました。シャルトル・ブルーと呼ばれるみごとなステンドグラスがお目当てでした。パリに戻る電車に乗り遅れたために、一日ずっと太陽の動きに伴って輝きが移動する壁面を眺めることになりましたが、それはまたとないすばらしい体験でした。

しかし、それ以上に、ぼくの心をとらえたのは、外壁の彫刻群、とりわけ、正面入口を飾る人像柱でした。極端に引き伸ばされた聖人像の衣のひだが、石で作られたとは思えぬほど柔らかく、優美で、薬師寺や唐招提寺の仏像によく似たやさしさをたたえ、顔の表情も魅力的で、それらがプロポーションを大胆に崩すことによって、いっそう強く迫ってくるのを感じたのです。

そして、ファサードの上部には、さまざまな職人の姿が、これはまた三頭身ぐらいに圧縮されて彫られています。写実を超えるデフォルマシオンの力を、それらの彫刻群は示していると思えました。

この抽象性はまさに現代彫刻のそれではないか、それにしてもなんでこんな表現が中世に可能だったのだろうかという疑問を抱いて帰国したのです。そして、少し調べてみたら、それがロマネスクだというのですね。これがぼくのロマネスクとの出会いでした。

同じデフォルメでも現代彫刻のそれは、リアリズムを超克しようという意図に支えられているのですが、ロマネスクの彫刻は、まだ教会建築から自立していない時期の「枠組みの法則」に縛られての結果なのだということもわかってきました。

しかし、建築に従属するものであったとはいえ、それでやむなくフォルムを歪めたというようなパッシブなものではなく、「美は物質的な塊のなかに求めてはならない」という聖アウグスティヌスの規範に則して、物質的自然の外観より内面の精神性の表現に重点を置いた結果が、あのように大胆で奔放なフォルムとなったのだと考えた方がいいのでしょう。

表現に一定の枠をはめることが、自由を損なうとは必ずしも言えないばかりか、逆に、その規制ゆえに、奔放な表現が可能になる場合もあるということは、「言葉あそび」ひとつとってみてもよくわかることです。

その意味で、「枠組みの法則」と、「外観無視」というロマネスク期の表現が、最も特徴的に発揮されているのが、回廊の柱頭ではないでしょうか。下すぼみの台形という限られた空間の中に、聖書の場面、空想の動物、アラベスクな紋様等が、その回廊が作られた時代と地方の個性豊かにびっしりと彫りこまれ、その装飾性において、ロマネスクの回廊は魅力的な空間になっていると思えるのです。

これと似たことが壁画にも言えます。バルセローナのカタルーニャ美術館は、カタルーニャ地方、特にピレネー山麓の村々に点在するロマネスク教会から移した壁画のコレクションで有名です。この壁画群を心ゆくまで鑑賞したいというのが、ぼくをバルセローナにひきつけた理由の一つでもあります。

それらの中心になっているのは、ボイ谷の奥、ピレネーを背景に建つタウイ村のサン・クリメン教会とサンタ・マリア教会から特殊な技法で剥がしてきた壁画ですが、いずれも強い線で幾何学的に構成され、黄土・赤・青で大胆に彩色された迫力あるものばかりです。それらは、超自然というロマネスク期の表現に従って、奥ゆきのある三次元的空間描写を拒み、遠近法を完全に無視した描き方に特徴があります。

そうなれば当然、抽象的で、象徴性の強い描き方になるわけで、この点でも、ルネッサンス以降の写実表現を越えた現代絵画に通じるところがあるようです。

話は変わりますが、アムステルダムにあるゴッホ美術館を訪ねたとき、その一角に、かれが集めたかなり大量の浮世絵コレクションが展示されているのを見て、絵画の現代にとって、現実超克のために、遠近法にとらわれない浮世絵が大きなインパクトを持ったことが了解できました。

これは、ピカソなどがキュビスムを必要とした事情とも通じることなのでしょう。ピカソといえば、かれがアフリカのコートジボアールのボコタの彫刻を見て「ミロのヴィーナスより美しい」と感動して立体派に転じたエピソードは有名です。ゴッホと一時生活を共にしたゴーガンは、タヒチに美をもとめて西欧を棄てましたし、クレーにしてもミロにしてもマチスにしてもルオーにしても、原始美術から受けた刺激をかなり重要な契機にして、かれらはモダンアートの道を拓いてきました。

カタルーニャ人であるミロやダリ、バルセローナで修業したピカソが、どこかで、その創造の源泉のうちにロマネスクをとりこんでいるのではないかと想像してみるのは楽しいことです。そして、アントニ・ガウディもまた、若いときにカタルーニャのロマネスクを探訪する青年たちのグループのひとりとしてピレネーの奥に分け入った経験を持っているという話です。

そういえば、カタルーニャ美術館のすぐ近くにあるミロ美術館を会場にして、ヘンリ・ムーアの大がかりな彫刻展が開かれたことがありました。ムーアの彫刻もまた、ロマネスクを思わせるナイーヴな質感を備えています。それが平塗りの宇宙感覚を思わせるミロの記号化された絵を背景にして展示されているところは圧巻でしたよ。

ロマネスクを訪ねて山深く入るとさっき書きましたが、ほんとにロマネスクの教会は交通不便な村々に散在しているのです。ですから、今でも観光の波に襲われず、静かに村人の信仰に守られて、その重厚な姿を残しています。

考えてみれば、紀元千年を過ぎて、「最後の審判」を逃れた安堵感から「世界は一致して教会の白い衣で飾りたてるため、その古いぼろ着を振り捨てた」（グラベール）と言われるようにして、ヨーロッパ規模で展開された教会再建の中心は修道院運動でした。修道僧たちは、俗世間から離れた修行の場として、人里離れた山上（ベネディクト派）や、深い森に囲まれた泉の湧く谷間（シトー派）に、信仰の場を築いたのでした。

それがロマネスク様式の中心です。
それに比べると、ゴシックの中心は都市の大聖堂ですから、（ロマネスクは）大権力を背景にしたカテドラルよりもっと小ぶりで個性的な建築であったわけがよくわかります。それだけに、ロマネスクの魅力にとりつかれてしまった人は、よほど足を使わないと現場にたどり着けないということになっています。
さて、今まで述べてきたようなロマネスクが再評価されるようになったのは、そんなに古いことではありません。20世紀になるまで見捨てられ、忘れ去られていたのです。
もともとロマネスクという呼び方自体、フランスの考古学者ジェルヴィルによって「ごつごつした重々しい建築で、われわれの粗野な祖先によって不自然にされ、堕落させられたローマ風建築」と、軽蔑的に名づけられたくらいなのですから。かれがそう規定した19世紀の初めごろは、古代ギリシア・ローマの美を唯一絶対の規範とする新古典主義が主流で、正確な比例関係と安定した構図による理想的形態をめざすものにとって、外観にとらわれることなく、稚拙で自由奔放な形態を特徴とするロマネスクなど無視すべき対象だったのでしょう。古典美の再生を唱えたルネッサンスは、そのことによって、スコラ神学にとらわれた表現から人間を救出するという点で、大きな意味を持ったことは否定できません。
しかし、そこから始まる近代が、さまざまな意味で行きづまり、そこで、過去のなかから活力の源泉を再発見しようとする動きが始まるのもまた自然の勢いというものでしょう。進歩史観の再検討と（そこで暗黒とされた）中世の再評価は、ある意味では必然のことです。
もしかしたら、ぼくもそんな時流にかぶれて、ロマネスクなどに熱をあげているのかなと思わぬわけでもありません。しかし、説明ぬきにシャルトルの彫像に打たれ、そこからロマネスクの美にひかれていったおのれの感性だけは偽りようがないと思うのです。
そして、この感覚はどこに発するのだろうかと自問するとき、ぼく自身の〈教師〉体験が抜きがたく介在するのを覚えるのです。つまり、ロマネスクの彫刻も壁画も、そのデフォルメされた形態や幻想性や「稚拙」さにおいて、こどもの造型とひどく共通するものを感じてしまうのです。特に、幼い子や障害を持っている子の作品が、稚拙であるがゆえに、「歪んで」いるがゆえに、その内面性がストレートに表現されるということがよくあります。

ところが、構図を計算に入れ、プロポーションを整え、写実的な表現を心得てくるに従って、「うまくはなるが、おもしろくない」ということになってきます。「教育的評価」がそこに入りこむことによって、表現からヴァイタルなものがどんどん消えていきます。

教育、とりわけ美術教育が「うまくなること」を一元的にもとめるのは、どこかで大きなまちがいをおかしているのではないかという疑問が常にありました。その意味で、教育における「進歩史観」もまた疑ってみる必要があるのではないでしょうか。ロマネスクは、そんな発想をもしかしたら支える素材になるのではないかというのがぼくの考えなのですが、どうでしょうか（拙著『シエスタの夢／私のスペイン』98～107頁に若干の訂正をしたもの)。

高坂知英氏に同感

加藤周一氏が朝日新聞の夕刊に毎月書いている「夕陽妄語」というコラムは、碩学の警世の言葉として拝聴に値するものだ。そこに珍しくある友人の死を悼む「私情」溢れる文章を書いたことがあった。

その友の徹底的に合理主義的であった生き方を述べた後で、

「彼は音楽を愛し、文学、たとえば泉鏡花を愛していた。また日本国中の平安仏を見た後では、およそ同時代のヨーロッパ各地のロマネスク建築と彫刻に傾倒していた。ただひとり、『レンタ・カー』で、ヨーロッパの山間僻地まで彼が旅をつづけたのは、『ロマネスク』への情熱のためである。彼はそこで何を見たのだろうか。形となった歴史、形となった感覚的よろこび、つまるところ形となった人生の最良の部分を見いだしていたのではなかろうか。そこには彼にとってのすべてがあったのかもしれない」(1998年9月21日)

加藤氏がここで「彼」としか書かなかったその人とは、高坂知英氏と特定しても差し支えないだろう。中公新書（3冊）と講談社現代新書で「ひとり旅」シリーズを書き、『ロマネスクの園』（リブロポート）という美しい本を書いた人である。

この高坂氏が、自分はなぜロマネスクに魅かれるのかということをまとめて述べたところがある。それを引いてみたい。

（1）それ（ロマネスク美術）はきわめて美しい
（2）それはきわめて個性的である
（3）それは自由である
（4）幻想的である
（5）存在の仕方やその環境が一般に好ましい
（6）アプローチがそれほど困難ではない

少し説明を加えよう。

（1）一般に特定の女性に惚れた理由というのは説明可能かもしれず、不可能かもしれない。それはともかくまずその必要がないだろう。（2）以下は（1）の内容ではない。（1）は独立である。

（2）強力なる政治権力が広大なる地域に対して有効に機能した時代ではなかったので、各地方の工人（芸術家などはまだ出現せず、したがって無名）がのびのびと仕事ができた結果であろうと思う。このことは同時に権力者の悪趣味による悪影響がなかったことでもあり、地方性、土俗性が純粋に遠慮なく表現されていることでもある。

（3）どんなに小さな社会でも人間が集まっている以上、まったくの自由などありえないが、上部構造からの圧力という形での干渉がない小集団では当然比較的に自由が存在したものと思われる。のみならず小社会での仕事となれば、当然個人の創意、工夫が比較的純粋な形で生かせる条件を作る。このことは次代のゴシックと比べてみるとよくわかる。ゴシックは強権の時代であり、したがって巨大寺院が建造され、仕事は体制側に立つ強力な指導者の意向の下で分業的に進められ、個人の生々しい芸術的衝動がただちに形をとるということはなくなっていただろう。

（4）これぞロマネスク芸術の魅力の肝所である。ヨーロッパの数千にも達する村々に残るロマネスクの小堂の柱頭彫刻《シャピトー》に三角小間《タンパン》に現われる無数の奇怪な動植物にはひとつとして実在の模写はない。つまり作者の眼に見えるものではなく心に見えるものが表現されている。聖書伝に現われる人物もエピソード自体もすべて象徴化されている。単なるリアリズムならば現物を超えることはできまい。第一、異民族ぐらいはいいとしても地獄の鬼や天使やリヴァイアサンではリアリズムとしては相手が悪かろう。

（5）大都市にもあるが、多くは美しい田園や山奥などに存在する。現在も機能するものが多く、村の生活に融け込んでいる。研究者も観光客ですらもほとんど目につかない。どんな感情を持ちどんなに長くいても心を乱されることはない。

（6）海抜八千メートルのヒマラヤ山中、南米インカ帝国の遺跡、百年に一回御開帳の秘仏ではどんなに美しいかもしれなくてもおつき合い困難である。ヨーロッパの田舎はいまやわが国の二十歳のＯＬですら接近容易なる場所となっている（『ひとり旅の楽しみ』中公新書）。

高坂氏が挙げた魅力点のほぼ全てに同感できる。ただ、（6）の「接近容易」という点に関してだけは、僻遠かつ重装備が必要というところに比べれば「比較的」にそうだという保留条件がつくだろう。やはり、ふつうの旅行者にとっては、レンタ・カーなどの「足」を用いなければアプローチが困難なところが多い。

そこで、いきなり車を借りて走り出す前に、バルセローナから電車もしくはバスを使って日帰りできるところのロマネスクを紹介しておこうと思う。

＊この章の叙述については、「序」と重複する部分があることをお断りしておく。

7

バルセローナからの日帰りロマネスク

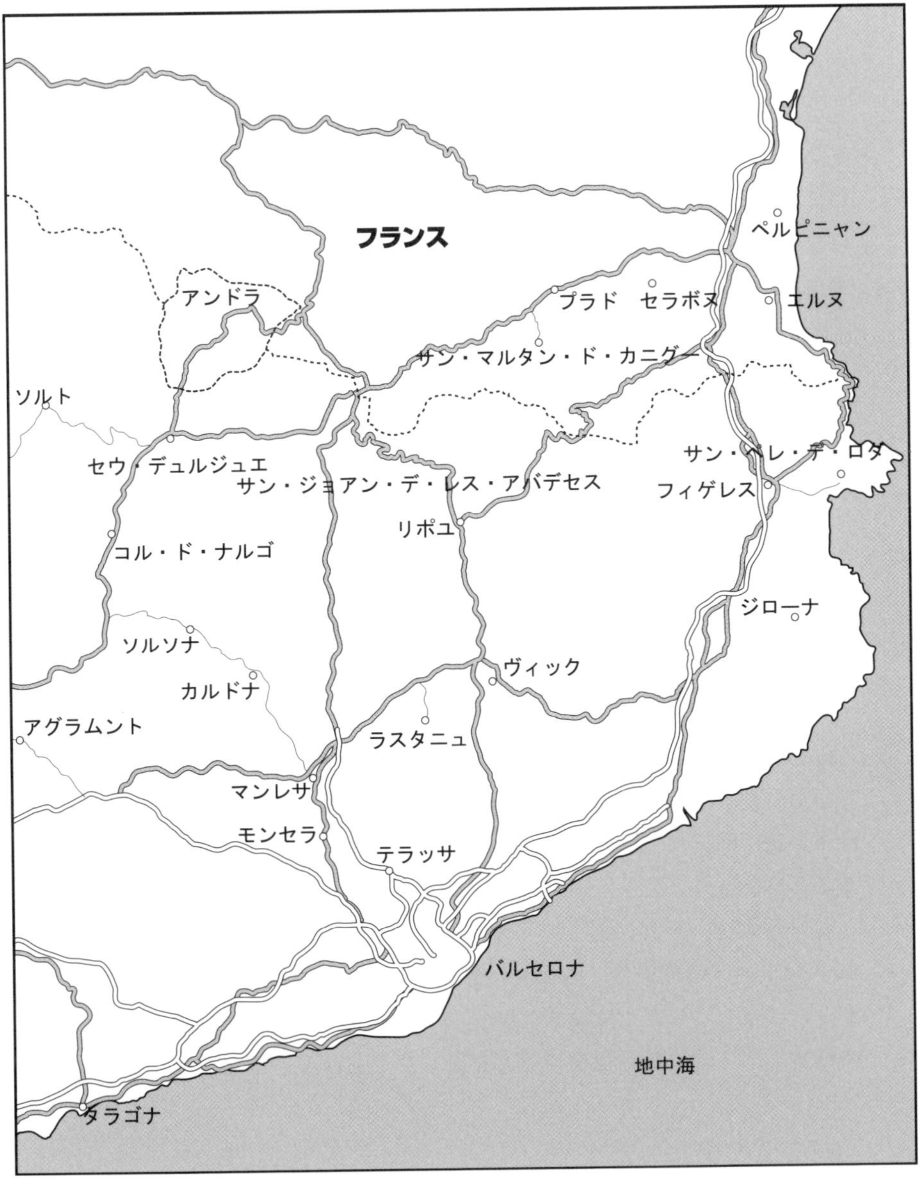

ジローナのユダヤ人

ジローナの町は、バルセローナ（サンツ駅）からフランス国境の方に向かう電車で約1時間半のところにある。新市街にある駅からオニャール川を渡って旧市街の中心に聳えているカテドラルを目指す。川がゆるやかに湾曲しているので川面に映るカラフルな家々の連なりと教会の塔の風景が美しい。目を凝らすと、群れ泳ぐ魚影も見える。

ジローナの旧市街は、坂の町だ。光と影が交錯する無数の石段がさまざまに屈折して、バルセローナとは違う小都市の魅力を伝えてくれる。どこから登り始めても、石段伝いに上へ上へと歩き続けるとカテドラルにたどり着く。坂道で囲まれているということで、ここが、1809年のナポレオン軍の侵略に抗して、9か月の包囲戦に耐えた要塞都市でもあるということがわかる。

カテドラルの正面は、90段の広い階段になっている。この登り口を（カテドラルに向かって）右手に進むフォルサ通りの左右は、かつてユダヤ人居住区であった。

イスラム教徒によって国土の大部分を占領された状態から、失地回復しつつあったキリスト教スペインは中世ヨーロッパ最大のユダヤ人居住地となり、13世紀にはカステーリャ王国だけでも、約10万人のユダヤ人が居住していたといわれる。かれらは、15世紀末のレコンキスタ（対イスラム再征服戦争）完了とともに追放されるのだが、それ以前にユダヤ人が果たした役割は大きい。

その一つは、トレドの「翻訳グループ」で、アラビア語に翻訳されて残っていたアリストテレス哲学や新プラトン主義、自然科学文献などをラテン語に翻訳し、それがヨーロッパに普及してルネッサンスを準備することになった。

ジローナは、そこにあった「カバラ学校」で知られる。カバラとは、90年代アニメの代表作「エヴァンゲリオン」に出てくる「生命の樹」がそれと言ってしまえば簡単だが、「①ユダヤ教の神秘説を伝える口承や伝承。②ユダヤ教の秘密の教えを記したとされる、13世紀スペインの書物」（広辞苑）のことである。

その神秘思想普及の発祥地となったのが、このジローナだった。

「カバラは、口から耳に直接伝授された、師匠相承の『口伝』および『伝統』を意味している。これは、長い間厳格な参入儀礼を経た有資格の弟子にのみ教えられた、密教的な知識だった。それが世に知られるようになったのは、十三世紀スペインのユダヤ人の手になる著作からである。我々が今辿り着いたシナゴーグ『盲者イサク』こそ、スペイン・カバラ発祥の、まさに現場だったのである」（小岸昭『スペインを追われたユダヤ人』ちくま文庫）

ここに書かれたシナゴーグ（ユダヤ教の教会）は、今、500年ぶりに復元されてユダヤ研究センターになっている。

Centre Isaac el Cec がそれで、Sant Llorenç 路地にある。

13世紀に起こったこのカバラ普及運動が、当時のユダヤ人社会にどのような意味を持っていたのかということについて、関哲行氏は次のように書いている。

「ユダヤ神秘主義は、『トーラー』や『タルムード』のなかにかくされた奥義を合理主義的解釈ではなく、複雑なシンボル体系をつうじて説き明かそうとする試みであり、そこでは信仰の純化と禁欲的生活が強調された。こうした特色をもつユダヤ神秘主義運動が、ユダヤ教の律法に背反した頽廃ユダヤ人として断罪したのは、合理主義を受容し、税を負担せず､国王側近となって奢侈に生きる有力ユダヤ人であった。逆に『もっとも神に近い』存在とされたのは、清貧に生きるユダヤ人民衆であり、ユダヤ神秘主義運動が、ユダヤ人民衆の強い支持を受けたのも当然であった。民衆の救済と寡頭政的なアルハマ（ユダヤ人の自治組織）行政の変革を求めたこの運動が、ユダヤ人共同体内部の社会的亀裂を拡大させる一因ともなる」（『スペインのユダヤ人』山川出版社世界史リブレット59）

刺繍された天地創造図

カテドラル自体は、1312年からほぼ百年かけて、ロマネスクから（回廊を除いて）ゴシック様式に改築されたが、正面壁だけはバロック様式の祭壇飾りのように設計されている。内部は単身廊だけに「広い」という感じがする。入ってすぐの左側に宝物館への入口がある。ここに、ジローナが世界に誇る二つの宝物が収められている。

一つは、「ベアトゥス写本」であり、もう一つは「天地創造のタペストリー」である。

ベアトゥス写本とはどういうものか、またそれが（特に）ロマネスク美術に関してどのような意味を持っているのかというようなことは、後述のセウ・ドゥルジェユ（セオ・デ・ウルヘル）のところで説明する。なぜなら、ここにも写本が残されており、それがガラスケースの中の開かれたページしか見ることができないのは同じとしても、セウでは、映写室でその全貌を詳しく見ることができるからである。

スペイン北部アストゥリアス地方にカンタブリア山脈が聳えているが、その最も高い山塊はピコス・デ・エウロパ Picos de Europa（ヨーロッパの峰々）と呼ばれている。その麓に7世紀に創立されたリエバナ修道院がある。

ここの修道士だったベアトが、「旧約ダニエル書」と新約の「ヨハネ黙示録」の註釈書 Comentario del Apocalipsis を書いた。776年に書かれたと言われているこの原本は残ってないが、その写本は、不完全なものも含めると約23点残存し、世界各地で保存されている。現存する最古のものは、10世紀の中ごろマギウスによって描かれたもので、これはニューヨークのモーガン図書館に納められている。

ジローナにある写本は、975年にエメテリと修道女エウデによって描かれたもので、この二人はその少し前にも、現在マドリード国立歴史古文書館にあるものを制作している。セウのベアトゥス本は11世紀に描かれたものである。

西洋で紙が普及しはじめるのが13世紀に入ってからであるから、これらの写本は全て羊や子牛やかもしかなどの皮を薄くなめした、いわゆる羊皮紙を使って描いたものである。それが千年以上も経った現在見ても鮮やかな色彩を保っているのには驚かされる。また、そこに描かれた多種多様の動物や怪物たちの姿態のおもしろさには感心させられるばかりである。

さて、この宝物館の一番奥に展示されているのが、旧約聖書の創世記に基づいて、天地と人間の誕生を、大胆、素朴、ユーモラスに描いた「天地創造のタピスリー」Tapis de la Creacío である。タピスリーとはいうものの、これは、織物ではなくて、縦 3.65 m、横 4.7 mという大きな麻地に色毛糸で刺繍したもので、1110 年ごろに制作されたものだ。900 年の歳月を経て、いくらかの褪色はあるとはいえ、それが落ち着きのある色調となっているともいえる。

中央の小円には、左手に聖書を持ち右手を上げて祝福を与えるキリスト、それを囲む大きな円は８つに区切られて天地創造の場面が描かれている。

聖霊を象徴する鳩の両側に闇と光を司る天使、その下に陸と海、アダムとイヴ、そして、下段には動物たちが創造される場面が描かれている。この円を囲む四隅には四季の風を司る裸の人物が風の入った袋に跨がって風を送りだしている。両側に描かれているのは「月々のしごと」で、

向かって左下から２月から６月まで、右上から７月となり、ブドウ収穫の10月まで続いている。この部分はかなり消失しているので、想像力で補う必要がある。

この「農時暦」に描かれた生活風景と、さまざまな動物の創造を描いた部分が気に入っている。この画面全体から、創世期のカオスと活力、地中海人の想像力が伝わってくる。時間をかけてそれを味わいたい。

刺繍だけどタピスリーと呼ばれている傑作としては、この「天地創造」とほぼ同時代（1066年）に制作された、バイユー（フランス・ノルマンディ）の「マチルド王妃のタピスリー」Tapisserie de la Reine Mathildeが思い出される。

これは、イングランド王エドワードの跡目争いで、彼の私生児ノルマンディ王ウィリアムがイングランドを攻めたときの様子を描いた絵巻で、58コマにも及ぶ長いものだ。その全部がガラス越しとはいえ間近に見ることができる。当時の船舶、武器、服装、習俗などなどについての華麗な事典となっている。

モン・サン・ミッシェルなどに行ったついでに回ってみるとよい。

さて、このジローナ大聖堂のロマネスク回廊には、宝物館のチケットで入ることができる。この回廊の彫刻について、鈴木孝壽氏がおもしろい「発見」をしているのでそれを借用しておこう。

「柱頭彫刻はもちろんロマネスクの豊富な題材で飾られているが、その西翼の角柱の壁の上部にある彫刻は、この回廊を建設している情景そのものを描いている。石工が自画像を作品に残す例は多いが、ここに残されたものはきわめて自然で牧歌的であり、意識したものを感じさせない所がよい。

二人の石工が低い丸椅子に座って石材に取組んでいる。石の形からみて柱頭の彫刻中であろう。石工たちの弟子と思われる二人が二本の棒で木の桶に入った水を運び、もう一人は飲むための水が入っているのであろう、素焼きの水差しを持って前の二人に従っている。また作業現場を視察にきて祝福を授けている司祭と助祭、それに教会参事会員らしい人物も並んでいる。そこには石工たちと、そのグループのサインである三角定規が刻まれているが、リーダーがスケッチをしたのか、あるいは各人それぞれが自分の自画像の部分を刻んだのか知る手がかりはない。時はロマネスクが最盛期にあった十二世紀、多忙をきわめる石工たちの間には、こんな遊び心もあったのであろう。」（『スペイン・ロマネスクの道』筑摩書房）

フィゲレスのダリ劇場美術館

ジローナからフィゲレスまでは40km、電車で30分の距離である。せっかくバルセローナから出かけてきたのだから、もう少し足を伸ばしたい。というより、観光シーズンになると、フィゲレスのダリ美術館が混雑し、入場制限で時間をとられるので、まず、フィゲレスに直行し、帰途、ジローナに寄るというコースにしたほうがいい。

フィゲレスといえば、何といってもダリ劇場美術館 Teatre-Museu Dalí だろう。

もともとは19世紀に建てられた市立劇場だった。内戦のときフラン

コ軍の爆撃で破壊されていたものを再建し、それを、ロビー、舞台、楽屋、客席、廊下等の骨格を残したままダリ・ワールドとして美術館につくり変えたもので、1974年、ダリ70歳のときに開館したものである。ここには、彼の作品が約600点ばかり展示されているが、その中身と容れ物との取り合わせそのものからしていかにも奇想を好んだダリ的である。

通俗的で俗悪な趣味のことをキッチュというが、人を驚かせたり騙したり、神経を逆撫ですることで人目をひくことが大好きだったダリの作品群を見ていくと、今、前衛的と言われる手法のさまざまがかなり早い時期にかれによって試みられてしまっていることに気づく。

見る人によっては、不気味、悪趣味、悪意、皮肉、偽悪ともとれるデフォルメが達者なリアリズムと結合して、ふしぎな挑発力をかもしだす。ミロとは対照的な世界だ。

ピカソ、ミロ、ダリというカタルーニャが生み育てたモダンアートの巨匠について、若者たちとおしゃべりすると、ピカソがナンバーワンという点では一致しても、ダリをミロ以上と評価する人が多い。かれの先駆的実験が、あるいは、ナルシシズムが後続世代の手法や感性に通ずるところが大きいということなのであろうか。

ダリの聖母ガラ

ダリは、このフィゲレスで育ち、マドリードの美術学校に通ったが卒業はしていない。口頭試験の席上、「私の知性はこの三人の教授たちよりはるかに優れています。したがって、諸先生の試験を受けることはご免こうむりたい」と言い放ち、懲罰委員会にかけられて放校されてしまったからだ。しかし、その学生時代に寄宿した学生館で、後の詩人ロルカや映画監督のブニュエルという友を得た。

このブニュエルの処女作『アンダルシアの犬』(1928年)は、映画におけるシュール・レアリスムの出発を告げたものとして映画史に残るものだが、そのシナリオは、ここフィゲレスでダリと共作したものだった。

かれらはそれを書くにあたって次のようなルールを設定した。

「合理的、心理的ないし文化的な説明を成り立たせるような発想もイメージも、いっさい、うけいれぬこと。非合理的なるものに向けて、あらゆる戸口を開け放つこと。われわれに衝撃を与えるイメージのみをうけいれ、その理由について、穿鑿しないこと」

『アンダルシアの犬』の成功に気をよくしたブニュエルとダリは、続いて『黄金時代』の共作に入るが、このあたりから二人の「蜜月」にひびが入りはじめる。

それは、後にダリと結婚することになるガラの登場によってである。1929年の夏、夫のエリュアールと共にフィゲレスを訪れたガラは、そこでダリと相思相愛の仲となり、フィゲレスに留まる。ガラを残してフランスに帰ったエリュアールは後にレジスタンス詩人として「自由」という有名な詩を残すことになる。

この、ガラとの運命的な出会いについて、その場にいたブニュエルの回想を聞いてみよう。

「わたしはカダケスから一キロの所にあったダリの家に居候していたが、ほかの連中はホテルに泊まっていた。ダリはわくわくしながらわたしに告げた。『たいした女がご光来だぞ』。その晩、一同うち揃って一杯やりに出かけたが、そのあとで皆はわれわれ二人の後について、ダリの家まで行こうということになった。道中あれやこれやと話がはずんだが、わたしは——ガラはわたしの横を歩いていた——こういったものだ。女で何よりもいやなのは、腿の間があいているのが目立つことだな。翌日一同で海水浴に行ったが——そこでわたしは、ガラの腿の様子が、まさにわたしが大きらいだといった、そのものずばりであることを知った。たちまちダリは、もとのダリではなくなった。われわれの間の意見の一致はあとかたもなく消えうせ、ついにわたしは『黄金時代』のシナリオを彼と共作するのはことわる、というまでになった。ダリの話はもはやガラのことばかりで、彼女がいったことをいちいち繰り返すのだ。まったく人が変わってしまった。」

（ルイス・ブニュエル『映画、わが自由の幻想』早川書房）

このガラがダリにとって終生「聖母」であったことは、この美術館の内外でもよく分かる。1982年、そのガラに先立たれて、ダリはほとんどもぬけのからとなったのだろう。２年後、火災で大火傷を負い、それが直接の死因ではなかったが、1989 年、85 歳でこの世を去った。

かれは､劇場を美術館に改築するにあたって､巨大なガラスのクーポール（円天井）をつけ加えたが、今は、その下に埋葬されている。

ビックの司教区美術館は見逃せない

これから訪ねるビックとリポユ Ripoll は、バルセローナからプチェルダ Puigcerdà に向かう鉄道の同じ路線上にある。ビックまでは 74km（1 時間 20 分）、リポユまでは 110km（２時間）であるが、走行する本数が少ないので注意する必要がある。

ビックは、人口３万程度の小さな都市だが古い歴史を持っている。先史時代にはイベロ人の政治的中心であり、ローマ時代（紀元前１世紀）には司教座も置かれて繁栄したところである。その遺跡が今も残っている。だからここを「スペインのローマ」と呼ぶ人もいる。

イスラム時代には放棄されたが、９世紀末からキリスト教徒が再植民して宗教色の濃い地方都市として今日に及んでいる。昔から皮なめし業が盛んで、ここのチョリソはうまいという評判だ。

ロマネスク愛好者としては、ここの司教区美術館 Museu Episcopal を見逃すわけにはいかない。カテドラル脇にあるこの美術館のロマネスクとゴシックのコレクションは逸品ぞろいだ。ロマネスクに関していえば、壁画、祭壇前飾り板絵、木刻彩色の聖母子像、十字架降下群像など、「ロマネスクは小物がおもしろい」ということを実感させてくれるものばかりだ。

よほどの目利きがこの蒐集には関わったのだろうなと思う。

この本の第２章「美術館の丘」のところで､（ロマネスク時代の美術品が）「バルセローナに集結する最初の機会となったのが 1888 年の万国博であり､その催しの一環として開設された『古代芸術展示館』に､カタルーニャ一帯の教会や博物館やコレクターの所有する板絵や彫刻や考古学的出土品などが集められ、アルバムが刊行された」と書いたのを覚えているだろうか。その『カタルーニャ古代芸術』という記念アルバムに掲載された写真のすべては、このビックの司教だったモルガデスによって提供されたものだったのである。

かれは、このアルバム制作に寄与したばかりでなく、カタルーニャ・ロマネスク保存運動の主唱者であり、それを世に知らしめた先駆者でもあった。そして、晩年、そのコレクションの全てを教会に寄贈した。それがこの美術館（1891年開館）の母体となったのである（モルガデス司教の墓は、こから訪ねるリポユ修道院礼拝堂の中央にある）。

こういう経緯で発足したこの美術館は、その後も優れた館長や研究員に恵まれてその質を高めてきた。スタッフの研究能力の高さこそが美術館を育てるものだということを教えてくれる。バルセローナのカタルーニャ美術館で、キリストの十字架降下群像（一部）を見た人は、この美術館のそれとを頭のなかで合成してみるといい。この群像は、ボイ谷のエリル・ラ・バルから運ばれてきたものだ。

さらに、この群像が一揃いになっているものを見るのであれば、リポユから10キロのところにあるサン・ジュアン・ダ・ラス・アバデサス San Joan de les-Abadesses の教会を訪ねるとよい。

また、ここやカタルーニャ美術館で、ロマネスクの木刻彩色彫刻（聖母子像や磔刑像）の古拙（アルカイック）なところに魅せられてしまった人にお薦めしたいのは、バルセローナのカテドラル脇にあるフレデリック・マレース美術館 Museu Frederic Marès である。

この司教美術館を見ただけでも、ビックに来た価値は十分あるのだけど、せっかくだから、隣接するカテドラルにも入ってみよう。旧来（11世紀）のロマネスク様式を残しているのは鐘塔と地下納骨堂だけで、現在のものは18世紀末に新古典様式で建てられたものである。

入ってみると、一瞬異様な雰囲気に打たれる。内部の壁一面に描かれているフレスコ画は、たしかに、アダムとイブ、楽園追放、キリストの生涯など、旧約・新約聖書に題材をとりながら、金色と褐色による単彩のバロック風で、古いのか新しいのかわからない。

これは、カタルーニャの画家ジョゼップ・マリア・セルトが描いた現代のフレスコ壁画なのだ。かれが、1926年から30年にかけて描いたものは、内戦で焼かれてしまい、1945年に死ぬまで描き直し続けて完成させせたものだ。

では、ビック名産チョリッソのボガディージョでも食べて、一息ついたら、次のリポユへ向かうことにしよう。

中世スペインの学問都市リポユ

リポユは、ビックよりさらにこじんまりとした町である。駅を出て左、橋を渡ってまっすぐ歩いていくと突き当たる広場に面して、ベネディクト派の修道院 Antiguo Monastir de Santa Maria が建っている。高さ40メートルもある大鐘塔が印象的だ。この堂々とした鐘塔は、やがて訪ねるフランス側ピレネーのキュクサ修道院のものとよく似ているものであることを覚えておいてほしい。そのわけは後述する。

正面入口の全部がガラス張りになっているが、そのガラス越しに何やらすごい石彫りの門が見えてくる。この石のファサードを堪能することが、リポユまで来た最大の目的である。

でも、その前に、この修道院の持つ歴史や意義について説明しておこう。

この修道院の創建は、6世紀にビシゴートによってなされたという説もあるが、一般的には9世紀（880年）とされている。そして、バルセローナ伯爵家代々の霊廟とされてきた。

これが、現在のかたちに改築されたのは11世紀である。とはいうものの、大地震（1428年）があり、大火災（1835年）があって、石のファサードと回廊の一部以外のところは倒壊した。それが、最初の設計通りに再建されたのは19世紀になってからである。古い歴史を持ちながら新しく見えるのはそのためだ。

さて、この修道院について語るときに欠かせないのは、オリバ（971?～1046）という人物の存在である。1008年、この修道院の院長に就任し、1017年にはビック司教ともなったこのオリバは、貴族の家に生まれ（カタルーニャ統一の祖ギフレの曾孫）、当時の宗教界・政界にわたって大きな影響力を発揮した大人物だったらしい。

キュクサの鐘楼のかたちがここと酷似しているのは、かれがその院長も兼ねていたからである。ローマのサン・ピエトロ寺院初期の聖堂を模倣したものとされる、このリポユ修道院の建設（1020～32年）は、このオリバ院長時代のことであり、それは、カタルーニャ地方初期ロマネスク聖堂としては最初のものである。

しかし、われわれがじっくりと見ることになる「黙示録の門」と言われる石のファサードがそこに加えられたのは、オリバ死後百年を経た12世紀になってからのことだ。

オリバの偉さは、この修道院をキリスト教世界でも傑出した学術センターとして育てたということでもある。オリバの時代、リポユはブルゴス近くのサント・ドミンゴ・デ・シロス修道院と並んで、イベリア半島の文化の中心地であった。

その付属図書館は量質ともに抜きんでた蔵書を誇っていた。ヨーロッパで紙が普及するのは13世紀以降であり、グーテンベルグが活版印刷機を発明したのは15世紀半ばのことであるから、書籍といっても羊皮紙に書かれた写本である。ここにはその聖書写本が246点も所蔵されていたという。聖典や神学の註釈書だけでなく、プルタルコスやウェリギリウスなどの非キリスト教的著作や科学論文なども所有していたという。ただ所有していただけでなく、修道僧たちは、それらの複製（写本）にも励んだらしい。これらの書物はどこからここに集められ、また、どこに流出していったのであろうか。

前節で挙げた「ベアトゥス写本」もここにあったであろうし、イスラムとの関係で、当時のアラブ世界最大の文化センターだったアレクサンドリアから、直接、あるいは、間接（コルドバ、トレド経由で）到来したものと思われる。

しかし、この修道院は、1835年火災に遭い、建物の大部分と写本70冊を焼失してしまい、残った230冊は、バルセローナのアラゴン連合王国古文書館に移され、さらに、そこからバチカン図書館に移動したものもあり、それぞれ大事に保管されている。

そのころのヨーロッパ世界は、ゲルマン人の大移動で、ギリシア・ローマ等古代の知的遺産の殆どを失っていた。それは、オリエント地域のイスラム世界の側に継承されて、それを基礎に世界最高の文化と文明を発達させていた。

その拠点ともいうべきところがアレクサンドリア（エジプト北部）だった。ここに、BC280年ごろプトレマイオス一世によって創建された図書館は、50～70万巻の書物を所蔵していたという。これらの主要なものが、9世紀から10世紀にかけて、ギリシア語からアラビア語に翻訳された。そこには、天文学、ヒポクラテスの医学書、アリストテレスの論理学、アルキメデスの数学書、プラトンの「国家」「法」などが含まれている。ヘレニズム文化はこのようなかたちで保持されたのだ。

また、このアレクサンドリアには、2世紀から5世紀にかけて、古代キリスト教神学の中心となった「教理学校」が存在して、「聖書の比喩的解釈に基づき、キリスト教神学を当時のプラトン哲学とストア哲学とをかりて組織」（広辞苑）しようとした。

そして、このアレクサンドリアが7世紀ごろからイスラム世界の貿易港となるのである。

イスラム軍がスペインに侵入するのが711年、それから3、4年でほぼ全土を占領してしまうのであるから、それとともに、イスラム世界に蓄積されたヘレニズム文化と初期キリスト教神学がスペインに流入したということは時期的にも合っているだろう。

ルネッサンス揺籃への中継地

12世紀を中心に、これらの文献を、今度は、アラビア語からラテン語に翻訳する作業の中心となったのが、コルドバとトレドであった。この重訳によってギリシア文明の精華はヨーロッパに広がり吸収されて、ルネッサンスの精神的土壌となる。リポユもその重要な中継地だったに違いない。

リポユが所有していたイスラムの高い文化が当時のヨーロッパに影響を与えたひとつの例として、ここでは、修道僧ジェルベールのことを挙げておこう。

歴代ローマ教皇のリストを見ると、その第139代に「シルヴェストル二世」の名がある。これがジェルベールだ。

W・モンゴメリ・ワットの『地中海世界のイスラム』（筑摩叢書）という本に、次のような記述がある。

「アラブの科学を学んだ最初の有力な学者は、のちに教皇シルウェステル二世（在位999～1003年）となった、オーリャックのジェルベールであった。ジェルベールは聖職者として教師として、高い名声を得ており、とりわけ論理学とラテン文学に秀でていた。しかしかれは科学にも興味をいだいていた。二十代前半にかれはカタルーニャ地方で三年間すごして（967～70年）、その地のさる司教について数学とおそらく天文学をも学んだ。後代の粉飾された伝説によれば、かれはコルドバを訪れて、さるサラセン人の教師のもとに『禁制の科学』を学び、師の娘を誘惑して、その書物を盗んだという。しかし、この話にはなんの根拠もなく、かれがアラビア語を学んだことを示唆するものはなにもない。もっとも、カタルーニャのリポル修道院が比較的よい書庫を持っていて、そのなかにアラビア語の科学書の翻訳があったことは確認されている。数学でも天文学でも、ジェルベールは当代のいかなるキリスト教徒の学者よりはるかに先んじていた。かれはまたたいへん実際的な人物で、プトレマイオスの宇宙観の説明をするときに、『補助教材』として、いろいろな模型を、自ら指図して作らせた。かれはおそらく天体観測儀にも通じていたし、数学の分野では新しい形のそろばんを作った。これはヨーロッパでアラビア数字が使われた最初の記録だが、それはすぐには一般に受けいれられなかった。以上のような点から、かれは時代にはるかに先んじていたといえるのである。

十、十一世紀にはいますこし資料がある。リポル修道院所蔵の十世紀のある写本には、天体観測儀に関する二つのラテン語の論稿が含まれているが、これはアラブ起源のものにちがいない。」（同書104ページ）

何だかキセルみたいで気が引けるけど、モンゴメリ・ワットのこの本の初めの部分としめくくりの箇所を直結してみると、かれの立場と考察の結果がよくわかる。

「私は、イスラム教徒をヨーロッパへ押し入ってくる異人《エイリアン》というふうには考えない。むしろ、この地表の巨大な部分にあっぱれな大偉業をなしとげて、隣接地域をもその恩恵に浴させしめた、ひとつの文明を代表する者たちと見なす。」

「キリスト教とイスラムの中世における出会いの以上のような様相すべてを把握すると、西方キリスト教世界へのイスラムの影響が、ふつう理解されている以上に重大なものであることはあきらかである。イスラムは西欧に数々の物質や技術的発見をわかち与えたばかりでない、科学と哲学の分野でヨーロッパを知的に刺激したばかりでない、イスラムはヨーロッパを挑発して新しいおのれの像を形づくらせたのである。ヨーロッパはイスラムに反発しつつあったからこそサラセン人の影響を軽んじて、ギリシアとローマの遺産への依存を誇大視したのである。それゆえ今日、“ひとつの世界”の時代に歩み入ろうとしているときにあたって、私たち西欧人にとっての重大な課題は、この虚偽の誇大視をただして、私たちのアラブおよびイスラム世界への負い目を完全に認めることである。」

この結語は、韓国・中国からの歴史的恩恵を忘却し、そのコンプレックスを傲慢に転じてアイデンティティとしているわれわれ日本人にとっても耳に痛い指摘だ。

この本は、1972年に出版されたものだが（邦訳1984年）、イスラムを敵視し、アメリカ合衆国の単独世界制覇を美化することばとして「グローバリズム」などという言い方が罷り通っている現在、また、それに日本政府が「過剰に」追随している状況において、再読すべき意味があると思う。

オリバの蒔いた種はフランスで結実した

リポユ修道院が果たした役割について、もう少し説明しておきたい。

ひとつは、ここで修業した結果のひとつとして、ジェルベールがヨーロッパにアラビア数字による記数法をもたらしたということである。それまでは、時計などに用いられているローマ数字による表記だった。

このローマ数字には、零（0）がない。その表記原則に従うと、3999までしか表記できない。だから、計算に限界があり、しかも面倒くさい。その点、同じ数字を使いながらも、位取りによってどんな数でも表すことができるアラビア数字による位取り記数法の方がはるかに便利だ。この、零を含む数字とその記数法がインドに発祥し、773年（吉田洋一『零の発見』岩波新書によると）、アラブ世界に渡り、それが、このリポユ修道院の図書館を媒介にして、976年（推定）ヨーロッパに紹介されたということは、科学の発展にとって画期的なことだった。第2は、この図書館の写本が、特に、フランス南西部のロマネスク美術に大きな影響を与えたということである。この点については、鈴木孝壽『スペイン・ロマネスクの道』中の記述を借りて紹介しておこう。

「オリバ院長の幅広い交際の中でも、フランス、ロワール地方のサン・ブノワ・シュール・ロワール修道院で強い教化力を示していたゴーズラン院長とは特に親密に手紙のやりとりをしていた。……そのような間柄からリポイの写本が贈呈されたのである。サン・ブノワの新しい礼拝堂の正面ファサードに、ゴーズランの雄大な構想による黙示録の大壁画が出現したのは、このリポイの写本からであった。この壁画は十八世紀に完全に崩壊してしまったが、その詳細は記録となって残っている。

壁画ではなく彫刻としては、……モワサックの修道院正面扉口のタンパン（半円形壁画）上の浮彫がある。十二世紀初頭のものとされ、モワサックから遠くないサン・スヴェールの修道院の所蔵する「ベアトゥス」の黙示録写本から構想されたという。サン・スヴェールもまたリポイとはピレネー山脈をはさんだ位置にあり、オリバが度々訪問していたところから、これもリポイで彩色筆写されたものの一つであると推定されている。オリバの蒔いた種はフランスで結実した。」（同書166ページ）

フランスのロマネスク美術の開花にあたって、スペインからの写本がどれだけ決定的な役割を果たしたのかということについて、フランス中世美術を解読する図像学の基礎を確立したと評価されているエミール・マールは、その『ロマネスクの図像学』（国書刊行会）第1章で、モワサックとサン・スヴェールに即して詳細な分析を加えている。
その写本のスペインからフランスへの流れについて、サンチャゴ巡礼による交流とともに、リポユ修道院もまた重要な中継点であったことは確認しておかねばならない。
この書物のなかでエミール・マールは、リポユの写本とそこにおける彫刻との関連について、興味深い指摘をしている。

「これまで証明しようとつとめてきたことをさらに補強するため、次にフランスの国境を越えて、高名なカタルーニャのリポール修道院扉口を調べてみることにしよう。この扉口にはタンパンはないが、代わりにその広い壁面の全面に浮彫彫刻が施されており、全体が一種の凱旋門を形作っている。そしてそこには、モーセやソロモンにまつわるエピソードが読み取れるのである。ところで、これらの彫刻によって示されたそれぞれの場面は、実はあるカタルーニャの聖書、『ファルファ聖書』の中の素描を忠実になぞったものなのだ。……カタルーニャの聖書のうち、二つの聖書が有名である。一つはパリ国立図書館蔵のローダから来た聖書であり、もう一つは、長い間イタリアのファルファの修道院によって所蔵された後、今日ではヴァティカン図書館に置かれている聖書である。そして、リポールの浮彫彫刻の出所と思われるのは実はこの『ファルファ聖書』なのだ。一一六〇年頃に彫刻家たちが仕事に取りかかった時、リポールの修道院が『ファルファ聖書』によく似た聖書を所有していたであろうことは疑いない。それはリポールの浮彫を『ファルファ聖書』の素描と比較して見れば、おのずから確信されてくることだ。
たとえば『出エジプト記』の諸場面を見てみよう。不平の声を上げる群衆に丘の上から語りかけるモーセ、光の柱の出現、天から落ちてくる鶉とマナ、山上でモーセの腕を支えるアロンとフル、そしてその間にアマレクの軍を敗走させるイスラエルの民。浮彫と素描では、これらの場面の配列ばかりでなく、その小さな細部に至るまでまったく同じである。光の柱は燃え立つ松明であり、その中から天使の頭がのぞいているように見える。落ちてくる鶉は放射光線に包まれており、口を大きく開けた怪物の頭が空に現れている。ダビデとソロモンの物語についても同様で、浮彫は素描を忠実に再現している。ここではソロモン王の夢についてだけ見れば十分であろう。そこでは二人の天使に支えられた光輪の中に座すキリストが、眠っている王を見下しているのである。このリポールの浮彫ほど、写本の彫刻に対する影響をはっきりと示している例は他にあるまい。リポールでは、芸術家は、彼らが手にしていた写本挿絵から想を得ただけにとどまらず、それを忠実に模しているからである（同書66ページ）。

石の黙示録

さて、たいへんお待たせしたが、眼前の石のファサードに対面することにしよう。12世紀以来800年の風雨に耐えてきたものだけに磨耗が激しいけれど、そこを何とか解読することにしよう。まず、この門が7層の石積みであり、7重のアーチで構成されているということに注目してほしい。ここに既にこれを作ったコンセプトが表現されている。

新約聖書最終章「ヨハネ黙示録」の叙述に一貫しているのは「7」と

いう数字なのだ。それは、「7つの教会」への手紙で始まり、「7つの封印」へと進む。その封印を解くのは、「7つの角と7つの目を持った子羊」だ。それが解かれるたびに何かが起こり、「7つ目の封印」が解かれると、「7人の天使」が現れ、「7つのラッパ」が渡される。そのラッパが吹かれるたびに何かが起こる。さらに、神の怒りが盛られた「7つの金の鉢」を携えた「7人の天使」が登場し、その7つの鉢が傾けられるたびに、次々と災難が生じるというように。

最上段中央に天使に挟まれて玉座に座るキリスト、その左は翼を持つ人間（聖マタイ）、右に鷲（聖ヨハネ）、両側に24人の長老たち。2層目、アーチ先端を挟んで左側にライオン（聖マルコ）、右雄羊（聖ルカ）、つまり、4人の福音史家の象徴が刻まれている。

3層目と4層目の右側は「出エジプト記」、左側「列王紀」、5層目の右は、イスラエルの民に律法を与えている神、左は、ダヴィデ王を中心に4人の音楽家たち。6層目は怪獣の戦い、そして、最下段は、幻想的動物群が円形メダイヨンの中に表現されている。

入口とアーチに移ろう。左側柱に天国の鍵を持つ聖ペトロ、その頭上アーチにその生涯と殉教の物語、右側柱に聖パウロ、その頭上アーチ部分にその生涯と殉教の場面、これが外側から数えて3番目のアーチ（ヴシュール）だ。6番目の層には、旧約聖書のヨナ（左）とダニエル（右）の物語。一番内側のアーチには、二人の天使に囲まれた創造主を中央にしてその両側に旧約のカインとアベルの物語（アベルの殺害、アベルを埋葬するカインなど）が描かれている。そして、その下の柱には、当時の農耕生活を各月ごとに表したレリーフが彫られている。

ぼくは、この物語性に満ち、かつ、装飾的にも見応えがあるアーチ部分が好きだ。特に、農時暦のところが気に入っていつもじっと眺めている。右側下から1月から6月まで、左上から7月、そこから下へ12月まで続いている。これを見ながら当時の民衆の暮らしを想像するのは楽しい。ここでは、馬杉宗夫氏の説明を借りることにしよう。

石に刻まれた農時暦

1月－一人の男が二本の樹の間にいる。手にしている道具は磨滅しているが、多分木を切っている場面か、土を耕している場面である。

2月－一人の男が室内に座り、火にあたっている。まだ仕事に出るのは早いのである。

3月－人々はやっと畑に出て、ブドウの杙を埋める。ここでも人物の持っている道具は磨滅しているが、百姓はブドウの杙の前に腰をかがめて立っている。

4月－人々は野に出、美しい花を愛でる。ここでは動物が生い茂った牧草地に立ち、その背後に一本の木が見える。他方一人の男は、動物を見ながら立っている。男は羊飼いかも知れない。恐らく、新しい小麦の成長を見ているのであろう。

5月－中央にある木の左側に大きな男が立ち、右側にはその子供らしき小さな人物が二人いる。細部は明瞭ではないが、果物（桜ん坊）を収穫している場面と思われる。

6月－農夫は、小さな鎌で、段状になった小麦を刈っている。小麦の刈り取りである。

7月－二人の男が、大きな袋を担いでいる。そこには、6月に刈り取られた小麦が入っているのである。二人は親子関係のように、大小に分けられている。

8月－ブドウ酒のための樽造りになっている。

9月－摘み取ったブドウを足で踏みつぶし、ブドウ酒を造る。左側の女性らしき人物は比較的大きなブドウの木からブドウを取り、右側の男は、それを樽に入れている。

10月－大きな木の右側に男が立ち、左側には二匹の動物がいる。これは牡豚である。冬の食料に備え、牡豚にドングリを食べさせ、肥らせているのである。

11月－近づく冬の準備をしなければならない。ここでは、肥った牡豚を殺し、塩漬けにして冬用の保存食にするのである。

12月－楽しみや休息の時である。クリスマスの用意もしなければならない。ここでは、一人の男が側面的に座っている。暖をとりながらの宴会の場面である。

（馬杉宗夫『スペインの光と影』日本経済新聞社より抜粋引用）

レコンキスタへの願望をこめたファサード

これで、このファサードについての説明を終えるが、最後につけ加えておきたいことがひとつある。それは、このファサードが、なぜタンパン（半円壁面）をつけることなく凱旋門のようなかたちになっているのか、そして、そこに黙示録のビジョンを展開しているのかということだ。そこには、あるモチーフが秘められているとしか思えない。この「凱旋門」と「黙示録」との関係について考えてみたい。

ヨハネ黙示録は、当時（1世紀末）ローマの属領だった小アジア（現トルコ西部）で、ローマ帝国によって迫害されていたキリスト教徒たちを慰め、励まし、この地上の王国（ローマ帝国）は必ず滅亡し、キリストが再来し、神の国が到来するのだということを歌い上げたものだ。

この黙示録には、冠をかぶった7つの頭と10本の角をもった龍や獣が登場する。この7つの冠とは、この黙示録が書かれた時代までの7人のローマ皇帝、または、ローマを象徴する7つの丘を意味し、10本の角とは、ネロ死後の皇帝の数を表しているのだという。

このように、当時のキリスト教徒にとって、ローマ帝国は、悪の権化であった。

イスラム支配下のスペインキリスト教徒にとって、それはそのまま自分たちの置かれた状況でもあった。その状況なるものを、もう少し具体的に調べてみることにしよう。

このリポユの説明の最初のところで、この修道院の創建が9世紀であり、バルセローナ伯爵家代々の霊廟とされてきたと書いた。

ミシェランには、「バルセローナ伯ウィルフレド多毛王によって建てられ、……12世紀まで、歴代のバルセロナ伯、ベサルイ伯、セルダーニュ伯の霊廟だった」と書いてある。

当時のカタルーニャは（まだカタルーニャとは呼ばれていなかったが）、ウルジェイ、ジロナ、ビックなどいくつもの伯爵領に分割され、総称して「ヒスパニア辺境領」と呼ばれ、その首長を任命するのはフランク王（フランス）であった。

この辺境伯のなかで、指導権を握ったのが、バルセローナ、ジローナ、ビック、ウルジェイ等の領主を兼ねていたギフレ（カタラン読み、前出のウィルフレド多毛王のこと）であった。

西ゴート貴族出身のギフレは、弟ミロ（ルサリョー伯）と共に、フランク王から任命された最後の伯爵となった。というのは、この一族が独占した爵位を世襲化したからである。

ギフレが、イスラム軍との戦いで戦死した（897年）後も、この一族の統合された領地の世襲は揺らぐことなく、それは、15世紀初めまで続く「王朝」となった。つまり、カタルーニャのフランク王国からの独立である。前にも述べたが、このギフレは、オリバの曾祖父にあたる。

985年、バルセローナはアル・マンスール（イスラム）の軍勢に襲われ、町は焼かれ、略奪され、住民は殺されるか奴隷として連れ去られるという修羅場となった。バルセローナ伯は、庇護者であるべきフランク王に救援をもとめた。

しかし、フランク側の対応は冷たいものだった。こうして、フランク王とカタルーニャの縁は切れた。カタルーニャは、フランク王国の後援を期待することなく自力で対イスラム戦（レコンキスタ）を戦わねばならないことになった。

この石のファサードができたころは、フランクから独立して、カタルーニャとしてまとまりながら、レコンキスタのメドもついてきたという時期であった。

そのほのかに見えてきた希望が「凱旋門」というかたちに表現されたのではないだろうか。そこに彫られた「出エジプト記」や「列王紀」にレコンキスタ勝利への願いを読み取る人（馬杉氏）もいる。

さて、ここまでじっくりと「石の黙示録」を眺めてきたが、そのファサードの右手奥から回廊に入ることができる。本来の12世紀のものは、教会の建物に接した北翼に連なるものであるが、14世紀以降、ロマネスク様式に揃えて整備されたものである。柱頭に刻まれた植物文様や人物、動物などの彫りが深く、くっきりとしているのは、そのためかもしれない。

回廊そのものは、美術館では見ることができないのだから、そのたたずまいをゆっくりと味わいたいものだ。特に、柱頭彫刻は、美術館には僅かしかないし、それがあるべき場所において見るのでなければ、その魅力は伝わってこない。

小さな町に、これだけ豊かな歴史的蓄積が秘められているのだということを、しみじみと感じさせくくれるのがこのリポユなのだ。

＊このリポユの項を書くにあたって、12世紀ロマネスクの時代に、学術面において世界の先進地であったイスラム圏の文化がヨーロッパへ転移し、それが、ルネッサンスをもたらす下地となったことを述べ、その文明移転を媒介する中継地となったのがスペインであり、カタルーニャのリポユがそこで果たした役割の大きさを強調した。

この視点は、W・モンゴメリ・ワットの『地中海世界のイスラム』（筑摩書房）に多くを負うものだが、本稿を書き終えた後に、伊東俊太郎『十二世紀ルネサンス』（講談社学術文庫）が発行された（この原本は1993年に岩波書店から出版されているが未読だった）。

それを読んで改めて、ぼくの視点はまちがっていなかったと確信することができた。特に、文庫版にする際、補訂したという二つの表が貴重だ。

それは、どのようなギリシア文献がアラビア語に訳されていたのかという一覧表と、そのギリシアの著作とアラビアの著作のうち、どのようなものがラテン語に訳されたのかという一覧表である。

ぼくの拙い叙述にあきたらない方には、ぜひ、この伊東氏のこの本を読んでいただきたいと思う。

サン・クガット・ダル・バリェスのロマネスク回廊

都市が膨張して郊外に広がっていくことをスプロール現象というが、バルセローナもこの状態にある。だが、バルセローナの東と南は海なので、西と北の方角に向かって広がるしかない。

空港がある西のオスピタレ地区はどちらかというと低所得層の住宅地として開発されているが、北はティビダボ山（標高 532 m）が衝立のようになっているので、その裏側のサン・クガットを中心に開発が進んでいる。中流層の住宅だけではなく、かなりの日系企業もここに集まり、その駐在員のこどもたちが通う日本人学校もバルセローナからここに移転した。

ティビダボの背後とはいえ、カタルーニャ広場から出る電車で 20 分という距離だからそんなに遠くはない。

新開地だと思うだろうが、そこには、古い歴史を誇る修道院があり、その回廊は、カタルーニャでも有数の規模と完成度を持つと評価されるロマネスク様式である。

304年ごろ、ここで、バルセローナに初めてキリスト教を布教した聖ククファテが殉教した。間もなくこの聖人の聖遺物が崇められ、礼拝堂が建てられたが、それは、985年のアラブ人来襲によって破壊された。

その後、11世紀に鐘楼が建ち、12世紀に内陣と回廊が着工され、14世紀半ばにはファサードが完成した。

現在は2階建ての堂々とした回廊になっているが、階上部分は16世紀になってつけ加えられたもので、12世紀末（1190年）から建設された下の部分がオリジナルである。

ロマネスク後期だけに、柱頭彫刻の彫りが深くて、輪郭が鮮やかである。二列に並ぶ144本の円柱によって構成されているが、その北東角の柱に姿と名前を残している彫刻家アルナルド・カテルが恐らくは率いたのであろう職人グループによって彫られたと思わせる統一された作風だ。

その題材は、装飾的なものあり、聖書の物語ありで多彩であり、人物像が集中しているのは南翼で、旧約から新約へと年代記風に配列されている。

20年以上も前に、ここを訪ねたとき、修復中の教会の壁に、バルセローナ大学美術科の学生たちが現代風の壁画を描いていたが、そのコントラストのおもしろさもさることながら、そういう試みを許してしまう度量の広さみたいなものにひどく感心した覚えがある。あの壁画は今も残っているのだろうかと思って、2006年夏に再訪したとき探してみたが見かけなかった。

サン・クガットの駅からこの教会までは少し歩くが迷うことはない。駅正面の道に入り、突き当たりを右に、商店街に出てまっすぐ行くと教会に着く。回廊の入口は、教会正面を左に行ったところにある。

西ゴートの首都テラッサ

サン・クガットまで乗ってきた電車をそのまま乗り継げば、間もなくテラッサだ。ここは、バルセローナの北西約20キロの丘の上にある工業都市で、特に織物工業で栄えた。

この町の織物博物館 Museu Téxtil は、織物の歴史を一望できる展示で知られているが、東方の織物とりわけ４～５世紀のコプト織りのコレクションは珍重されている。

コプトというのは、古代エジプト人の子孫のことで、かれらが奉じた原始キリスト教は、神性と人性との融合という単性説であったがゆえに、451年の宗教会議で異端とされたものであった。かれらが生み出した染織は織物の歴史のなかでも秀逸と言われている。

このテラッサは考古学的にも重要な位置を占めている。

ここは、帝政ローマ時代の都市であり、西ゴート時代には、５～８世紀、司教座が置かれて繁栄したところだ。この町は丘の上にあるが、それと狭い石橋で結ばれたところにある「エガラ地区」がその歴史地域になる。

このテラッサ発祥の地に、３つの教会がかたまっている。いずれも、ローマ、西ゴートの痕跡を留めたままでロマネスク様式に改修されたものである。

サン・ペラ教会 Església de Sant Pere は、６世紀の西ゴート族の遺構の上に建てられたと推定され、三葉形の後陣を持つ素朴な教会で、その交差廊はロマネスクである。

サン・ミケル教会 Església de Sant Miquel は、古来の洗礼堂で、ローマ時代後期の遺跡を利用して９世紀に建てられたものだ。八角形の洗礼盤の上の円天井を８本の柱が支えているが、そのうち４本の円柱はローマ様式の柱頭を持ち、他の４本は西ゴートのスタイルだ。聖サロニに捧げられた納骨堂の後陣には、馬蹄形アーチを持つ３つの小後陣がある。

馬蹄形アーチといえば、イスラム様式と思いがちであるが（コルドバのメスキータはその代表例）、イスラム侵入以前の帝政ローマ時代にも存在し、イスラムによって滅んだ西ゴート族が好んだアーチでもあった。

外光を通しているのはガラスではなくアラバスターだ。

サンタ・マリア教会 Església de Santa Maria は、1112年に建立されたものだが、身廊、交差部、円天井は、ローマ時代のもの。後陣の外側は方形で、内部には馬蹄形アーチがある。教会の前には、旧教会（５世紀の初期キリスト教時代）のモザイクの敷石の断片が残っている。

ファサードの壁を装飾するロンバルディア・アーチは、カタルーニャ・

ロマネスクの特徴をよく示している。

ロンバルディア・アーチとは、教会の壁を飾る連続した半円アーチのことで、もともとは、イタリアのロンバルディア地方（ミラノを州都とする）の石工が好んだ意匠のことで、カタルーニャのロマネスク建築に多く見られるものだ。

石工たちは教会づくりの専門家集団として、ヨーロッパ各地を自由に往来したもので、この「自由石工」と呼ばれた結社が、後に、フリーメーソンとなった。

また、この三つの教会には、プレロマネスク期のフレスコ壁画が残されている。サン・ペラ教会のそれは、キリストと使徒を代表する聖ペラ（ペトロ）のそれであり、サン・ミケル教会には、キリストと12使徒、そして、サンタ・マリアには、キリストの生涯が描かれている。

ここで見てきたように、このテラッサのエガラ地区は、ローマ、初期キリスト教、西ゴート、ロマネスクそれぞれの様式を一望できる貴重な歴史遺産である。

そして、これが単なる遺跡ではなく、現在も生きている教会として活動しているというところに価値がある。

以前、ここを訪れたとき、ぼくはサンタ・マリア教会の厚い壁を通して婚礼の合唱を聞いたことがある。そのメロディは「レッド・リバー・バレー」だった。この曲は、アメリカ民謡だと思っていたが、もともとは、賛美歌だったのだろう。

テラッサのYOKOHAMA

テラッサには、もうひとつ、RENFE（国鉄）のテラッサ駅がある。その駅前にYOKOHAMAというバルがある。どうしてカタルーニャの内陸部のここに横浜があるのだろうと不思議に思ったぼくは、そのバルに入って訊ねてみたことがある。

その説明によると、昔からあるバルで、何度も代替わりしたので詳しいことはわからないけど、創業者はこの町出身の人で、日本の横浜というところに住んでいたことがあり、そこで金を貯めてここに戻り、この店を開いたらしいと話してくれた。

そして、「横浜のことは何も知らないので写真があったらくれないか」と言うので、後日、絵はがきと開港風俗を刷った版画を持って訪ねたら、もう、経営者が替わっていたということがあった。

この、BAR YOKOHAMAをめぐって、もうひとつおもしろい話があるので披露しておこう。

80年代の初め、フランコ死後の民主化が進む時期、カタルーニャの教師たちの集会で、日本教育の問題とぼくの実践について話したことがある。その詳細は、『シエスタの夢』（理論社）という本に書いたので興味のある人は参照してほしいが、その話がきつかけで、このテラッサの学校を訪問したときのことである。そこは、テラッサ郊外のグラオバダという村の公立校８年生の教室だったが、担任教師（校長）はフランコ時代に任命されたアンダルシア出身の（カタラン語を解しない）人だった。

卒業を足止めされた落第生を多く含む、日本では中学生にあたるこどもたちといろいろと話し合った。こどもたちがぼくに質問したことは、

「学校で宗教教育は行われていますか」

「日本からここまでは、どのくらいの距離で、どんなルートでやってきたのですか」

「日本の文字はどういうのですか」
「ぼくたちが今、日本に行ったら、道を歩いたり暮らしたりするのに困りませんか」
「どんな外国語を教えているのですか」
「評価はどんなかたちで行われていますか」
「落第や体罰はありますか」
一般的なよそいきの質問からだんだんかれらの関心の深いことについて訊ねるようになってきた。担任の校長は、話題をそらせようと口出しをする。それを見て、ぼくは挑発的に聞く。
「勉強がわからないまま授業が進んでいくようなことはありませんか」
「不満を暴力に訴えるようなことはありませんか」
今、日本の中学校では、そういうことが大きな問題になっているのだと話す。「そういう場合、一般的に言って、どちらに問題があると思いますか」
と聞かれて、
「ぼくの考えでは、学校や教師の責任がまず問われるべきだと思う」
と答えたら、ほとんどの子が、そうだそうだといわんばかりにうなずく。
「いや、わたしはそうは思わない」と抗弁するのは「アンダルシア」校長。
「きみたちに聞きたいのだけど、ヨコハマってどこにあると思う？」
「日本でしょ。さっき、あなたがそこで生まれたって言ってたじゃないですか」「そう。だけど、もう一か所あるんだけど」
黙って考えこむかれらに、
「テラッサのRENFE駅前に、大きなバルがあるじゃないヨコハマっていう」
「ああ、そうだ。ある、ある」
「どうして、テラッサの町にヨコハマがあるのだと思う？」
「これは、ぼくの推測なんだけど、19世紀末から20世紀にかけて、世界経済の仲間入りした日本の重要な輸出品といえば生糸でした。その生糸は、日本中から横浜に集められ、そこで検査され取引されて、横浜港から積み出されていたのです。だから、各国の生糸商人が横浜に集まってきたのです。

　そのころ、このテラッサはバルセローナを越えるほどの紡績で栄えた町です。だから、この町から生糸を買いつけるために横浜に行き、そこに住んだ人がいるということは十分に考えられることです。

　その人が故郷に戻って、店を開いたとき、そこにヨコハマという名をつけたんじゃないかな。

　そう考えると、ぼくが生まれた横浜と、きみたちが生まれたこのテラッサとの間に、もう一つのシルクロードが隠れていたということになりますね」

　こう話しはじめたら、アンダルシア校長、ヘンなことをこどもたちに吹き込まないでくれといわんばかりに、ぼくの話を遮って、

「シルクロードというのは、私が以前教えたように、中国から砂漠を通ってヨーロッパに至る道のことで……」云々と、見当外れの講義を始めてしまった。

　せっかく、こどもたちが興味を示しているのに、それを無視したセンスのない強圧的な教師だった。フランコ時代のカタルーニャの言葉や歴史を教えるのを禁止した名残がここにあった。

　かつて、日本が台湾や韓国を植民地にしてそこでやった皇国民教育というのもこんなものだったのだろうなと思わせる一幕だった。

　帰途、数人のこどもたちが校門のところまで追ってきた。そして、口々に、

「さっき、日本の中学では体罰や校内暴力があるって言ってたけど、ぼくたち、あの先生に毎日のようにぶたれているんだよ」

　と、訴えていたことが忘れられない。

　さて、このバル・ヨコハマは今も健在である。駅周辺の道路整備に伴って縮小改築されているが、昔日の面影は、店の時計にはめ込まれた写真で偲ぶことができる。2006年夏、ここを再訪したら、おじいちゃんに伴われた小学一年生くらいの男の子がカウンターのところで計算練習をしていた。

蛇足を加えると、横浜港からの生糸輸出は、開港（1859年）と共に始まり、総輸出量の80パーセント以上を占めていた。その輸出量は、1929年には世界一を誇るまでに上昇したが、現在は輸入に頼る状態となっている。

レンタ・カー

ロマネスクの旅は僻地の旅でもある。どうしてもレンタ・カーが必要だ。空港や駅や町の営業所へ行っていきなり頼んでも、たいてい、間に合うが、日本からでも、あるいは、現地からでも事前に予約しておいた方がいい。

エイビスやハーツなど大手でもいいが、ある地方を回るだけならローカルな業者の方が安い。

支払いは、クレジット・カードの方が手続きも簡単だし、返す時も、レシート不要なら、カウンターにキーを置くだけで済む。借りる手続きのとき、必要なのは、旅券と国際免許証だけ。簡単な地図は貰えるが、やはり、ちゃんとした道路地図は用意した方がいい。

ぼくの経験ではMichelinが一番分かりやすい。書店で簡単に入手できる。

走り出す前に、レンタ・カーとその走行について、基本的なことを書いておく。

①まず、国際免許について。

これは、各県の免許事務所に、現在持っている免許証（有効期間が1年以上残っているもの）と写真とパスポートを持っていって申請すれば、すぐに発行してくれる。その有効期間は1年間である。

②スペインに限らずヨーロッパのレンタ・カーには、まだ、マニュアル・シフトのものが多い。オートマ車限定の免許の人は、レンタ・カーを申し込むときに前もって連絡しておいた方がいい。

③対人・対物含めて、保険には必ず入っておくこと。

④ガソリンを満タンにして返すのは、日本と同じだが、あまり終着地点に近いところとこだわるとスタンドを探すのに苦労することがある。残り20キロあたりになったら補給しておくといい。

⑤バルセローナは特にそうだが、スペインでは少し大きな町になると街路の殆どが一方通行だ。走り出す前に、幹線道路に出るまでと帰着するまでの経路を市街図にマークしてもらった方がいい。

・次に、走行について。

ヨーロッパではイギリス以外はすべて日本と逆の右側走行だ（スペインでは、ジブラルタルを除いて）。ハンドルは左側ということになる。シフト・レバーの操作には簡単に慣れるが、方向指示とワイパーが逆なのには戸惑うことがある。右折・左折のときにいきなりワイパーが動いてびっくりする。

車種によっては、バックする時、補助ブレーキを解除する時のギアの使い方が違うものがある。走り出す前にきちんと確認しておく必要がある。これは、ライトのつけ方についても同じ。スペインのトンネルは照明がないところも多いので気をつけたいことだ。いきなり真っ暗では怖いし、びっくりする。

・信号のところの停止線は信号の真下にある。だけど、ドライバーにもわかるように信号柱のところにもついているから大丈夫だ。その信号のことだけど、日本と比べて黄信号の時間がひどく短い。スペインでは黄色は停まれということにした方がいい。

・また、信号なしのロータリーが多い。ここは先入優先だから、走ってくる車がなければそのまま進入してしまうこと。うっかり一時停車をして後続車に衝突されるということがないようにしたい。これは、踏切も同じで、警報が鳴っていたりバーが降りていない限り、一時停車なしで渡ってしまう方がいい。

・ロマネスクを訪ねる旅は山道を走ることが多い。センターラインがない細い道を走る時、調子に乗って真ん中を走ってはいけない。とっさの時、左側に避けることがある。これでは正面衝突だ。どんなに狭くても右に寄って走るようにしなければいけない。

・また、最も事故が起こる可能性が高いのは追い越しのときだ。スペインの道路は、どんな道でも、実線と点線で追い越してもいいところといけないところがきめ細かく指定されている。上り坂やカーブのところはもちろんだけど、見通しのいい直線のところでも、前方に車影のないところだけでしか追い越しはしないということにした方が安全である。とにかく、ふつうの道でも時速100キロもしくはそれ以上のスピードで走る国だから、瞬く間に接近する。

・それから、町を通過するとき、カーブのところなどで速度を落とすように指示されているが、これは、そこを過ぎるとその制限を解除してくれるので、その指示には素直に従った方がいい。

・自分で給油するスタンドがかなりある。そのとき、このごろ増えてきたディーゼル車に乗っている場合は、油種を間違えないように特に注意する必要がある。

・また、安全ベルトについては厳しく取り締まっているので必ず着用すること。

2006年の夏、ぼくはこの本の最終取材のためにレンタ・カーを使ったが、参考までにそのデータを紹介しておこう。

AVISから借りた車は、プジョーのパートナーというディーゼル2000ccのマニュアル車で、13日間で2688km走った。

その経費は、13万2283円（含保険）、それにオイル代が約3万円。

途中で1度パンクしてタイヤを交換した。

＊　＊　＊

・自動車 automóvil ・乗用車 coche ・トラック camión ・バス autobús
・オートバイ moto ・自転車 bicicleta ・ガソリンスタンド gasolinera
・道路 camino ・街道 carretera ・街路 calle ・自動車専用道路 autovia
・座席 asiento ・車窓 ventanilla ・ハンドル volante de dirección
・ブレーキ freno ・アクセル acelerador ・ライト faro ・車輪 rueda
・タイヤ llanta ・ギア cambio de marchas ・クラッチ embrague
・安全ベルト cinturón de seguridad ・エンジン motor ・ガレージ garaje
・事故 accidente ・運転免許証 carnet de conducir ・信号 semáforo
・駐車（場）aparcamiento

・一週間車を借りたいのですが

Deseria alquilar un coche durante una semana.

・この近くにガソリンスタンドがありますか

¿Hay una gasolinera cerca de aqui ?

・レギュラーガソリンで満タンにして下さい

Lleno de normal, por favor.

・〜はどこにありますか？　¿Dónde està 〜

（国鉄駅 estación de RENFE　ロマネスク教会 iglesia de romãnico
薬局 farmacia 病院 hospital 警察 policía（修理）工場 taller ）

・〜にはどのようにして行くのですか？

¿Cómo se va a 〜 ?・

8

カタルーニャ　ロマネスク　ドライブ

いよいよ車で走り出すその前に

12世紀を最盛期とするロマネスクの時代は、都市の時代に先行する時期のものであった。われわれがヨーロッパの各都市で目にする大建築の殆どは、ゴシック以降のものである。

ということは、ロマネスクに出会うためには、都市を離れた農村や山間僻地にまで足を伸ばさなければいけないということになる。つまり、交通不便なところばかりだ。そこで、レンタ・カーを使うということになる。

バルセローナから電車バスを使って行けるロマネスクのいいところについては、既に書いてしまったので、ここからは、レンタ・カー利用の方が便利だというところについて書いていくことにしよう。

走り出す前に、レンタ・カーとその走行について、基本的なことはp146のコラム頁にまとめておいたので、そちらを先ず読んでいただきたい。

では、走り出すことにしようか。

最初の目的地はカタルーニャの聖地モンセラだ。

カタルーニャの聖地モンセラ

モンセラは、バルセローナの北西約60km、大地から突如奇怪な岩山が聳え立つところだ。その最高頂サン・ジェロニの標高は1238 m、幅10km、奥行き5 km、周囲は25kmという屏風のような山塊だ。

群馬県の妙義山を知っている人は想像しやすいがそれよりもっと奇怪な山容をしている。モンセラとは「のこぎり山」という意味だが、鋸の歯のような、あるいは、鋸で切れ目を入れたようなギザギザだらけの岩峰がそそり立っている。

その不気味なな景観を背景にしてワーグナーが歌劇『パルジファル』を作曲したということでも知られている。

ここにはイスラム時代の8世紀から、隠修士の僧院がいくつもあった。9世紀、そのひとつが前に説明したリポユのベネディクト会に寄進され

た。そして、これも前に触れた大修道院長オリバが、1023年、この山塊中腹の平坦地725 mのところにリポユの分院として修道院を創建した。1409年、リポユから独立したが、ベネディクト修道院の伝統に従ってキリスト教学のセンターとして名声を博した。

特に、ここに集積された文献は貴重なもので、16世紀までのヨーロッパの写本や註釈は400冊、パピルスによる古文書は200冊を数えたという。まさに、学問の拠点であり名刹であった。後に第216代教皇ユリウス２世（在位1503～13年）となる人も、この修道院の院長だったことがある。

余談だけど、このユリウス２世は、ルネサンスの庇護者としても有名で、ミケランジェロにシスティーナ礼拝堂の天井画を描かせた人でもある。ミケランジェロは、この教皇の霊廟を飾るものとしてモーゼ像を作った。これは、今、ローマのサン・ピエトロ・イン・ヴィンコリ教会にある。また、この教皇の柩を担ぐものとして６体の奴隷像も作った。完成された「瀕死の奴隷」と「抵抗する奴隷」の２体は、ルーブル美術館に、未完の４体はフィレンツェのアカデミア美術館にある。ぼくの大好きな彫刻だ。

1808年、ナポレオンの軍隊がスペインに入り、10年から12年にかけて、カタルーニャ各地で激しい掃討戦が繰り広げられた。そのとき、このモンセラも焼き討ちに遭った。そこから復興して現在のかたちになったのは、19世紀から20世紀にかけてのことである。

この修道院の守り本尊とされているのは、ラ・モレネタと呼ばれる木刻の黒い聖母である。12世紀のものと推定されているこの聖母像は、モンセラ山中の洞穴（サンタ・コバ）でひとりの羊飼いが発見したものと語り継がれ、（膝の上の幼子イエスは19世紀の復元であるが）イスラム支配の下でもキリスト教の信仰が続けられていた「奇跡」の象徴として崇められている。

このマリア崇拝はバチカンにも届き、1881年、教皇レオ13世は、これをカタルーニャの守護聖母とした。そのせいもあってか、カタルーニャの女性の名前にはモンセラが多い。

またこれは俗説なのかも知れないが、この黒い聖母は「子授けのマリア」とも言われているそうだ。中丸明氏の説によると、

「ご利益にあやかりたい女性は、修道院とこの洞窟（サンタ・コバ）をせっせと往復すること。『その際、十字を切り、その手でもって股間をポン・ポン・ポンと３度軽く叩くというオマジナイを繰り返しながら歩くこと』によって確実な妊娠が得られる」（『スペインを読む事典』ＧＩＣＣ出版）のだそうだ。

モンセラ少年合唱団を最初に聴いた日本人

また、このモンセラ修道院のもうひとつの呼び物は、エスコラニアという少年聖歌隊だ。この少年合唱団は13世紀に始まる最古のものとして名高い。まだ声変わりする前の少年たちが修道院付属の音楽学校で全寮生活を送っているが、最近では志望者が激減して、自宅からの通学も許され、夏休みも１か月から２か月になったそうだ。

かれらは、何度か来日公演もしているので、その歌声を聴いたことがある人もいると思うが、毎日、7時、13時（日曜・祭日は11時)、19時のミサで歌っているので、それに合わせて見学するとよい。

この少年聖歌隊の合唱を最初に聴いた日本人は、おそらく、天正遣欧少年使節団の若者たちだったろう。かれらは、1585年、ローマ教皇に拝謁し、イタリア各地を回ってジェノヴァから船でバルセローナに着き、そこからモンセラに来て滞在したからである。かれらが帰国して豊臣秀吉の前で演奏したのは、エスコラニアのレパートリーのひとつである「千々の悲しみ」Mille Regretzという曲だったろうと言われている。そして、かれらの次に聴いたのは、支倉常長の一行であったはずだ。4百年以上も前の話だ。

このモンセラ修道院は、フランコによってカタラン語が全面的に禁止されている時代にも、それに従うことなく、ミサはもちろんグレゴリオ聖歌もカタラン語で歌うということを貫いた。

その点で、フランコ政権を承認している全ての国での演奏を拒否したパウ・カザルスの反骨ぶりと共通している。カザルスの言葉やその生涯を記したものの中に、このモンセラのことがしばしば出てくる。その一部を抜き出してみよう。

「モンセラのふたりのベネディクト派の修道僧が、数日をプラードに過ごし、数回にわたって先生と音楽上の問題について話し合った。その後、先生は一通の手紙を受けとったが、それにはふたりの修道僧がこう書いてきた。『われわれがもどると、モンセラ中がわれわれを取り巻いて、神父さんから聖歌隊のいちばん幼い子供にいたるまで、皆があなたの安否をたずねました』。『モンセラでは』と、先生は私たちに言われる、『どんなに暗い年にも、私の曲を歌うのをけっしてやめたことがなかった。』

（J・M・コレドール『カザルスとの対話』）

「長いあいだ、私はこの作品（オラトリオ『エル・ペッセブレ』）の初演がカタロニアのモンセラ修道院で行われることを望んでいたのだが、」（同書）

この修道院の合唱団のために、カザルスは、いくつものミサ曲を書いた。それらは、カザルスの生前はモンセラだけでしか演奏しないというならわしになっていた。

1973年、カザルスはプエルトリコでその生涯を閉じた。死後、未亡人と友人が最初にしたことは、「スペインに戻る適当な時期が訪れるまでマエストロがその中にいることができるような、銅と鉛でできた頑丈な柩を探しに行く」ことであった。２年後、フランコが世を去り、さらに２年経って、カタルーニャの自治が確立したことを確認した後にカザルスは「帰国」した。そして、1976年にかれの生誕百年を記念して等身大の像が建てられた、このモンセラ修道院での記念聖餐の後に故郷ベンドレルに埋葬されたのであった。

バルセローナからこのモンセラを訪ねるとき、一般的にはマンレサへ向かうC1411をモニストロール・デ・モンセラのところで左折して山道に入るのだけど、ぼくは西側から入ることをお勧めしたい。この方がモンセラの奇怪な全貌がよく見えるからである。イェイダ（レリダ）に向かうＮⅡを走ると車窓の右側にその姿が現れる。それを過ぎた572か570の出口（エル・ブリック）から出る。

ここから登ると、今度はモンセラ裏側の中腹を走ることになる。これは奇岩を間近に見て走るコースだ。そして、モニストロールからの道と合流して直進すると修道院だ。晴天ならば、ケーブルカーで山上まで行くとよい。ナポレオン軍に占拠されるまでは、いくつもの僧坊があり隠修士がすんでいたが（今は無住）、それぞれにすばらしい眺望が楽しめる。

最後に、モンセラの素朴な名物を紹介しておこう。麓の農婦たちが路傍で生チーズに蜂蜜をかけたものを売っている。これ、なかなかいけますよ。

ロヨラ回心の地マンレサ

モンセラからマンレサまでは、10kmほどの距離だ。モニストロールへ降りて左折してもいいし、迂回してエル・ブリックからの道を右折してもいい。ぼくは、モンセラの山容を背にして走る後者の方が好きだ。

マンレサは、人口７万程度の小都市で、カタルーニャ織物業の中心地でもある。

この町を通るたびに、ぼくは「風が吹けば桶屋が儲かる」式の奇妙な連想にとりつかれる。その連想の起点となるのは、「この町の洞窟にイグナシオ・デ・ロヨラが来なければ」である。

ロヨラは、レコンキスタでグラナダが落城し、コロンブスが船出する前年、バスクに生まれ、軍人を目指していた。そして、対仏戦争（ナバラ王国はフランス側）に参加し、ナバラの首都パンプローナの争奪戦のなかで、両足に砲弾を受けて軍人への道を諦めた。この戦争で、パンプローナの城に籠城していたのは当時30歳のロヨラだが、その城を奪回しようとして攻める側にいたのは、当時15歳だったフランシスコ・ザビエルだった。

ロヨラは病床で読んだ聖人伝（『黄金伝説』）に刺激されて、今後は神の兵士として生きようと決意する。そして、モンセラに巡礼し、近くのマンレサの洞窟に籠もり、黙想と苦行の十か月を過ごす。その瞑想のなかで、“祈りとは魂を凝視することだ”とする独特な心霊修行のシステムと儀式体系を創案する境地に達する。これが後に『心霊修行』（霊操）としてまとめられる（1548年）ことになる。そして、エルサレムに巡礼し、バルセローナでラテン語、アルカラとサラマンカで高等教育、パリで哲学と神学を学ぶというように一途な聖職者としての道を歩んだのであった。

このパリで、かつて、かれに砲弾を浴びせた側のザビエルと会う。そのころ、宗教改革と人文主義に対抗する戦闘的なセクト（イエズス会）を構想していたロヨラは、学者（哲学）志望だったザビエルにつきまとって「同志になれ」と執拗に口説く。そのしつこさは、司馬遼太郎『南蛮のみちⅠ』に詳しく描写されている。

とどのつまり、ザビエルは口説き落とされてイエズス会の創立メンバーになる。そのとき（1534年）ザビエル28歳、日本では織田信長が生まれた年である。

そして、35歳になった日に、リスボンから東洋布教に旅立ち、インドのゴアを経て日本にやってきたのは1549年のことであった。２年３

か月の滞在で千人程度の改宗者を出し、次の布教地中国へ向かい、上陸を目前にして熱病で倒れた。

かれが回った平戸、山口、豊後などの大名たちがキリスト教に帰依したのは、信心よりむしろザビエルが効果的にばらまいた胡椒につられたせいではないかという説もある。

いずれにしても、ザビエルが日本にキリスト教をもたらしたことは事実だし、それがなければ、天正少年使節団を送りだしたヴァリニャーノも来なかっただろう。もっと言えば上智大学だって存在しなかっただろう。

この一連の連鎖の始まりがマンレサの今では「サンタ・コバ」と呼ばれている洞窟であったというのは、少し苦しいが間違ってはいないだろう。このように、時空を越えて勝手に点を線にしてしまうのも旅の楽しさというものだろう。

夏草が茂る静寂の回廊バジェス

マンレサの町を抜けるとすぐ道はカルドナ方面とベルガ方面に分岐する。ここをベルガ方向に少し行ったところのサン・フルイトス・デ・ベージェスを右折して、N141でナヴァルクレスを目指す。その先のリョブレガト川の谷間に建っているのがサン・ベネット・デ・バージェス修道院 Monasterio de Sant Benet de Bagés である。

この修道院は、10世紀後半に設立されたけど、11世紀初めのイスラムの侵入で破壊され、1212年に再建された。ここの見どころである回廊が完成したのは1225年である。後期ロマネスク様式で統一されているだけに彫りが深い。柱頭彫刻には「受胎告知」や「祈る人」などの聖書の物語や組紐模様や蔓草などの植物文様、「角笛を吹く人」などの寓意性に富んだ人物像など入り混じっているが、とても鮮明で楽しい。

二重の列柱で囲まれた中庭には夏草が生い茂り、訪ねる人もまばらな静寂が心を休ませてくれる。ロマネスクの魅力をしっかりと伝えてくれる回廊だ。

2006年にここを訪ねたら、大規模な改修工事中だった。何もかも白く様変わりしてしまって興ざめの感は否めない。

さて、ここから次はどこを訪ねようか。マンレサがなまじ交通の要衝だけに迷うところだ。

いくつもの選択肢がある。

① C1410を北上して、カルドーナ、ソルソーナ（オリウス）、セウ・ドゥルジェユ（セオ・デ・ウルヘル）へ。

② C25で、ラスタニュへ行き、そこからバルセローナもしくはビックのパラドールへ。

③ C1411で、ベルガ、トンネル・カディを経て、セウ・ドゥルジェユへ直行する。

その日の残り時間と宿泊場所によって決めることになるが、このコースのそれぞれに、カルドーナ、セウ、ビックのパラドールがあるということを考慮するといい。

パラドールについては、別のところ（281ページ）で説明するが、もし、カルドーナがとれるようならそれがベストだ。セウのパラドールは、カテドラルの脇だが近代的な高級ホテルというだけ。ビックのパラドールは町からかなり離れた人造湖の畔に建っている。ここからは、ロマネスクのサン・ペレ・デ・カセレスを訪ねることもできるし、ダムの水量が少なければ水没したサン・ロマンを見ることもできる。しかし、パラドールの風格という点ではカルドーナが一番だ。

このコースのうち、ロマネスク回廊のみごとさという点では、②のラスタニュだ。ここが閉まっていたり、または、朝の光の中でもう一度ゆっくり見たいという人は、この町にホテルはないので、隣町のモイアまで走る。モイアの十字路をビック方面に左折して少し走ると左側にレストランがあって、そこに泊まることができる。

それでは、このそれぞれについて説明することにしよう。

ロンバルディア帯がみごとなカルドナのサン・ビセンス

マンレサからC－1410を北西に向かって30kmも走ると、前方正面の小高い丘の上に聳える城が見えてくる。城壁に銃眼が穿たれ見張りの塔もある本格的な城砦である。このカルドナの城は、8世紀末から9世紀にかけて、レコンキスタ（対イスラム戦争）の前線基地としてフランク王国（当時カタルーニャはまだ独立していない）によって築かれ、18世紀に再建されたものである。現在は、パラドールとして活用されている。城主一族の居住区だったところがホテルになったわけだが、7階まである客室は階段とエレベーター、連絡通路で結ばれ、ひじょうに複雑なので宿泊客には見取図が渡されるほどだ。

昔のままで残っているのは、半分壊れたままの円塔と、11世紀ここに組み込まれた教会だけである。そのサン・ビセンス教会 Colegiata de Sant Vicenç de Cardona が建立されたのは、1019年から40年にかけてのことであるが、これは、その当時リポユ修道院の院長だったオリバの強い意向があってのことであった。オリバのことは、すでにリポユのところでもモンセラのところでも書いた。そのくらい大きな影響力を持った人だった。

この教会を建築した人たちは、北イタリアのコモからやってきた石工たちだが、その土地から産出される石を使って、それを高く積み上げる素晴らしい技術と余計な装飾を排する高い審美眼をもった石工たちだった。それは、教会に足を踏み入れてみればわかる。20 m近い高い天井を持つ3身廊で、3つの後陣を持ち、地下に納骨堂を備えている。装飾としては外壁を彩るロンバルディア・アーチだけである。カタルーニャ初期ロマネスク建築の代表作と評されている所以である。

これだけの大建築を可能にした財源は、「塩」であった。この城からも地表が白くなった塩山を見下ろすことができるが、ここでは、ローマ時代から露天掘りで塩を採掘していた。その坑道の深さは千メートル以上にも及ぶという。

せっかく、お城まで登ったのであるから、ここから、人々が住んでいる町を見下ろしてみよう。年代を思わせる瓦屋根の連なり、それをつらぬく細い道のうねり、カタルーニャの古い町がみごとに俯瞰できる。人々の暮らしが感じられるところを歩いてみることも忘れてはいけない。

以前、このパラドールに夜遅く着いたことがある。食堂はもうおしまいだというので、町へ降りてとっつきのバルにかけこみ、サラダとボカディージョ（サンドイッチ）を作ってもらった。もうこれで今夜の客はなしと見たのか、バルのおやじさん、ぼくの食べている横の席で仲間とドミノを始めてしまった。だからこちらもあわてることはない。食後、スロットル・マシン（どこのバルにもある）でひと遊び。それが当たってコインがジャラジャラ。メシ代を払ってもお釣りが出るほど儲けてしまった。味を占めて次回も挑戦してもっと儲けたことがある。この懐かしいバルも今は代替わりしてしまった。この町で買ってきた岩塩は今も調理用に使っている。

アルカイックな「祈る人」のソルソナ

カルドナからさらに20kmほど北上するとソルソナだ。町に入るとすぐ風格ある城門につき当たる。それをくぐってそぞろ歩く町並みが歴史を感じさせてくれる。ここにくるとぼくの視線はつい上を向いてしまう。屋根を支えるために棟から軒にかけて張り渡す垂木の先端がみなきれいに彩色されていて美しい軒並みをつくっているからだ。

このソルソナは、このあたりの宗教的中心で司教座が置かれている。そのカテドラルの後陣はロンバルディア帯を施したロマネスクで、本体はゴシック、入口と礼拝室はバロックというように、様式の複合がはっきりわかる。大理石でできたバロック様式の礼拝室に安置された「回廊の聖母」Mare de Déu del Claustreがいい。これは黒い石を用いたロマネスクの彫像で、その衣服の襞と刺繍の彫りが繊細で美しい。

司教館が美術館になっていて、ここに飾られている「黙示録」と「祈る人」を描いたフレスコ壁画がみものだ。この壁画は、もともとは、ここから50kmほど東に行ったベルガのサン・キルザ・ダ・パドゥレット教会Sant Quirze de Padretにあったものだ。

カタルーニャ美術館がカタルーニャのロマネスク壁画を剥離して保存するというプロジェクトを実行するとき、この壁画もその対象になった。そして、実際に1921年から翌年にかけて、その剥離作業が実行されたとき、その所有権をめぐってカタルーニャ美術館とこの教会の所有者であったソルソナの司教との間で争うことになってしまい、けっきょく、カタルーニャ美術館はただ働きさせられたことになってしまったのだという（前掲『カタルーニャ美術館物語』鈴木孝壽による）。

というわけで、聖キルゼと聖ユリタ、そして、24人の長老たちを描いた12世紀の壁画はこのソルソナ美術館に納まることになった。この壁画と同じ部屋に額に入った「祈る人」が展示されている。こちらは10世紀のモサラベ美術の影響を留めた貴重な逸品である。しかも、保存状態がひじょうにいい。なぜなら、これは、「黙示録」を剥離したとき、その下から現れたものだからである。

天を象徴する輪の中で古風な人物が大きく両手を広げている。これは、祝福する神ともとれるし、殉教者ともとれる。その「天」の上で、不死を意味するフェニックスが羽ばたいている。幼児の描く絵にも似て、微笑を誘うアルカイックな魅力いっぱいの壁画だ。ロマネスク愛好者としては見逃すわけにはいかない。

その他、この美術館に展示してあるアダムとイブ、キリスト誕生などを描いた板絵も保存状態がよく、微笑を誘う。

このソルソナとベルガを結ぶC149を東に6km行ったオリウスにあるサン・エステベ教会Sant Esteve d'Oliusに寄ってみよう。これは、11世紀にウルジェイ伯エルメンゴル4世によって建てられたプレ・ロマネスク様式の教会で（鐘塔は16世紀）、3廊式の地下祭室に入ってみると、素朴な石積みをアラバスターを通した光が柔らかく照らしている。後陣を飾るのは、ここでもロンバルディア帯だ。ここは、1980年史蹟に指定された。

洗練された扉口アーチが美しいアグラムント

ソルソナに戻って北上すること25km、ここでイェイダ（レリダ）とセウ・ドゥルジェユ（セオ・デ・ウルヘル）を結ぶC－1313とぶつかる。右折してセウに向かうのが順当なコースだが、旅程に余裕がある人には、左折してアグラムントに寄り道することをお勧めしたい。

イェイダ方面に32km、アルテサを過ぎたところをタレーガ方向に左

折して 15km 行ったところがアグラムントだ。なんでこんなところまで来るかというと、この町のサンタ・マリアに捧げられた教会の扉口がすばらしいからだ。

よくあるタンパン（半円盤状の飾壁）を欠いたリポユのファサードとよく似た入口で、７重の帯状アーチ（ヴシュール）で構成されたアーキヴォルトであることも似ている。

リポユと比べてこのアグラムントのアーキヴォルトがすっきりした感じを与えるのは、それが、物語性を持たない幾何文様で統一されているからだ。このファサードは、13 世紀に制作されたものだが、イスラム文化を吸収した後期ロマネスクの工人たちの美的センスがいかに洗練されていたものかということを目のあたりに見ることができる。この入口から伸びるアーケードになった細い道にも古い町の風情がうかがえる。

初期ロマネスクの魅力を伝えるコル・デ・ナルゴ

ソルソナから来た道が C1313 とぶつかったところを、アグラムント

に寄る人は左折したが、ここを右折して、セウ・ドゥルジェユへ直行する人に、ぜひ立ち寄ってほしいところがある。

セウに向かって20km走った左側に、コル・デ・ナルゴColl de Nargóという集落がある。村へ入って直進するとすぐ右の高台に教会が見えるがそこではない。さらに直進して、バルや銀行などがあるところを通過したすぐ先の左側に、フェンスで囲まれたサン・クリメン教会Sant Climent de Coll de Nargóが建っている。とても、すっきりしたたたずまいだ。

西正面上部の破風は、身廊の屋根を越えて張り出している。その正面壁の上部はロンバルディア帯の装飾。そして、ゴシック教会ならばバラ窓が置かれるところに十字架型の小窓があけられている。この単純なかたちが、いかにも11世紀のロマネスクらしい風格をかもし出している。

よく見ると、鐘塔の基部の半ばは、教会本体に食い込んでいる。その鐘塔の上部に小窓が三つ。その下に馬蹄形の窓があって、イスラムの影響がうかがわれる。この鐘塔のなだらかな裾広がりの曲線がとてもいい。恐らく、このプレロマネスクの鐘塔が先にあって、そこに単身廊の教会をつけ足したのであろう。初期ロマネスクの魅力を十分に伝えてくれる教会といえる。ここは、1946年、歴史建造物に指定されている。

カタルーニャ最古のカテドラル・セウ・ドゥルジェユ

ここからセウまで約30km、ピレネー目指してひたすら走る。

セウは、ピレネーの山麓に開けた町で、人口は1万を少し越える程度の小都市だが、伯爵領の首都として、古くからピレネー山中の政治・経済の中心だった。また、SEOというのは、首寺とか大伽藍などを意味する言葉であり、それを冠したこの町には6世紀以来、司教座が置かれ、ここの司教は、アンドラの元首でもあった。

アンドラについては次節で説明するが、1993年の新憲法制定による独立以後も、象徴的存在とはいえセウの司教はフランス大統領とともに元首とされている。世俗的な権力を手にしている聖職者というのは、他にローマ教皇しかいない。

その司教座が置かれているカテドラルについて、ジンマーマンは次のように説明している。

「セウ・ドゥルジェイの大聖堂は一級のロマネスク建築物の集合体である。大聖堂建築の指揮を最終的にとったのは、ラモン・リュンバルドという石工である。ここには、内庭回廊、隣接するサン・ミケル教会、以前にこの場所にあった三つの教会（一〇三〇年）の遺構が残っている」

（ジンマーマン『カタルーニャの歴史と文化』白水社クセジュ文庫）

この簡潔な説明を敷衍して、こでは三つばかりのことを述べておこう。

まず､この聖母マリアに捧げられた教会建設の棟梁としてラモン･リュンバルドの名が挙げられているが、このRamon Llombardはイタリア人でロンバルドとも読む。これまで何度も出てきたロンバルディア帯のロンバルドである。当時（12世紀）最高の石工集団であるコモのグループを率いた棟梁である。その巨匠が直接手がけた建築だけあって、この教会のファサードや後陣などに施されたロンバルディア帯の壁飾りはすばらしい。このロンバルディア帯飾りを特徴とするカタルーニャ・ロマネスク様式で統一されたカタルーニャ最古のカテドラルがここである。

正面入口上部には人を食う２頭のライオンが配されているだけだが、その上部のロンバルディア・アーチに接する軒飾りがとてもきれいだ。下部が四辺形で上部が八角形の２本の高い塔が対になっていて、壁に開口部を持つ美しい軒廊下がそれを結んでいる。５房に分かれた後陣もきれいなので、ぐるっと回ってみるとよい。軒飾りの彫刻が素朴でいい。

カテドラル南側に設けられた矩形の回廊は、1603年に再建された東側を除く三方が13世紀に作られた本来の姿を保っている（1119年ころからの柱頭51を含むが）。傾斜した屋根を支える柱、その柱頭のひとつひとつに、植物や動物、サムソンとライオン、ダヴィデ、地獄に堕ちた人間の群像などが空想ゆたかに彫りこまれていて飽きさせない。この彫刻はピレネーを越えたロセリョン（ルション）から来た石工の手によるものだという。ルションは、今でこそフランス領だけど（1659年のピレネー条約以降）、この回廊ができたころは同じカタルーニャに属していた。

この旅は、後でこのルションまで行く予定なので、そこのキュクサやカニグーやセラボンヌなどで回廊を見るときに、このセウの回廊を思い出してほしい。

毎年夏、この回廊を使って野外劇が演じられる。聖アルマンゴルの業績を讃える劇だったように記憶している。照明や音楽がこの回廊をいっそう引き立てているスペクタクルだ。

このカテドラルは、以前ここにあった３つの教会の遺構の上に建てられたものだが、そのひとつであるサン・ペドロにあったと推定されている板絵がカタルーニャ美術館にある（p62）。

「十二使徒」を描いたこの板絵は、縦１m、横1.5 mほどの大きさで、祭壇を飾っていたものだ。保存状態がひじょうによいこと、構図が特異であること、色彩対比がとても鮮やかなことなどで、カタルーニャ美術館でも目につく一品である。

三つに区分された中央に神が座り、右手は祝福を与え、左手は膝の上の書物を支えている。そして、神を囲むようにアーモンド形の光背（マンドラ）が２つ、これは、天と現世の象徴で、天上天下を神が支配しているということだ（この複合したマンドラは珍しいもので、次章で訪れるルションの地方のサン・ジェニ・デ・フォンテーヌの教会のまぐさ石彫刻と共通している）。左右には使徒が６人ずつピラミット状に構成され、全員が神に向かって顔を傾けている。中央の神にいちばん近い左右の使徒のうち、鍵をもっているのは聖ペトロで、書物を手にしているのは聖ヨハネだろう。

この板絵が、あるコレクターの手を経てカタルーニャ美術館に買い取られてしまったのを、最も悔やんでいるのは、ここの司教区美術館ではないだろうか。

国宝級の宝物――ベアトゥス写本

しかし､この美術館には｢ベアトゥス写本｣という国宝級の宝物がある。ベアトというのは、リエバナの修道士（730年頃～798年）で、かれが776年にヨハネ黙示録の註釈書を書き、その原本は存在しないが写本が残っていて、それが、後代のキリスト教美術に大きな影響を与えたということは、ジローナのところで書いた。

ヨハネの黙示録というのは、１世紀末ギリシア語で書かれた文書で、新約聖書の最後に組み込まれている。それは、小アジア（地中海とエーゲ海・黒海に挟まれた西アジアの半島地域——アナトリア）で迫害されているキリスト教徒に対して、地上の王国の滅亡とキリストの再来、神の国の到来を述べて、慰め・励ましたものだ。ここで滅亡すべき「地上の王国」とされたのは、ローマ帝国のことだが、ベアト及びその写本の時代には「イスラムによる支配」のことであった。

その叙述がどのようなものであったかは、聖書を手に取ればすぐにわかる。漫画とイラストと写本の引用でわかりやすく解説したものとしては、『オレたちに明日はない？』という本もある（視覚デザイン研究所刊）。インターネットでも容易に検索できる。

さて、この「ベアトゥス写本」だが、これは約 25 種くらい現存しているらしい。それぞれに制作者と制作年代がはっきりしているものが多い。日本でも岩波書店から２冊出ている。

１冊は、マドリード国立図書館蔵の「ファクンドゥス本」（1047 年）で、これは、現存する最古の写本と言われているニューヨークのモーガン図書館蔵の「マギウス本」（962 年）に近いとされている。（1998 年出版・１万５百円）

もう１冊は、フランス国立図書館蔵の「アローヨ本」（13 世紀前半）のファクシミリ版で、さすがに羊皮紙ではないものの、原本に限りなく忠実な複製であり、ゴシック時代の写本だけに、他の写本が持つ大胆な描写や色彩とは異なるトーンだ。こちらは、何と 120 万 7500 円もするので、よほどの図書館でなければお目にかかれないだろう。

ベアトゥス写本の挿絵とはどんなものか、簡単に見るためには、書店でウンベルト・エーコの『薔薇の名前』（上下）という本を探せばいい。その表紙絵に使われているのがベアトゥスのファクンドゥス本から採られた挿絵だ。

これは余談だが、最近『ダ・ヴィンチ・コード』という本が、映画化されたということもあって爆発的に売れている。キリスト教をミステリーの素材としたという点では、黙示録をストーリーの経糸とした『薔薇の名前』も再読されてしかるべきだろう。

映画「ダ・ヴィンチ・コード」を上映禁止にせよという声が、カトリックの強い国で挙がったのは、それが、イエスの人間くさい面を取り上げ、その「神性」を否定しているからだろう。実は、ベアトが黙示録註釈を書いた８世紀のスペインでも似たような問題があった。

それは、「キリスト養子説」Adoptionismというもので、そもそもイエスはヨセフとマリアの間に生まれたふつうの人間であり、それが「神の子」となったのは、30歳のとき、ヨルダン川で洗礼者ヨハネから洗礼を受けた時点からのことであるという説で、これは「処女懐胎」などを疑う人性を強調する意見として教義成立の段階から主張されていたことでもあった。

これに対して、正統とされたのは「神・イエス・聖霊は三位一体である」というものだった。この三位一体説がイスラム神学者から厳しく批判され、当時（８世紀）スペインのキリスト教界の権威であったトレド大主教とセウの司教が、この「養子説」を唱えて大問題になっていたのだ。ベアトは、この論争に参加して強硬に反駁する立場だったらしい。けっきょく、この「養子説」は、794年のフランクフルト宗教会議で「異端」と認定されることになった。

また、ベアトは、聖ヤコブこそスペインの守護聖者だと唱えて、後のサンチャゴ巡礼という大イベントにつながる草分け的存在でもあったらしい。こういう点で、かなりの大物だったのだが、かれの名を不朽にしたのは、何といっても『黙示録註釈』だろう。これには精力を傾けたらしく、776年の初版以後も、786年、８世紀末と３回も書き直しを重ねたという。

しかし、この写本の研究者でもあるウンベルト・エーコに言わせると、ベアトのラテン語は粗雑で、文法も引用も間違いだらけなのだそうだ。

それはさておき、セウの司教区美術館に所蔵されている写本は、10世紀後半から11世紀にかけて制作されたと推定されているものだが、最も保存状態がいい写本のひとつだということだ。実物は、ガラスケースの中だけど、映写室でその詳細を見ることができる。15分ほどに編集されたものだが、グレゴリオ聖歌つきで映写してくれる。そのDVDは売店で入手できるし日本語版の説明もついている。

ベアトゥス写本——その色彩の表意性

もともとこの写本の起源である「黙示録」は、この世の終わりとあの世の到来という空想と寓意に満ちたものであるから、それを図解するにあたって、描かれる悪魔や動物や天変地変の様相が奇怪なものであることは当然だ。その姿態と色づかいが実におもしろい。これが千年前のものだとは思えないほどだ。

素人のぼくなどにはそこまでしか言えないが、専門家の分析はそこに踏み込む。そのひとりである柳宗玄氏はこう書く。

「『ベアトゥス黙示録』の挿画、とくにその色彩には、ゲルマン的あるいはアラビヤ的なものよりはむしろ、成熟したスペインのキリスト教独自の所産を見るべきではないか。そしてそこには、単なる装飾性以上に、強烈なキリスト教的黙示録的理念の表現を見るべきではないか。色彩というものは、もともと形態と同様に表意をその任務としていたのではないか。とくに『ベアトゥス黙示録』写本画の場合、この性格が強いのではないか。」

そして、ここで用いられている色彩の持つ「表意」性について詳細に述べた後、

「その彩色法の基調をなすものは、ともかくも象徴主義であった。従って、それを明瞭に打ち出すために、あの強い原色の平塗り的構成、明暗法や立体表現あるいは短縮法や透視法などの否定といった様式的性格が必然的なものとなった」

（柳宗玄「『ベアトゥス黙示録』における色彩」『黒い聖母』福武書店所収）

＊本書は色を手がかりに東西の美術を解読した野心作だ。

この写本を見ていると、描かれている人物の服装がどことなくアラビア風だし、頻出する門のかたちは馬蹄形アーチだ。このようにイスラムの影響を強く受けたキリスト教徒のことをモサラベという。これはスペイン独特の様式で、それがスペインのロマネスクに与えた影響は大きい。

これまで見てきた教会のアーチや回廊などにも、また、これから見ていくところにもモサラベ様式は頻繁に出てくることだろう。

このセウの賑やか通りといえば、バルセローナのそれと同じように歩道を中にして車道は両側というランブラス通りだが、その通りとカテドラルに挟まれたところが古い地区だ。アーケードで結ばれた古都の風情を楽しむそぞろ歩きを勧めたい。

ここから山間のミニ国家アンドラまでは10km、せっかくだからそこまで行くことにしよう。

坂道の国アンドラ公国

アンドラは、セウの隣町と言ってもいい。10km走れば国境、さらに10km走れば首都のアンドラ・ラ・ベリャだ。隣町と言ってもりっぱな独立国だ。

独立国と言っても小さい。その国土面積は金沢市とほぼ同じ468㎢で、横浜市や種子島よりも少し大きいと言っても国土の８割は険しい山なので、平坦地は僅かだ。人口は約７万人でこれは横浜市の50分の１というところ。

運転しながら「アンドラって国中全部上り坂なんだよ」と言ったら、同乗者は自然に頷いてしまったくらい坂道だらけの国だ。

大袈裟に言うとこの国で一番広い平坦地と言えばサッカーグラウンドくらいではないかと思ってしまう。その国立競技場の収容人員は1250人だけど、ちゃんと国内リーグがあって９チームが参加している。2006年のワールドカップ・ドイツ大会の予選ではオランダとチェコを含むグループで最下位だったけど、マケドニアには１勝１分という成績を残している。ヨーロッパ選手権予選などでフランスとやるホームゲームのときなどはバルセローナの会場を借りる。

小さい国だけどその歴史は古い。789年、シャルルマーニュ（カール大帝）によって、イスラム教徒が追放され、それが建国とされている。819年、その主権がフランク王国からセウの司教に割譲された。それから、フォア伯爵領と統治争いが続き、1278年以来共同統治ということになっていた。

その国歌で「わが父シャルルマーニュが私をアラブ人から救い出してくれた。それから11世紀にわたって、私はカール大帝の唯一の娘であり、キリスト教徒であり、そして自由だった。これからもふたりの果敢なる主人、私を守ってくれるふたりの君主のもとにとどまることだろう」と歌われているのはそのためだ。

しかし、1993年、国民主権の新憲法が制定されて民主国家として独立した。同年国連にも加入し、独自の外交政策を持ち、国際組織への加入も自由にできるようになった。納税や兵役の義務もない世界でもめずらしい国である。

新憲法制定以前、つまり、公爵権を持つセウ司教（スペインでは今でも貴族制度が残っている）とフランス大統領との共同統治といっても、それは、形式的、象徴的なもので、実質は独立国だった。

アンドラ国民は自国のパスポートとスペインかフランスのパスポートを持つことが許されていたが、このアンドラ旅券を最後まで認めていなかったのはオーストラリアと日本だけだったし、93年以前に国交がなかったのは日本のみであった。

アンドラに対して日本はこれだけ冷たかったにも関わらず、日本商品を売り込むことだけは熱心で、アンドラからすると、日本は、フランス、スペイン、ドイツに次ぐ輸入国だった。そのMADE IN JAPANの商品がアンドラには溢れている。

かつて、アンドラは、何世紀にもわたってフランスとスペインを媒介する密貿易の中継基地だった。それを「免税国」に切り換えることで観光客誘致に成功した。もちろん、スキーや避暑のためにこの国を訪れる人も多いが、圧倒的多数は「免税」に魅かれてやって来る買物客である。その数は、年間千万人にものぼり、かれらが、買物、宿泊、食事などで落とす観光収入が国家財政の9割を占めて国の経済を支えている。

国土を貫くほとんど一本と形容してもいいメインロードに面して、大小のスーパーマーケットが並び、そこに、酒、煙草、化粧品、衣服、電器製品などが氾濫し、空港免税店と秋葉原とをミックスしたような光景である。電器製品やカメラ類などの主流はもちろん日本製だ。

これらの免税商品を目指してこの国を訪れる人のほとんどは自家用車だ。鉄道は通ってないし、バスの本数は少ない。だから、アンドラへの道はいつも渋滞している。ブランド商品にしか興味を持たず、スキーにも避暑キャンプにも縁遠い日本人にとっては、そんな辺鄙なところにわざわざ行くまでもないと思いがちだ。事実、「ガイドブックにはそれらしき教会などが載っているが、交通の便がないし、行ってみてもたいしたことはない」(『地球の歩き方』旧版)と素っ気なく扱われていたくらいだ。

小振りなたたずまいが魅力的なアンドラのロマネスク教会

ところが、それは早計というもので、ロマネスク愛好者としてここはまことに魅力的なところなのだ。

バルセローナからのバスでアンドラ・ラ・ベリャまで行きさえすれば、ここを起点にして、この国内のかなりの部分をカバーする路線バス(小型でかわいい)が走っていて、これをうまく使い分ければ、ピレネーの谷深く入っていける。その風景は、ショッピングの喧騒を忘れさせるほど静かで美しい。

とりわけ、この山から切り出される堆積岩を剥離させスレート状にした石板で葺いた屋根、石積みの壁やアーチを持つロマネスク様式の小教会のたたずまいは、中世人の祈りが結晶したかのようにプリミティブで心を打つ。

スペイン国境から入ってすぐのところにあるサンタ・コロマ教会(写真③)は、10世紀のプレ・ロマネスク(現在の教会は12世紀)で、円筒状の鐘塔がめずらしい。内陣入口の馬蹄形アーチの上に、キリストを意味する羊が描かれている。

ベリャを過ぎてグラン・バリラ川の橋を渡ったところから、最も賑やかなエスカルドになる。そこをフランス方向に進むと、右折すればベリャを経由せずにスペインに行ける道が出てくるが、その道を少し進んで、エンゴラステル山岳道路に向かって左折する。ぐんぐんと高度を上げる道を走っていくと優美な塔を持つサン・ミケル教会(写真②)が見

①

②

③

えてくる。これは、12世紀のロンバルディア様式のロマネスクだ。やや細めの鐘塔が美しい。ここからベリャの町が一望のもとに見下ろすことができる。

エスカルドに戻ってフランス方向に登っていくとカニリョの町、それを過ぎてすぐ右側にサン・ジョアン・デ・カセリェス教会（写真①）が建っている。サン・ミケルと比べるとどっしりとした3層の鐘楼が、素朴な建物と釣り合ってロマネスク独特の魅力を伝えてくれる。この教会に入り、はしごを昇って天井を見ると、その木組みの細部にまで細かい彩色模様が描かれている。祭壇の上部飾りは、聖ヨハネの生涯と黙示録の世界を描いたものだ。1963年の修復作業で見つかった漆喰のロマネスク磔刑像も飾られている。

ベリャからエスカルドに行かず左折して北の谷へ向かうと5kmでマッサーナ、ここを過ぎて左の道を進むと、パルの集落でサン・クリメン（11～12世紀）を中心に歴史的景観保存地区となっている。右の道を進んだコルティナーダのサン・マルティン教会には12世紀の壁画がよく保存されている。このように、アンドラは小さいけれどロマネスクの宝庫なのだ。

カニーリョからさらにフランス方面に進むと、ついに、アンバリラ峠に達する。標高2407m。ピレネー山脈のなかでも最も高い峠のひとつだ。もちろん眺めもすばらしい。この峠は、地中海（バリラ川）と大西洋（アリエージュ川）の分水嶺でもある。

最近、ここを走ったときは、一寸先も見えぬ濃霧だった。ハンドルを握る手が恐怖に震えていたことを思い出す。

ここから下ってすぐのところがパ・ド・ラ・カサでフランスとの国境になっている。フランスから買物にくる人はここで買物を済ますので、大きなスーパーマーケットなどで賑わっている。ここからフランス側ピレネー・ロマネスクへのルートも考えられるが、われわれはいったんスペインへ戻って、カタルーニャロマネスクの旅を続けようと思う。

壁画をはぎ取られたサン・キルザ・ダ・パドゥレット

アンドラからセウ・ドゥルジュエまで下ってきたところで、道はイェイダ方面とプッチェルダ方面に分かれる。同じ道を戻るのもしゃくだから左折してN260をプッチェルダに向かって走ることにする。32km走ったところで「右折するとトンネル・カディを通ってベルガ」という標識が出てくる。それに従ってトンネルTúnel del Cadíを潜る。全長5kmの有料トンネルである。このトンネルを出てひたすら下って行くと左側にジョブレガト川をせき止めて造った貯水池が見えてくる。

もう少しでベルガに達するという少し手前を左折して川岸まで行ったその先にサン・キルザ・ダ・パドゥレット教会Iglesia de sant Quirze de Pedretがある。

こう書くと、たやすく到達したようだが、実はなかなかの難物で、ここへ入る道が分かりにくい。ベルガのバルで尋ねたら、口で言うのは難しいということで居合わせたひとりのおじさんがその入口までバイクで先導してくれた。

細い道を下って川岸に突き当たったところにへの字状の石橋がかかっていて、鎖で閉鎖されていた。午後は4時から開くとのこと。待つこと数分、ちょうど4時になったらアッシーくんに送られて若い女性館員がやってきた。その車に同乗させてもらって狭い石橋を渡って、さらになだらかな斜面を上り、教会にたどり着くことができた。

この教会について説明した本には「鐘塔だけは修復されているけど、本体は廃墟に近い」と書いてあるが、すでに、すっかり改修されて外観だけ見ると新しいように見える。しかし、内部は古い。

そんなところにどうしてわざわざ行くのかというと、ここに、プレ・ロマネスクのすばらしい壁画が残されていたからである。そのことは、ソルソナのところで書いたので思い出してほしい。聖キルゼと聖ユリタを正面にして、24人の長老たちが身をかがめてそれを崇めている図と、その下に描かれていた「祈る人」の壁画についてはすでに書いたので、この教会の南側祭室の壁から剥がされて今カタルーニャ美術館に展示されている「十人の乙女」の壁画について語ることにしよう。

イエスを抱いた聖母を中心に５人ずつの「賢い娘」(左) と「愚かな娘」が配置されている。賢い娘の方は、火が燃えている燭台を持ち、冠をかぶって天上の宴会に連なっている。愚かな娘のグループは、燭台を逆さに持ち、足元には空の油壺が転がっている。これは、「マタイ伝」25章を図解したものだ。参考のためにその原文を紹介しておこう。

そこで、天の国は次のようにたとえられる。十人のおとめがそれぞれともし火を持って、花婿を迎えに出て行く。そのうちの五人は愚かで、五人は賢かった。愚かなおとめたちは、ともし火は持っていたが、油の用意をしていなかった。賢いおとめたちは、それぞれのともし火と一緒に、壺に油を入れて持っていた。ところが、花婿の来るのが遅れたので、皆眠気がさして眠り込んでしまった。真夜中に「花婿だ。迎えに出なさい」と叫ぶ声がした。そこで、おとめたちは皆起きて、それぞれのともし火を整えた。愚かなおとめたちは、賢いおとめたちに言った。「油を分けてください。わたしたちのともし火は消えそうです。」賢いおとめたちは答えた。「分けてあげるほどはありません。それより、店に行って、自分の分を買って来なさい。」愚かなおとめたちが買いに行っている間に、花婿が到着して、用意のできている五人は、花婿と一緒に婚宴の席に入り戸が閉められた。その後で、ほかのおとめたちも来て「御主人様、御主人様、開けてください」と言った。しかし主人は「はっきり言っておく。わたしはお前たちを知らない」と答えた。だから、目を覚ましていなさい。あなたがたは、その日、その時を知らないのだから (新共同訳)。

教会は「神の家」であり、そこにある壁画もステンドグラスも彫刻も、全てが、その教えを庶民にもわかるかたちで伝える教材であったということが、とてもよく分かる好例だ。

この「十人の乙女」は、「ペドレの巨匠」の手になるロマネスク壁画の傑作としてカタルーニャ美術館でも重要な作品とされている。だから、この教会を訪ねる際は、その絵はがきを携えて行くことをお薦めする。

さて、この壁画を持ち去られてしまったこの教会の内部はどうなっているかというと、改修なったその部分に、この絵が新しく描かれているのである。カタルーニャ美術館にあるそれは、当然のことだが古色蒼然としているのに対し、ここのは、そのコピーではなくピカピカの新品のように鮮明だ。

きっと、描かれたばかりの千年前はこうだったのだろうなと思わせるという意味では、こういうやり方もありだなと感じた。

では､黙示録とその下に「祈る人」が描かれていた正面祭室はどうなっているかというと、ここは、それぞれの一部が小さく並べて描かれているだけだった。親切に説明してくれた女性館員に「昨日はソルソナ、今日はここ､そして明日はカタルーニャ美術館に行くよ」と言ったら､にっこり笑って「それで完璧ね」と答えてくれた。羊鈴が空に響く静かな教会だった。

後陣のロンバルディア帯が美しいサン・ジャウマ・ダ・フロンタニャ

カタルーニャのロマネスク教会の特徴として「ロンバルディア帯」という装飾があるということについては、これまで何度か書いてきた。そして、カルドナがその代表例だと指摘してきた。だけど、カルドナの場合、それが城郭に包み込まれてしまっているために、あまり鮮明とはいえない。

そこで、ロンバルディア飾りがもっとはっきりわかるもう一つの教会に寄り道してみよう。それが、Sant Jauma de Frontanyá サン・ジャウメ・ダ・フロンタニャだ。

トンネル・カディを抜けて下ってきた道は、ベルガの手前（北）で、ソルソナとリポユを結ぶC149と交差する。その道を左折、リポユ方向に19km進んだボレダBorredáで左折して9km走った突き当たりがサン・ジャウメだ。

ラテン十字のこの教会は1074年に建立されたカタルーニャ初期ロマネスクを代表するものとして国の史蹟にも指定されている（1931年）。見どころは、後陣のロンバルディア帯飾りである。それに、壁に細い切れ目を入れたような窓しかない簡素な石の造型にプレ・ロマネスクの魅力を感じるかどうかは、見る人の美意識に任せるしかないが、ぼくは好きだ。

スペイン屈指のすばらしい回廊を残すラスタニュ

ベルガを過ぎて、マンレサ方向にどんどん走る。マンレサ近くで、この道は自然に高速道路A－18につながるのだが、すぐにビックにつながるC－25と交差する。そこを左折してビックを目指す。25km走ると、ラスタニュ、モイアへの降り口が出てくる。そこから細い山道を20分ほど走るとラスタニュL'Estanyに到着する。ここは、サンタ・マリアを中心とする小さな村でお土産物屋もなければホテルもない。いつ行っても静かだ。その商売っけのないたたずまいが好ましい。もともとは、サンタ・マリア・ダ・ラスタニュ・アウグスティヌス司教座聖堂参事会修道院（1080年）を中心に発展したところだが、現存するサンタ・マリア教会が奉献されたのは1133年、つまり、カタルーニャ・ロマネスク最盛期の12世紀のものだ。交差部上の鐘塔がやけに大きく見えるが、これは、1448年の大地震の後につけかえられたものだ。この教会は、正面からよりも、ぐるっと回り込んで後陣側から見る方が美しい。

だけど、その外観よりももっと美しいのは内側回廊である（p6）。

回廊の入口は教会と少し離れているが、足を踏み入れた瞬間、その調和のとれた様式美に粛然とする。やや小振りだが、それだけに凝固した迫力に打たれる。整列した72本の列柱のそれぞれに刻まれた彫刻はみごとなものだ。

柱頭彫刻の題材は、大別すると、宗教的なものと非宗教的なものに二分される。宗教的テーマとしては、聖書で語られていることを視覚的に表現したものであり、非宗教的なものとしては、生命の木パルメット（椰子）や、聖所を守る鷲とか、鷲の翼を持つ獅子グリフォン（これは知識の象徴とか、鳥類と獣類双方の王者であることから「王家」の象徴ともされている）とか、鹿など、動植物を描いたもの、幾何学的な紋様を描いたもの、世俗的なものに分けられる。この柱頭の各パターンの全てが、この回廊には揃っているのだ。

現在、この回廊は南側に付属した資料室から入るようになっているが、その対面、教会本体に接した北側の柱頭は聖書物語だ。アダムとイブ、キリストの降誕と受難、磔刑、最後の審判など、わかりやすい。ここから、反時計回りに西は、動植物や怪物など、南は、幾何模様や組紐模様などのケルト的な紋様、東は、抱擁する男女や歌や踊りを楽しむ庶民の姿、楽器を奏でる動物など、非教訓的な世俗の姿を刻んだものだ。

このように聖俗取り混ぜながら、そこに調和のとれた空間をつくり出しているという点で、この回廊の完成度は高い。できれば、光線の角度が異なる午前と午後にわたってゆっくり時間をとってそぞろ歩きしたいところだ。

回廊を出て、小さな村をひとめぐりするのもよい。教会前を過ぎて伸びるなだらかな坂道に面した民家の戸口に、聖週間のようすを描いたタイルがつけられている。きっと、その時期には聖週間の行列がこの坂を上がっていくのだろう。その情景を想像するのも楽しい。

湖畔の断崖に残るサン・ペラ・ダ・カセレス修道院

ラスタニュからC－25に戻る。ビックを迂回してすぐのところで、オロッ方面へのC153へ。間もなく、タベルノレス／パラドールへの道標が出てくるので、そこを右折して進むとサウの貯水湖となる。この湖には古い村が水没しているが、減水すると湖底に沈んだサン・ロマン教会が姿を現す。

ビックのパラドールは、まさに「湖畔の宿」だ。カタルーニャの農家様式をマシアと言うが、そのマシアスタイルで建てられたものだ。玄関に入ると吹き抜けのサロンになっていて、その天井一面のステンドグラスが豪華だ。

そのパラドールを過ぎて湖の先端まで走っていくと、行き止まりの断崖の上に、カセレス修道院が残っている。9世紀末のモサラベ式教会を、11世紀初頭にベネディクト派の修道院として再建したものだが、今は廃墟同然の姿となっている。しかし、カタルーニャ・ロンバルディア様式の重要な建築物として歴史的モニュメントに指定されている。その柱頭彫刻は、ビックの司教区美術館に飾られている。滅びた時代を偲ぶロマンの宿として、このビックのパラドールに一泊するのもよい。

中世村落の美しさを保存したルピッ

これまで書いてきたところを読んだ人、実際にそれを辿って歩いた人はなおさら実感できることだが、ロマネスクの旅は田舎めぐりの旅だ。

交通不便であるがゆえに昔の面影を残した美しい村と出会うことの多い旅だ。そこが、ゴシックめぐりと違うところだ。

スペインの田舎をめぐり歩くと、そこにロマネスクを残していなくても美しい村はいくつもある。そういうところも紹介しておきたい。

そのひとつとして、まず、ルピッ Rupit をとりあげよう。ここは、バルセローナのスペイン村でもそのコピーが紹介されているところだが、実際に行ってみると、その魅力はスペイン村の比ではない。

ビックのパラドールから、C153 に戻ってオロッ方向に向かって 30km ばかり走った右側にルピッに入る道がある。ここは、景観保存地区に指定されていて車を乗り入れることはできない。村の入口に駐車場がある。

石畳の道を歩いて村の中心に入っていくと、左右に 16 〜 17 世紀の古い民家が連なっている。六角形の塔を持つ教会を中心に、観光客のためのレストランや土産物店が数軒あるが、改修にも厳しい規制があるので昔の雰囲気はよく保たれている。その全貌を眺めるためには、ゆらゆら揺れる吊り橋を渡ってみるとよい。渡った向こうに作られたプールだけが新しい感じを与えるのみ。

教会の脇から登る石段のすり減った感じがとてもよい。パラドールに泊まるのもいいが、この村での一泊の方をぼくはおすすめする。

崖っぷちに連なる民家が美しいカステリフォジット・ダ・ラ・ロカ

ルピッを出てオロッを目指す。この町は、カタルーニャ美術館のところでも触れたが、内戦中、フランコ軍の爆撃から美術品を護るための疎開先となった町である。

ここを分岐にして、ドライブコースは東西どちらかの選択ということになる。まず、N260 でフィゲレス／ジローナ方面に走ってみよう。6 km ばかり走るとカステリフォジット・ダ・ラ・ロカ Casellfollit de la Roca の町に入る。道はすぐ左にカーブするがその角に教会がある。なだらかに下る道の左右に民家が連なっているが、ほとんど人影はない。まるでゴーストタウンのような感じだ。

やがて、右にカーブして下りきった先の左側にバルがある。そこに車を入れて、今、通り過ぎてきた町を振り返ってみよう。

そこにすばらしい光景が広がっている。玄武岩の高い崖の上に民家の白壁が縁飾りのように連なっている。町の不気味さとは対照的な美しさである。その崖の先端に船の舳先のマストのように教会が位置している。サン·サルバドール教会で、これは15世紀の地震後に再建されたものだ。交通がかなり激しいので写真撮影には注意したい（p4）。

要塞橋に守られたベサル

ここから14km走ると、ベサルBesalúの町に入る。ここを左折するとフィゲレス、直進するとジローナ、いずれも25kmほどの等距離である。直進して橋を渡るとき、右に重厚な古い橋が見える。橋の中央が物見の塔になっている要塞橋だ。橋を渡ったすぐ先に駐車場がある。

このベサルは、昔は独立した伯爵領の首都だった。フルビア川にアーチの影を映すこの要塞橋は、12世紀に建造されたもので（1956年修復)、川床の大きな岩を足場としているためにくの字に曲がっていて、それなりの情緒を湛えている。この橋を渡って町に入る。

サン・ペラ教会は、977年にベネディクト派修道院として建てられたものだが、今は教区教会となっている。この地方にはめずらしいロマネスク様式の周歩廊を持ち、後陣にはロンバルディア帯を残している。正面入口の上部に門を象ったロマネスクアーチの窓があるが、その下部両脇に、日本の神社によくある狛犬のようにライオンが向かい合わせに彫られているのがおもしろい。この獅子が異教徒らしきものを押さえ込んでいるのが、レコンキスタ時代を思わせる。この町にはユダヤ人の遺跡もあるが、要塞橋も含めて全体が史蹟に指定されている。

地中海を一望する山上の修道院サン・ペラ・ダ・ロダス

フィゲレスからN260でジャンサ方向に走る。フランス国境に向かう鉄道に沿ってしばらく走り、ビラジュイガでロゼス方向に右折、線路を渡ってすぐのところを左折して山道をずっと走っていくと、左手に海が広がり行き止まりとなる。ここから教会までは15分ほど歩かねばならない。

歩きはじめて山腹を右にカーブするところで、教会が目に飛びこんでくる。この出会いが好きだ。フランス側のセルベレ海岸からクレウス岬まで地中海が一望できる。この広がりを眼前に、二つの大きな角塔を擁する旧修道院が建っている、このロケーションがすばらしい。

このベネディクト派修道院は、4世紀のローマ神殿の跡に、879年創建され、1022年に奉献されたプレ・ロマネスク様式のものであるが、後に戦火に晒されて放棄されたものだという。「戦火」とは、19世紀のスペイン内戦とも言われるカルリスタ戦争のことと思われる。現在はかなり修復が進んでいるが、入ってみると「廃墟」という印象の方が強い。

「廃墟はかつて完全であった存在の遺跡を示していない限り美しくない。未完成の建物は廃墟の美を主張することはできない」

これは、フェルナン・プイヨンの『粗い石』（文和書房 1973年）の中に記された言葉だが、高坂智英氏はこのくだりを引用しながら、次のように述べている。

「廃墟の美などというのはしょせん低次元のセンチメンタリズムに過ぎないと思っていた。ところが多年ロマネスクを眺めていると廃墟の実物に接する機会が自然に増えてゆく。ある頃から急に気になり出した。時折ひどく美しいのにぶつかる。これは壊れ方に問題があるのかとも考えてみた。ある時ふと気がついた。要するに美しい廃墟とは最初から美しかったものに限られるのにちがいない。それに気がついてから冒頭のプイヨンの言葉に眼が止まったのだった。……『廃墟はロマネスクに限る』と差当たって私は思っている。木造建築やゴシックが壊れても単なる破損物件に過ぎない。廃墟の美を主張し得るには第一に石造であり、分厚い壁体を持ち、本質的な部分を少しでも残していなければならない。ある条件を満たした時、それは観者の想像力をいたく刺激し、うっかりするとそれが現実にあった以上の楼閣をそこに再構築するのだ。」

（『ロマネスクの園』リブロポート）

この高坂氏の述懐は、このサン・ペラ・ダ・ロダス修道院において、まことに適合しているように思われる。それは、ここがすばらしい景観のなかにあるというのでもなく、また、そのほとんどをフランス人によって持ち去られた大理石がふんだんに用いられていたというのでもなく、そこかしこにかつての造作を偲ばせる姿を残しているからだ。

この修道院は、巨大な岩盤に密着して建てられているために、高低差があるひどく複雑なつくりになっている。その底部に据えられたクリプタ（地下祭室）まで降りてみよう。太い柱が放射状に広がる低い天井をがっちりと支えている。

そして、身廊はとにかく高い。それぞれに柱頭を持つ円柱が二段重ねになって高い天井を支えている。クリプタの低い天井を支える太い柱と、身廊の高さを保持する長い柱、このコントラストがおもしろい。

さらに、海に面した卵形の後陣をとりまく狭い周歩廊に出て眺める地中海の広がり。これらが、この教会の完成度を強く印象づけている。そして、余力があるならば、裏山に登ってみよう。この、サン・サルバドール山の標高は670 mだが、途中、木の間越しに見る修道院の姿が魅力的だ。山頂の古城からの展望がすばらしいことは言うまでもない。

帰路は、海に向かって下ってみよう。かつては土むきだしのごろごろ道だったが、今は舗装されている。セルバの港からカーブの多い山道を13km走ると、ダリの愛したカダケスの美しい漁港に出ることができる。

十字架降下群像を残すサン・ジュアン・ダ・ラス・アバデサス

これまで述べたコースは、ルピッからオロッ、そこで東進してベサルへ向かったが、この分岐点であるオロッのところを逆に西進すること30kmで、サン・ジュアン・ダ・ラス・アバデサスSant Joan de les Abadessesに達する。リポユからだと東10km、ほとんど隣町といってよいところだ。

アバデサスというのは、スペイン語abad（修道院長）の女性複数形で「女子修道院長たち」という意味だが、885年、ここにベネディクト派の女子修道院を建てたのはギフレ伯爵で、その初代院長は彼の娘エマだった。

ギフレのことは、リポユとモンセラのところで少し説明しておいたが、カタルーニャの歴史を語る上で重要な人物なので改めて紹介しておこう。

ビフレドVifredo　?－898

初期カタルーニャの建国者。カタルーニャ語ではギフレーGuifréと呼ばれる。西ゴート貴族の出身で、バルセロナ、ウルヘル、ベサルー、ヘロナなどの伯領を統合、これらの統治権を世襲化してフランク王国からの実質的独立を達成した。同時に長い間放置されていたレコンキスタ（国土回復戦争）に取り組み、後世カタルーニャ人の霊場となるモンセラーなどを回復した。カタルーニャ・ロマネスクの傑作、リポルのサンタ・マリア教会とサン・フアン・デ・ラス・アバデサス修道院は彼の創建による。イスラム軍とのバルセロナ攻防戦で戦死した。

（『スペイン・ポルトガルを知る事典』平凡社／小林一宏執筆）

現在のサン・ジュアン教会は、11世紀から12世紀にかけて、つまりロマネスクの最盛期に建立され、1150年に司教座参事会員たちのために聖別されたものである。

駐車場は、教会裏手にあるが、そこに車を置いて歩いていくと、まず目につくのはみごとな後陣である。その柱頭彫刻の中でも、長い髭を両側から引っ張られている人物の姿がほほえましい。入口の素朴なタンパン、木の扉に打ちつけられた鍛鉄の飾りなどに歴史を感じる。

付属のムセオから入場することになっているが、いきなり回廊に出る。この回廊は、1442年にそれまでのロマネスク様式に代わってゴシック様式で造られたものだが、優美な細い柱が緑の芝生と調和してまことに美しい。このエレガントなたたずまいは、ここがかつて女子修道院だったことの名残なのかと思ってしまう。ロマネスク回廊とは異なった魅力だ。

後陣中央に飾られているのは「キリスト降下」の群像である。キリストと共に磔にされた2体の盗賊を挟んで、十字架より降ろされるキリストをめぐる群像が置かれている。この7体の群像が制作されたのは1251年、ゴシックへの移行期に相応しく写実的な表現となっている。同じテーマの群像で、エリル・ラ・ヴァル（ボイ谷）のサンタ・エウラリアに置かれていた12世紀のものが、今は、聖母マリアと聖ヨハネはカタルーニャ美術館、残りの5体はビクの司教区美術館にというように別々に飾られているが、これと比較してみるのも興味深いことである。

ピレネーのかくれ里ベジェ

サン・ジュアン・ダ・ラス・アバデサスからフランス国境のアレス峠までは32km、途中経由する村はどこも由緒あるロマネスクを残している。

14km走ったところのカンプロドンは、見るからに高原の町という感じで、代表作「スペイン組曲」で知られるアルベニスの生地でもある。テル川にかかる16世紀の石橋が美しい。1169年に奉献されたサン・ペレ修道院付属教会の後陣の上には八角形の土台に2層の鐘楼を乗せた塔が建っている。

ここから8km進むと、スペイン最後の町モリョ。この町のサンタ・セシリア教会は12世紀のロマネスクで、南面する入口上部の軒飾りのモジョンにつけられた彫物がおもしろい。モジョンというのは飾軒持送りとも訳されているが、壁面の上部から庇のように張り出した軒蛇腹を支えるために一定間隔で突出している石材のことをいう。ここに、ロマネスクの場合は人物や獣などの顔をユーモラスに彫ったものが多い。この教会の鐘塔にはロンバルディア帯が施され、最上階の窓は円形に開けられている。

カンプロドンからモリョへ向かう途中に右折してベジェへ通じる道がある。

狭い山道をかなり走る。中間にロカブルナという集落があるが、路傍にある教会もロマネスクだ。

その道が尽きたところがベジェで、いきなりサン・クリストフォロ教会が見えてくる。車は村入口の駐車場に置かなければいけない。石造り瓦屋根の民家がひとかたまりになった小さな集落で、10分も歩けば一巡してしまうほどの規模だけど、落ちついた雰囲気がいい。ぼくは勝手に「ピレネーのかくれ里」と呼んでいるが、水音を響かせる小さな石橋を渡ったところから教会を眺めるアングルが気に入っている。

ロンバルディア帯で飾られたこの教会の中に、十字架にかけられた荘厳のキリスト像がある。12世紀に造られた木刻彩色のものだが、その背景の祭壇画は俗悪であるにしてもこの像はいい。

教会めぐりをしていると、至るところでキリストの磔刑像に出会う。その多くは腰布だけの裸体で、死んだキリストは瞑目して首うなだれている。しかし、このベジェの磔刑像におけるキリストは、ゆるやかな長衣をまとい、前を向いた顔は目を開けて微笑んでいるようにも見える。これは、十字架上の死によって究極の生を贖ったという考え方の表明なのだろう。このような磔刑像を、マヘスタ Majestad と呼んでいるが、これは、尊厳とか荘厳という意味だ。

同じようなマヘスタはカタルーニャ美術館にもある。「バッリョのキリスト」と呼ばれている磔刑像で、バッリョというのはコレクターの名前である。

　また、パエリャ祭りで知られるバガ（カディ・トンネル近く）の東のポブラ・デ・リレットの地区教会に保存されている磔刑像もそうだ。

　ベジェ、カタルーニャ美術館、ポブラ・デ・リレットこの三か所に安置されているマヘスタが、カタルーニャの磔刑彫刻の代表作といってもいいだろう。

　このベジェの村には豪華なホテルはないがレストランを兼ねたオスタルはある。音立てて水が流れる谷間の小さな村で一夜を過ごすのも旅の楽しみというものだ。

　せっかくここまで来たのだから、明日はアレス峠を越えてフランス側ピレネーに入って行くことにしよう。そこもまたカタルーニャなのだから。

十字架降下群像「サン・ジュアン・ラス・アバデサス」

ポブラ・デ・リレットの磔刑像

ベジェの磔刑像

バッリョのキリスト

9

ガバチョの国のロマネスク

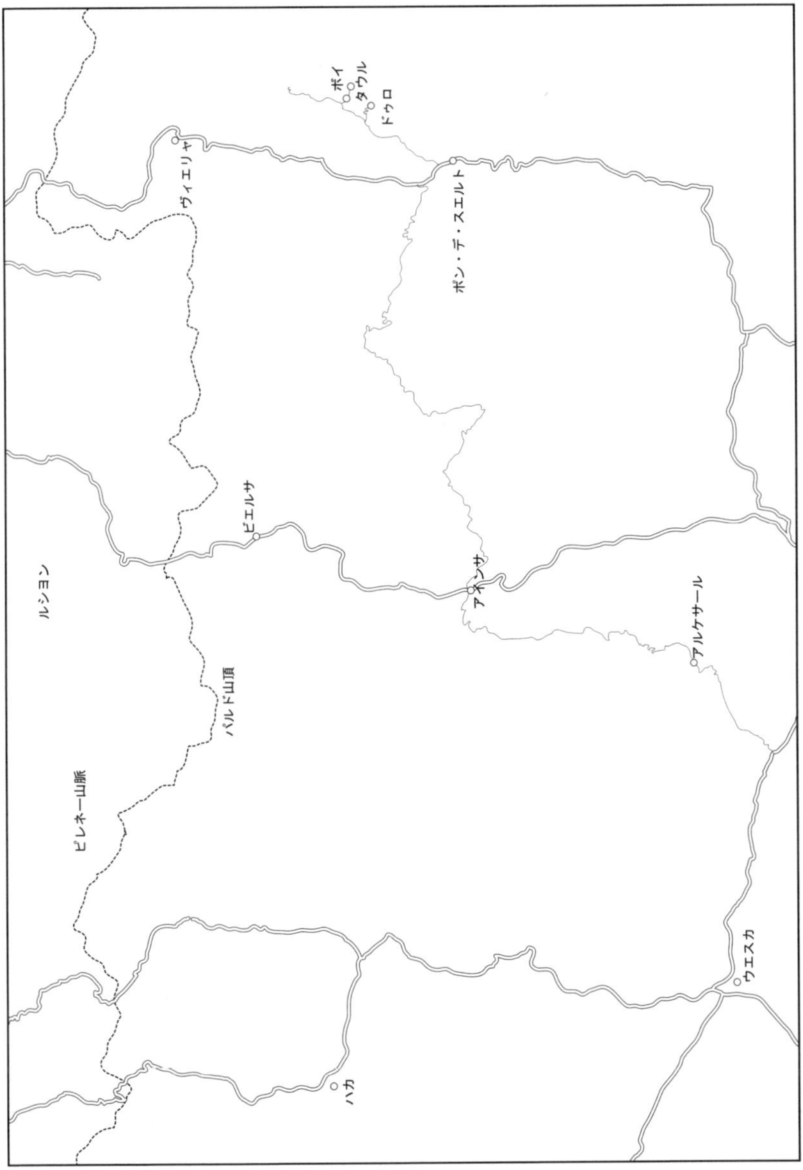

ガバチョの国

戦後日本が朝鮮戦争を奇貨とする復興過程を経て、高速道路を建設し、新幹線を走らせ、東京オリンピックを実現した高度成長の60年代は、テレビ時代への転換期でもあった。それを代表した人気番組のひとつが山元護久と井上ひさし原作による「ひょっこりひょうたん島」(1964〜69年、全1224話) であった。それは、2003年発行の「テレビ50周年記念切手」の図柄が「ひょうたん島」であったことからも証明される。

「ひょうたん島」と言えば、誰が何と言おうと「ドン・ガバチョ」である。この愛すべき大統領を「gabacho」と命名したのは原作者の単なる思いつきなのかと思っていたのだが、これはスペイン語の辞書にも載っていることばだった。

手元の「西和中辞典」(小学館) に、「ピレネー山脈に住む人、フランス野郎、フランスかぶれのスペイン人、よそ者」などと列記してある。

メキシコ人などラテンアメリカの人たちが米白人などをグリンゴと呼ぶように、スペイン人がピレネーの向こうのフランス人をやや軽蔑の意味をこめて呼ぶときに「ガバチョ」と言うらしい。このややネガティブな意味をこめた言い方の底には、フランス人に対するコンプレックスも恐怖感も含まれているのではないだろうか。

その恐怖感を如実に示しているのが仏西間の鉄道ゲージの相違であろう。

フランスの鉄道線路の幅は、1435ミリでこれは1825年にイギリスで初めて鉄道が創業されたときに採用された規格であり、全世界の60パーセント近くで採用されて、いわゆる標準軌とされているものである。

ちなみに日本ではそれを「広軌」と呼んで新幹線用の規格としている。1872年以来のJR在来線の線路幅は、1067ミリでこれはイギリスが植民地で使用しているものをそのまま取り入れたものである。

しかし、スペインが1848年、バルセローナ－マタロ間に最初の鉄道を敷設したときに採用した線路幅は、1668ミリでフランスよりもはるかに広い。よく冗談で「スペイン女の尻のでかさ」がその理由だとされているが、そんなはずはない。フランスからの列車がそのままスペインに直行できないようにした真意は、ナポレオンの侵略(1808年)の記憶だったのではなかろうか。ちなみに、ポルトガルの線路幅は、1665ミリであり、ロシアのそれは、1524ミリである。いずれもナポレオンの侵略に苦しめられた国である。

もうひとつ「ちなみに」を重ねておくと、すでに、マドリード－セビリャ間を走り、現在バルセローナまでの工事が進行中のスペイン新幹線AVEの規格は、そのままフランスに入っていける標準軌(1435ミリ)である。やがては、現在のように国境で車軸の幅を変更することなく自在に相互乗り入れができるようになるだろう。

話を「ドン・ガバチョ」に戻そう。劇中、藤村有弘が独特のだみ声で歌う「ドン・ガバチョの歌」は、なかなかのものだった。

今日がダメならあしたにしまちょ
あしたがダメならあさってにしまちょ
あさってがダメならしあさってにしまちょ
どこまでいっても明日がある
ドンドンガバガバドンガバチョホイ！

スペイン人が好んで言う「アスタ・マニャーナ」(またあした)をはるかに越えた楽天主義は、「ケ・セラ・セラ」や「レット・イット・ビー」(なるようになる)を吹っ飛ばしてしまうような底抜けの元気を与えてくれたものだ。

フランス人からは「ピレネーの向こうはアフリカだ」と言われ(それを最初に言ったのは『三銃士』の作者アレクサンドル・デュマらしい)、逆に、スペイン人は「ガバチョ」と言っているけど、ピレネーの裏側(スペインから見て)のルション地方は、かつては同じ文化と言語を共有するカタルーニャだった。

それが、フランスとスペインに分割されたのは、1659年の「ピレネー条約」によってであった。現在でもルション地方に住む人たちは、「カタルーニャ」というアイデンティティを大事にしているし、本書の主題であるロマネスクの時代には異国意識を持たないひとつのカタルーニャだったのであるから、そこに現存するロマネスクを訪ねないわけにはいかない。「うんちく」はこれでお終い。

これほど野性的な聖母マリアもめずらしい

前章の最後のところでは、カンプロドン－ベジェーモリョの延長として「アレス峠を越えて」と書いたが、バルセローナから直行する場合はフランスへ向かう高速道路 A7 － E15 を使う。ペルピニアンの手前約 20km のところに、アレス峠から来る D115 と交差する地点があるがそこで降りて少し戻ったところにあるサン・マルタン・ド・フノヤール Saint-Martin de Fenollar が最初の目的地だ。

しかし、このあたりはいくつもの道が交差していて迷った経験があるので絶対確実なコースで行くことにする。

バルセローナからペルピニアンに向かう高速道路を Jonquera で降りて、高速と平行している一般道 N － II で行くことにする。この道は、フランスに入ると、N － 9 となる。国境地点から 10km 少し走ったところで、上を走る高速道路を潜ることになるが、潜ってすぐのところ左側にモレイリャス・ラス・イヤスの集落に通じる道が出てくる。そのすぐ先にサン・マルチンへの標識がある。そこを左折して道なりに進めば迷うことはない。迷わず到着といっても、屋根の端に小さな鐘がついていなければ、農家の納屋か馬小屋かと思ってしまうような素朴な建物に過ぎない。回廊もなければ彫刻もない。

そんなところに何があるのかといえば、その狭い空間が 12 世紀の壁画で満たされているのだと答えるしかない。ステンドグラスが入るような広い窓が確保できなかったロマネスク時代の教会の内部がフレスコ壁画で彩られていたことは、カタルーニャ美術館で想像がついていた。特に、タウイ村のサンタ・マリア教会の例でその壮麗さは偲ばれるものの、それらは美術館の照明のもとでの展示であって、実際にその現場で見る壁画の迫力はやはり違う。

ぼくの乏しい経験でいえば、壁画で彩られた教会といえば、フランス（ポアトー地方）のサン・サヴァン、ロマネスクとは違うがパドヴァ（イタリア）のスクロヴェーニ、ミケランジェロのシスティーナ礼拝堂、スペインのロマネスクでいえば、レオンのサン・イシドロ、オビエドのサン・フリアン・デ・ロス・プラデスくらいのものである。

さて、このフノヤール礼拝堂の壁画であるが、馬蹄型アーチのトンネル天井には光背に包まれたキリストが、鷲、獅子、牛など福音史家を象徴する動物に囲まれて描かれている。その足元の、小さな窓が開けられている正面（東端）には、王冠をつけ天使に囲まれた聖母マリアが、そして、そのマリアに顔を向けるかたちで、黙示録の24人の長老たちが描かれている。長老たちが手にしているのは、杯と楽器だ。

われわれの前（西壁面）に描かれているのは、「受胎告知」「キリスト誕生」「羊飼いへのお告げ」というキリスト一代記であり、東壁面が剥落しているのでこの３場面だけが残存している。

注目すべきは、「告知」と「誕生」の場面に描かれているマリアの顔だ。これが、東端に描かれているマリアとは全く異なって、怖いぐらいに野性的なのだ。特に「誕生」の場面で、横たわっているマリアと、頬杖をついているヨセフの表情は、これが「聖画」とは思えないくらい「人間」くさい。

考えてみれば、カトリック世界の権力が強大化されてからのキリスト像もマリア像も、統一的に理想化されてしまうのであるが、それ以前のロマネスク時代のそれは、ひどく地方色ゆたかだと言える。カタルーニャ美術館に集められているキリストの磔刑像や聖母子像を見ると、その容貌や表情が、それが制作された村ごとに異なっているのに気づく。この個性的なローカリティこそがロマネスクの魅力といえよう。

試みに、ロマネスクとゴシック以降のマリア像を集めて一覧表にしてみると、その「ばらばら」と「統一」との違いが歴然とするだろう。そして、ロマネスクの「ばらばら」の中でも、フノヤールのマリアは、断然、異彩を放っているに違いない。

ロマネスク彫刻の誕生

N9に戻って、ペルピニアン方向に少し走るとD618と交差する。ここを東に9km行くとサン・ジェニ・デ・フォンテーヌSaint Génis des Fontainesの町に着く。ここと隣町のサンタンドレSaint André de Sorèdeのふたつの教会が次の目的地だ。隣町の教会の名前がサンタンドレ・ソレドというので少し南にあるソレドに行ってしまわないように注意する必要がある。

このふたつの教会で見るべきところは共通していて、それは「まぐさ石」だ。まぐさというのは、門柱の上に乗せられた横石のことである。ここに彫られたレリーフがロマネスク彫刻の出発を告げる記念すべき彫刻なのだ。

サン・ジェニの場合、2.21 × 0.8 mの石に9体の人物が彫り込まれている。その人物群の上に刻まれた文字から、この彫刻の制作年が1019

〜1020年と推定されている。

中央に丸いマンドラ（光背）に囲まれた栄光のキリスト、そのマンドラを体をくねらせた2体の天使が支えている。その左右に3人ずつ使徒が彫られている。それらはいずれも輪郭線に沿った溝彫りで立体的ではない。この平面的なレリーフが次第に彫りを深くしてやがては立体化して建物から自立していく推移のなかに、ロマネスクからゴシックそしてルネッサンスという動きが投影されることになる。その始点がこの平彫りなのだ。

輪郭線が目立つ6人の使徒は、幼児が描く人形のように頭でっかちでほほえましい。こけしのようにも見えるが、ぼくが連想するのはロシアのマトリューシカ人形だ。

よく見ると、キリストを囲むマンドラが二重円になっている。これは、天と現世を表しているのだそうだが、あまり見かけない。ぼくの記憶では、カタルーニャ美術館で見た12使徒の板絵がたしかダブルのマンドラだった。これは、セウ・ドゥルジェユのどこかの教会にあったもののはずだ。この意匠の共通性は、同じカタルーニャだからということなのだろうか。

隣町のサンタンドレ・ソレドのまぐさ石彫刻の構図もよく似ている。マンドラ（こちらは一重だが）に囲まれたキリストを天使が両脇で支え、その左右に3人ずつの人物が配されている図柄はそっくりといってよい。ただ、こちらの6体は、使徒ではなく4人の聖人と2人の天使である。サン・ジェニの彫刻から10年ほど経ったころの作品らしいが、その時間的推移は、彫りが深くなってやや立体化が進んだあたりに見てとれるが、技巧的にはサン・ジェニの方が優れているように思う。

われわれはふたつのまぐさ石にロマネスク彫刻の始まりを見てきたのであるが、このまぐさは単に門柱の上に横たわっているだけではない。そのまぐさの上部にアーチが架けられそれを支える役目もしているのだ。そのアーチとまぐさによって構成される半円空間を「タンパン」と呼び、そこがこれからの彫刻表現の主舞台となっていくのである。

エルヌ大聖堂回廊の柱頭彫刻

サンタンドレから東に2.5km行くと、道はペルピニアンとフィゲレス（スペイン）を結ぶN114と交差する。そこを左折してペルピニアン方向に7km行ったところにエルヌの町がある。町に入るとすぐに公営駐車場がある。そこに車を停めて大聖堂まで歩く。

サン・トーラリー聖堂Ancienne Cathédrale Sainte Eulalieは1058年に竣工した古い建物だが、修復を重ねているのでそんなに古いとは思えない。

正面右側に回廊入口がある。この回廊に足を踏み入れた瞬間、柱頭彫刻が大きくてりっぱだということに気づく。対にされた円柱の上の彫刻もそれぞれにすばらしいが、それに挟まる大きな角柱に刻まれた幻想的動物や聖書からの物語の彫刻が繊細で美しい。この角柱に刻まれた彫刻のすばらしさが印象に残る回廊だ。

エルヌ周辺の地図を見ていると、15km離れた海岸にあるコリウールCollioureという地名が目に入る。古くから画家たちに愛された港町で、ドラン、ブラック、マチス、ピカソ、フジタなどが滞在したことで知られる。

しかし、ぼくには、美しい海岸線とは別の感慨がある。

この地名と結びついているのは、内戦の敗北でここに逃れ、ここで死んだひとりのスペイン難民のことである。

かれは、カスティーリャの大地を歌いながら、そこに没落したスペインの現実を重ねた詩人だった。ソリアの教師だったかれは、内戦の時期、マドリード、バレンシア、バルセローナと、人民政府と共に移動しながら、反フランコの健筆を振るい続けた。内戦末期、かれは、イリア・エレンブルグにこう語った。

「われわれは結局戦えるようにはならなかったかもしれません。それに、われわれには武器や軍需機材も足りないのです。……しかし、スペインをあまりにきびしく裁く必要はありません。終局は目に見えています。近いうちに奴らはバルセローナを占領するでしょう。戦略家や政治家や歴史家には万事が明白でしょう。戦争はわれわれの負けです。が、人間的にはどうかわかりません。……あるいは勝ったのかもしれません……」そして、ホルへ・マンリーケの悲歌の一節を朗読して聞かせた。

われわれの生は川、死は海だ。
海はたくさんの川を受け入れる。
われわれの喜びも悲しみも、
人間が生き甲斐としているあらゆるものが、
そこへ去ったまま帰らない。

この詩が暗示したとおり、詩人はフランコ軍に追われて国境を歩いて越え、この海辺の町にたどり着き、そして、死んだ。その３日後、かれと行を共にした母アナ・ルイスも死んだ。

かれの名は、アントニオ・マチャード。今でもスペインで最も愛されている詩人のひとりだ。

緑に包まれた山中のバラ色彫刻

ピレネーの向こうのカタルーニャ（ルション）のロマネスクを訪ねる旅も、いよいよこれから、佳境へと入っていく。

「ルション地方にはすぐれた芸術が生まれた時代が３度あったが、その最初はロマネスク美術時代で、その時期の最高傑作のうちに数えられる彫刻がこの修道院に収められている」と、ミシェランで評価されているのは、セラボヌ小修道院 Prieuré Notre Dame de Serrabone である。

エルヌからこの修道院があるブール・ダモン Boule d'Amount へ行くには、D612 − D615 とつないでイル・シュル・テット Ille Sur Têt へ出るコースと、ペルピニアン－プラドを結ぶ N116 を走るコースがある。どちらにしても、イル・シュル・テットを過ぎるとセラボヌへの指標が出てくる。ブール・ダモンへ向かう D618 は、カーブが連続する細い道だ。それを 8 km ほど走ったところに、セラボヌ小修道院へと右折する標識がある。

ここから 4 km、道は一段と狭くカーブはきつくなってくる。対抗車に神経を使いながら走らねばならない。途中から木々の緑のなかにひとつだけの存在を示すように教会の姿が見えてくる。セラボヌとは「良い山」という意味だそうだが、まさに、山々の緑に包囲された修道院だ。

この山中に修道院が建てられたのは 1082 年であり、それが拡張されて現在の姿になったのは 1152 年のことだという。

教会に入る。と、すぐそこが南側のテラスのようになった側廊だ。この第一印象が好きだ。見晴らしはいいし、谷間を渡る風が涼しい。柱頭に刻まれているのは幻想的な動物たちだ。いつまでいても飽きない空間だ。だけど、ここの魅力はそれだけではない。

礼拝堂のなかに入る。目につくのは、ふつうの教会には見られない一段高くなった階上席が身廊中央の前方にでんと控えていることだ。この高壇（トリビューン）は、本来は後方に位置する合唱席としてつくられたものだが、19 世紀初頭に今のところまで押し出されたのだという。

このトリビューンがすごい。ふんだんに赤大理石を使った彫刻で全体が彩られているのだ。ミシェランの「最高傑作」という評価が誇張ではないと納得してしまう。柱頭にいくつもの有翼の獅子が彫られているが、壁面を覆う浅浮彫りも華麗だ。その柱によって支えられているアーチの間から首をのぞかせているのはライオンではなくて豚だ。これは、恵みの象徴なのだという。

こんな山また山の辺境に、珠玉のような作品を残した先人のしごとに対する敬意がこみ上げてくる。

外に出る。左手奥に墓地がある。風雨で赤く錆び、かしいだ十字架の墓標がいくつも並んでいた。

カザルスの亡命地プラド

N116に戻って15km進むとプラドPradesの町だ。パウ・カザルスの伝記を書いたロバート・バルドックは、このプラドの町を次のように描写している。

「町そのものは格別目立ったところでも美しいところでもなく、常に光に包まれた感じはあるが埃っぽくて、まるで神様が掃除機をかけ忘れてしまったみたいだ。しかしそのおかげで色彩が豊かなのかもしれない。冬は灰色で寒さが厳しいが、夏になると、この地方独特の淡紅色の石と赤褐色のスレートで造った町の建物が、周囲の谷の鮮やかな緑に映えてくっきりとした姿を見せる。プラードは遠くから眺めるのがいちばん美しい」

要するに、どうってこともない地方の小都市に過ぎない。

カザルスがここにやって来たのは、スペインに近いカタルーニャ語を話すところだからだ。カザルスについてはあえて説明するまでもないチェロの巨匠だが、伝記的事実だけを簡約しておく。

「Pablo Casals 1876 ～ 1973 マドリード音楽院を卒業、1895 年パリでデビューして演奏活動に入る。1905 年ピアノのコルトー、バイオリンのティボーと結成したカザルス・トリオは、20 世紀最高のピアノ三重奏団と評価された。19 年バルセロナにカザルス管弦楽団を創立、指揮活動に進出、36 年スペイン内乱が始まるとフランコ将軍に反対、フランスのプラド、次いでプエルト・リコに移住し、二度と祖国の土を踏むことがなかった。……忘れられていたバッハの《無伴奏チェロ組曲》を復活させ、チェロ奏法を改革して 20 世紀のチェロ奏者たちの道を開くなど、その功績はきわめて大きい」(『スペイン・ポルトガルを知る事典』平凡社)

カザルスがフランコ政権に反対してプラドに亡命したのは、1939 年、そのときすでにかれは 62 歳だった。ただちに、難民救済のための演奏活動を始めた。

しかし、第２次世界大戦が終わった段階で、フランコ体制を合法と認める全ての国での演奏を拒否する決意を固めた。ということは、いっさいの演奏活動を止めるということでもあった。僅かばかりの弟子を教え、愛犬と散歩し、ピレネーの峰にあいさつするという日々が続いた。

そのうちに、バッハ没後 200 周年の 1950 年が近づいた。かれの演奏を望む声は途切れることはなかった。その要望を携えてアメリカで活動していたリトアニア生まれのユダヤ人バイオリニストのアレグサンダー・シュナイダーがプラドにやってきた。

以下は、カザルス自身が語ったことである。(『カザルスとの対話』より)

……彼は私を説得しようと決心してきたのであって、天文学的な数字の謝礼金の話をした。「金銭の問題ではない」と私は彼に言った。「道義に関する問題なのだ」

私の拒絶が決定的なのをみて、シュナイダーは思いきって言った。

「あなたは、あなたの芸術に沈黙をしいることはできません。あなたがプラードを離れることができないのなら、私たち一団の音楽家がここにきて、あなたが私たちといっしょに演奏会をすることはどうでしょうか。来年はちょうどバッハの死後二百年を記念するのだし、まったくおあつらえ向きの機会ではありませんか」

私はしばらく熟考した後、申し出が現在の態度と両立すると解した。それでシュナイダーに、彼およびその仲間たちの、私に対するこのような心を打つ思いやりを非常に感謝して、受諾した。

このようにして、この小さな町に、ルドルフ・ゼルキン、アイザック・スターン、ヨゼフ・シゲティなど、世界一流の演奏家たちが集う「プラド音楽祭」が開催されることになった。この音楽祭は、カザルスがここに17年滞在してプエルト・リコに去った後も、カザルスが亡くなった今でも続けられている。その演奏会場としてよく使われているのが、この町から3km離れたコダレにあるキュクサ修道院である。

回廊の半ばを持ち去られた修道院

キュクサのサン・ミッシェル Ancienne Abbatiale Saint Michel de Cuxa へのアクセスはたやすい。プラドの町中を進んで、町が尽きたあたりを左折し、しばらく行くと修道院だ。もう少し走って全景が見えるところまで行ってみよう。

どっしりした鐘楼の姿が印象的だ。前に指摘したが、リポユの鐘楼とどこか似ている。同じオリバ院長の時代に、かれの指揮のもとに建立されたからなのかもしれない。

この教会の歴史を遡れば9世紀から10世紀にかけての建立・拡張ということになるが、オリバの赴任によってその拡張に拍車がかかり、クリプタ（地下祭室）や内陣が拡大され、鐘楼が建てられてすっかりかたちが整えられたということになる。中庭回廊が建設されるのは12世紀になってからのことである。だから、プレ・ロマネスクから初期ロマネスクのようすがここに定着しているということになる。

しかし、フランス大革命によって破壊され、鐘楼も倒された。復元工事が終了したのは20世紀半ばになってのことであった。2006年夏、バルセローナのカタルーニャ美術館ではプーチ・イ・カダファルクのしごとを特集する展示をしていたが、かれが関わったロマネスクの復元作業のうちにこのキュクサ修道院も含まれている。

ちなみに、プーチ･イ･カダファルクとは、20世紀前半、カタルーニャに足跡を残した大建築家であり美術史家であり政治家でもあった。カサ･バトリョ（ガウディ）の隣に建つカサ･アマトリェールはかれの作品だ。

このキュクサのサン・ミッシェルで、ぼくの印象に残ったのは、クリプタと内陣のアーチと回廊の３点。

まず、棕櫚の木を思わせる巨大な地下祭室の円形の空間の中心で天井を支えている太い柱、いかにも教会全体をこの一本で支えているぞといわんばかりの力強さだった。

身廊内陣は、初期ロマネスクらしい無装飾の空間だが、そこで目についたのはいくつもの馬蹄形アーチだ。ここに、当時、コルドバを中心にしてイベリア半島を支配していたイスラムの影響を見るか、それとも、イスラム以前の西ゴートの影響を見るか論が分かれるところだ。ぼくと

しては、5世紀から8世紀にかけてテラッサに司教座を置いた西ゴートとの連続性を見たいところだが、どうなのだろうか。馬蹄形アーチといえば、ただちにイスラムと言ってしまうのは安易すぎると思うからだ。

ここの回廊は、フランス大革命まではほとんど無傷のまま残っていたらしい。しかし、その後破壊されて、柱頭なども散逸してしまっていた。

それをかき集めて（32の円柱と柱頭彫刻）アメリカに持ち帰ったのが、アメリカの彫刻家バーナードだ。1907年のことである。この「コレクション」に加えて、メトロポリタン美術館が新たにピレネーの大理石でつくった柱頭を合わせ、回廊美術館とした。それが、ハドソン川に臨むメトロポリタン美術館分館ザ・クロイスターである。

持ち去られてみて初めてその価値がわかったのか、1952年、フランス側も残った柱頭に新しく作りなおしたものを加えて現在のかたちに復元した。しかし、北側の全てと東のほとんどを欠いたかたちでの復元で、旧状のものは南側アーケードのみである。この「欠如」もまた、この修道院の歴史を物語るものであると思うことにしよう。

山頂台地の絶壁回廊

カザルスが、プラドで亡命生活を送っていた17年間、愛犬を連れて散歩し、手を挙げてあいさつしていたピレネーの峰とは、カニグー山（2784 m）のことであった。

そのカニグーの中腹に建つサン・マルタン修道院 Abbatiale Saint Martin duCanigou を訪ねることにしよう。

プラドからN116で西へ6 km、この道は鉄道と平行しているが、その道路が線路を潜ってすぐのところ、ヴィルフランシュ・ド・コンフランで左折してD27に入る。直進すること5 kmでヴェルネ・レ・バンに着く。この町は高原の保養地だ。ここで車を降りて歩くと書いてある本が多いが、さらに2.5km入ったカスタイユという小さな村まで車を進めることができる。このカスタイユのはずれに駐車場があり、その先は徒歩ということになる。

有料のジープもあるが、ロマネスク探訪に「苦行」はつきものと観念して、3kmの上り坂を歩くことにする。ふつうなら40分の登高とされているが、デブ老人で運動不足のぼくは1時間以上かけて、とぼとぼと歩き通した。

登りつめたそこは逆Lのかたちで建物が連なっており、正面が受付、右側が修道院だ。

この修道院の創建者とその年号については、「1005年、オリバの父、オリバ・カブレタによる」（饗庭孝男）と、「1009年、オリバの兄、ギフレ・カブレタによる」（林ふじ子）の二説あるが、カブレタの没年が1049年であることから推察して林説の方が正しいように思われる。

ギフレというのは、リポユのところでもアバデサスのところでも紹介したが、カタルーニャ統一の父とされている人で、オリバはその曾孫というわけだ。

いずれにしても、11世紀初頭、ロマネスク初期の建築であることは

確かだ。しかし、1428年の地震の被害を受け、18世紀以降は、荒廃したままになっていた。その復旧作業は20世紀に入ってから始められ、復元したのは1970年代のことだという。

この修道院の最大の魅力は、ピレネーの山々を見上げ、深い谷を見下ろすテラスのような回廊と言える。柱頭彫刻は荒々しい動物やアフリカの土俗的な仮面を思わせるようなもので、聖書物語とは関係ない。要するに古拙そのものと言える。

だけど、本当の魅力はこの修道院が立地するロケーションそのものと言った方がいかもしれない。それを味わうためには、さらに10分ほど登らなければいけない。逆Lの角のところから木立を縫い、踏跡をたどって登る。見晴らしが開けたところから眺める修道院の全景はまさに絶景と言えるだろう。せっかく汗かいて登ったのだからここまで足を運ばなければ来た甲斐がないというものだ。

さて、ここで「ガバチョの国のロマネスク」をひとまず終える。これからどうするか。それは時間的余裕と懐具合で決めることだけど、ペルピニアン経由でバルセローナに戻るか、アンドラ経由でカタルーニャ・ロマネスクを追い続けるかのどちらかだろう。次章では後者の旅を紹介することにしよう。

その前に、日程にゆとりがあってもっとフランスを走りたいと言う人のために、コースは少し外れるけど、また、ロマネスクからも外れるけど、おまけの「絶景」をひとつ紹介しておこうか。

異端カタリ派最後の牙城モンセギュール

権力は、それがどんな類のものであっても、時が経つに従って自浄力を欠き、必ず腐敗する。その腐敗を超克すべく、革命によって代替したとしても、この宿命から逃れることはできない。

権力が、その正統性を主張するかぎり、それを批判する異端が登場することは避けられない。カトリックの世界においても、ヴァチカン権力は、絶えず、異端との対決を強いられてきた。中世ヨーロッパにおける最大の異端狩りは、アルビジョア十字軍によるカタリ派退治であった。

カタリの語源がギリシア語の「純粋」であることからもわかるように、彼らは、当時のキリスト教の教義と儀式そのものを根本的に否定し、徹底的な清貧と禁欲を主張し実行することによって、多くの信徒を獲得し、カトリック権力を揺るがせた。

それを撲滅せねばならぬとするアルビジョア十字軍との最後の決戦地となったのが、モンセギュール Château de Montségur（1216 m）であった。ロマネスクに続くゴシックの時代になったころのことである。

モンセギュールは、ポグと呼ばれる岩山の、ほぼ垂直の断崖の頂に構築された天険の要塞だが、十ヵ月にわたる包囲戦の末、1244年3月、落城し、改宗を拒むカタリ派信徒たちは全員火刑という結末になった。

それに続いたのは、異端審問による「暗黒」の中世だった。

その「つわものどもの夢の跡」が、今でも望見できる。

アンドラへの道を進んで、その入口からN20でフォア Foix を目指す。フォアの手前7 kmのところを右折して、D117で約20km、Lavelanet の手前で右折、D7に入って道なりに進んでいけば、ポグが見えてくる。

鋭角三角形の頂上に王冠のように築かれた古城が望める。絶景である。

ぐるっと回りこめば登山路がある。健脚の人は挑戦してみたくなるのではなかろうか。

フォアに向かう途中、アンドラ入口から30km少し走ったところのユナックで、ワンストップするのもよい。ここのサン・マルタン教会は、11世紀に創建されたロマネスクで、後陣と鐘塔の組み合わせが美しい。

＊なお、カタリ派など西欧中世の異端について、興味を抱いた人には、容易に入手できる本として、次のものを挙げておこう。

・甚野尚志『中世の異端者たち』山川出版社／世界史リブレット20
・佐藤賢一『オクシタニア』集英社文庫
・堀田善衛『路上の人』徳間書店

10

ロマネスクの宝庫

ピレネーのふところ深く

バルセローナからアンドラまで北上して、ピレネー山脈のふところに入りこんだとはいうものの、それは東端の一部にすぎない。フランスとスペインを区切るピレネー山脈はまだ400km も北西に伸びているのだ。３千mを越す連峰の稜線を縦走することなどは無理としても、山裾に点在する古い村や町の由緒を訪ねて、カタルーニャ、アラゴン、ナバーラと、カンタブリア海めざして西進するというのは魅力的なプランだ。

というわけで、この章と次章では、セウ・ドゥルジェユを起点としてパンプローナまで、ひたすら、峠を越え谷を渡って山道を走り続けることにしよう。

セウ・ドゥルジェユからイェイダ（レリダ）方向に６km 走ったところで右折し、セグレ川を渡る。ここから、ソルト Sort まで53km の山道（N260）である。と言っても砂利道ではない。狭いけれどちゃんと舗装されている。しかし、息つく暇もないほどのカーブの連続である。それを過ぎると見晴らしのいい尾根道が続く。ビラムールという村を過ぎたあたりからソルトへの下り坂になるが、ここからピレネーの連山がよく見える。そして、つづら折りの坂道を下りきったところで、ポブラ・デ・セグールから来た道にぶつかる。ここがソルトの町だ。

ソルトから28km 下ったところにあるポブラ・デ・セグール La Pobla de Segur は、ピレネー観光の基点にあたる町で、バルセローナからの鉄道がここまで来ている関係で別荘も多い。

ソルトから12km 下ったジェリ・デ・ラ・サルには、12世紀に建てられたロマネスク様式のベネディクト派修道院がある。ソルトといいサルといい、このあたりかつて岩塩を産出した歴史が地名に印されている。

８章で紹介したコル・デ・ナルゴからこちらを目指すというコースもある。

その場合は、サン・クリメン教会へ入った道（C—1412）をそのままどんどん進んで60km 走ったところでトレンプ Tremp に出る。そこから貯水池に沿って15km 北上するとポブラ・デ・セグールだ。

そして、ソルトへ向かわず、進路を左にとってポン・デ・スエルト Pont de Suert を目指す。そこから、ボイ谷に入っていくというコースだ。

さて、ソルトはこのあたりの牧畜の中心地で、今は廃墟となったパジャールス侯の居城と塔が残っている。冬はリェスイスキー場への基地として賑わう。C147 に面して細長く続くこの町を抜け、ノゲラ川に沿って北上する。

20km ばかり走ると、この川をせきとめて小さな湖のようになったところにさしかかる。水際に並立するポプラの樹影が水に映って美しい。このあたりで、エスポット Espot と書かれた道標が出てくるがそれに従って左折し、細い道をひたすら登って行くと、林を縫って清流が走る静かな別天地がひらけてくる。アイギュストルテス国立公園 Parc Nacional d'Aigüestortes の入口だ。

3千mに近いいくつもの高山に囲まれ、そこから落ちる水を集めた小さな湖が散在し、それを結ぶ散歩道が縦横に入り交うところで、散策にはもってこいの自然公園だ（反対側のボイから観光ジープが出ている）。

山のかなたのアラン谷

さて、C147 に戻ってさらに6km 進むと、エステリ・ダネウ Esterri d'Aneu の町、ここから左に山道を登っていくことになる（この道 C142 は、冬季通行止めになる）。

アラン谷 Vall d'Aran の中心地ビエヤ Vielha に向かう 46km の峠道である。

つまり、アイギュス・トルテスに接した連山の背後、北を迂回するということになる。ということは、アラン谷がピレネーの北斜面にあるということにほかならない。しかし、ここは 13 世紀以来、スペインの領土になっている。

つまり、ピレネーの向こうのスペインということだ。この地理的条件が、この谷に点在する 39 の村々の言語と伝統文化をほとんど無傷のまま残すということに役立ってきた。そもそも、アランがガスコーニュ語で「渓谷」を意味することばであるように、カタルーニャ語とフランス語とカスティヤ語の古形が含まれたアラン語が今でも使われている。

今、われわれが通ろうとしている山岳道路が開通したのは1925年、そして、ビエヤからイェイダ方面に通じる5kmものトンネルが開通したのが1948年であるから、20世紀前半まで、このあたりは、山のかなたの孤立した僻遠の地だったのだ。

今日では、牧草地に代わって耕作地が増え、森林や鉱山、水資源の開発などに目が向けられているとはいうものの、そのすばらしい自然を変貌させるまでには至っていない。

初夏まで雪を残す連峰を目の前にし、草を食む放牧の牛や馬、牧草の緑のなかに灰色のスレートで葺いた屋根がロマネスク教会をとりまくようにしている谷間の村の美しいたたずまいは昔のままである。

エステリから25km行ったところが、この道で最も標高が高いボナイグア峠(2072 m)である。ここからビエヤまであと20kmの途中に、バケーラ、サラドゥという大スキー場がある。このバケーラにも、続いて出てくるアルティエスにもロマネスク教会が残っている。

ビエヤは、小さな町とはいえ、アラン谷の交通の要衝となっている。

町の中心は、八角形の美しい塔を持つサン・ミゲル教会だ。16世紀に大修復を受け、本来の姿はあまりとどめていないが、入口のアーチは13世紀のロマネスク彫刻で飾られている。

入って左手の礼拝堂に納められたミグ・アランのキリストが見逃せない。

もともとは、12世紀に作られた十字架降下群像の一部で、丹念に彫られたその表情の気高さと優しさは、ピレネーロマネスクにおけるキリスト像の最高傑作と言われている。

この町を流れるサリエン川とネレ川は、やがて、フランス側へ流れ、ガロンヌ川としてトゥールーズへ注いでいる。町の全景を眺めるためには、少し登ったところに建てられたパラドールに行くとよい。展望サロンから、右手に迫るマラデータ山塊、眼下にビエヤを抱く美しい緑の谷が見える。

ビエヤからフランス側に16km走ったところにあるボソストのサンタ・マリア教会は、アラン谷で最も美しい教会と言われている。ここからフランスは近い。

ガロンヌ川に沿って谷あいの道を走って行くと、レス、そして、無人のスペイン側国境を過ぎ、フランス側のフォスで、かつてはパスポート・コントロールを受けることになっていた。ここからフランス第4の都市トゥールーズまでは100km少し。だから、アラン谷の避暑客やスキー客は圧倒的にフランス人が多い。

国境まで5kmというレスの村は、前庭に花を咲かせた家々が街道の両側に続く、小さな美しい村だ。もう25年も前のことだが、ぼくをここまで連れてきてくれたのは、下宿先のモンセとその長年の恋人ジョアンだった。彼は、神父だったのだが、内戦のときは反フランコの側で戦い、フランコ独裁の時代はジュネーブに逃れて暮らしていたという人だ。

そのジョアンが、このレスの一軒の家の前に車を停めた。出てきた初老の男と抱き合っている。その人は、テルエル戦線で共に銃をとって戦っ

ジョアン（左端）、モンセ（右端）

た戦友なのだという。招き入れられて話すうちに、この老人いきなりシャツを脱ぎはじめた。脇腹にその時の傷あとが大きく残っていた。内戦は、この僻遠の地に住む人にも深い傷を残していたのだった。

丘の上の回廊がすばらしいサン・ベルトラン・ド・コマンジュ

せっかく国境近くまで来たのだから、少し、フランス側に入ってみようか。

ビエヤから走って来たN230は、フランスに入るとN125となるが、そのまま国境から30kmほど北上すると、左側に、ヴァルカブレールValcabrère／サン・ベルトラン・ド・コマンジュSt Bertrand de Commingesという道標が出てくる。それに従って左折するとすぐヴァルカブレールだ。糸杉が茂ったいかにも墓地と思わせるところに教会があり、その先の丘の上にコマンジュの聖堂が城砦のように聳えているのが見える。

このあたりは、ローマ時代から開けた古い町で、その歴史はBC72年のポンペイウスの開拓にまで遡ることができる。また、ユダヤの王ヘロデス流謫の地とも言われている。

ヴァルカブレールのサン・ジュスト聖堂Basilique St-Just de Valcabrèreは、そのローマ時代からの建築材を転用して、11世紀から12世紀にかけて建てられた墓地教会で、ここから2km離れた丘の上の大聖堂ができるまでは司教座を持つカテドラルだった。

入口にある4体の彫像が、いかにもローマ期の彫刻を思わせる作風で印象的だ。この4体は、外側が聖ジュスト、聖パストール、内側が聖エレーヌ、聖エチエンヌとされ、いずれも8世紀のものだという。

サン・ベルトランの丘の下が大駐車場になっていて、ここに車を置いて歩くか、それがしんどいという人のために、こどもが喜びそうなミニ・トレインが走っている。それに乗ると往復1ユーロで聖堂の近くまで運んでくれる。

さて、この大聖堂Ancienne Cathédrale Notre Dameだが、1073年に創建されたものが、ロマネスクからゴシックへ、さらにルネッサンス様式へと改装されているが、西正面タンパンと南側回廊はロマネスク様式そのままである。

正面から見ると、ファサードがそのまま鐘楼と接続しているせいかひどく縦長に見える。

タンパンの主題は、イエスの生誕を祝う「東方三博士の来訪」である。その祝賀を受ける聖母子の右側にベルトランが描かれている。そのベルトランに光背がついていないところから、このタンパンが、彼の列聖（1214年）以前に作られたものであろうと推定されている。

タンパン上部は、香炉を振る3体の天使、下のまぐさ石には12使徒が彫られている。ここに「使徒」が彫り込まれた意図について、饗庭孝男氏は、ベルトランもその推進者のひとりであった「グレゴリウス改革」の影響で「使徒的生活」への回帰をうながすものだろうと述べている。

グレゴリウス改革とは、聖職売買や聖職者の妻帯禁止などを要求して、神聖ローマ帝国皇帝と激しく対立したグレゴリウス7世（1020?～85年）の主張のことである。

さて、ぼくがこのサン・ベルトランで最も魅力を感じているのは、その回廊である。ふつう、回廊といえば、閉ざされた空間のことで、その求心性もいいけど、この回廊の南側は、みごとな風景に向かって開かれている。丘の上の城壁上部に構築されているだけあって、ここからは、ガロンヌ川上流の緑野が広く見渡せる。その「借景」と柱列との組み合わせがすてきなので、これまでここに何度も足を運んだというわけなのだ。

どちらかというと、小さな回廊なのだけど、この回廊の古さとおもしろさを感じさせるのは、西側の柱列だ。その中ほどに、1本だけ聖人像で構成されている柱がある。刻まれているのはエバンゲリスト（福音史家）だ。その感じはローマ風という点で、ヴァルカブレールの彫像とよく似ている。この列の柱頭は、創世記、アダムとエヴァ、カインとアベルなど聖書をテーマにしたもの、動物文様など、かなり磨滅しているいはいうものの味わい深いものばかりである。

さて、ここから来た道を戻って、アラン谷に引き返すことにしよう。

歌とノヴィアの谷

スペイン旅行についてのどんなガイドブックでも紹介されることのないアラン谷のことを、ぼくはかなり前から一冊の本を通して知っていた。

それは、ロバート・キャパの『ちょっとピンぼけ』である。1936年から39年にかけての内戦で敗れ、フランコの報復を恐れて亡命したスペイン共和派の人たちは、第2次世界大戦のとき、反ファシズム側に属して戦い、ナチス敗北に続いてマドリードへ進攻する祖国解放戦を夢見て、ピレネーのフランス側国境に近い小村に集結していた。キャパは、その部隊を訪ね、かつての「同志」としておおいに歓迎された。

酒宴は歌合戦に盛り上がり、かれらは交々に立って、望郷の思いをこめてそれぞれの民謡を歌う。以下はキャパの記述。

ところが、その一座のなかに、ただひとり痩せた男で手も叩かねば、決して合の手を入れもしない男が、突然進み出た。彼の胸には、有名な戦闘のたびにかち得た勲章の略章が飾ってあった。あるものはスペイン戦線、あるものはフランスの戦いのものであった。そして彼は、私が今まで一度も聞いたことのない唄をうたった。歌詞はスペイン語だったが、その美しいメロディは一座の皆にも、耳馴れないものであった。彼が歌い終わっても、みんなまだしいーんとしていた。それから誰かが訊ねた。

――それはどこの唄だい、同志――と。彼の答は、

――アランの谷さ。ここから、山の反対側二十マイルばかりの谷間だよ。まわりを山にとり囲まれ、フランスからも、スペインからもあまり知られずに、孤立している村だよ。そこで皆がこの唄を歌うんだ。そこには、この数年間、可愛いノヴィア（婚約者）が、俺を待ってるんだ、と。

と、肩に階級章をつけた鬚の男がすっくと立上がっていった。

――俺は、アラン峠地区駐屯隊の指揮官だ。俺は、その谷間の村へ行くことを提議する、と。皆はすぐ賛成した。居酒屋にいた仲間は進んで、その美しい唄の村、そしてここからたった二十マイルしか離れていないところで、彼を六年間も待ちつづけてきたノヴィアのいる村へ、山

越えしていくことを志願した。

この発作的連帯行動の結末がどうなったか、あえて記すまい。興味を持たれた方は『ちょっとピンぼけ』(ダヴィット社／文春文庫)を読まれたい。

蛇足を加えておくと、スペイン内戦のさなか、キャパが撮った「崩れ落ちる兵士」という一枚のスナップ・ショットは、写真史に残る記念碑的作品となり、この一枚で、ハンガリー生まれの無名のカメラマン、アンドレ・フリードマンは、世界に知られる「キャパ」となった。

なお、この写真が写された場所は、コルドバの北約15kmのセロ・ムリアーノという丘で、今は「アンダルシアの半分」と名づけられた展望台になっている。

羊鈴が空に響くドゥーロ

ビエヤから5kmのトンネルを潜ってイェイダ方向へ下る。1948年にこのトンネルが開通することによって、アラン谷がスペイン側に開かれたのだということは前に書いた。

岩肌むきだしのこのトンネル、排気ガスがこもって前照灯がかすむ。

34km下ったところに、右折するとアラゴン地方に行くN260との分岐がある(次章ではこの道を通ってアインサへ行く)。そこを過ぎてしばらく行く。

もう少しでポン・デ・スエルトPont de Suertというあたりで、左、ボイ谷Valle de Boíという道標が出てくる。ここから谷へ入る。

ノゲラ川に沿ってポプラが林立するこの谷は、全長24kmほどのところに集落を点在させ、それぞれに美しい教会を持ち、そのロマネスク教会の数は15にも及ぶ。まさに、ピレネー・ロマネスクの宝庫と呼べるところだ。

この谷の奥カルデス・デ・ボイには、ピレネーから流れ落ちる清流を濾過してびん詰めにする飲料水工場がある。

さて、分岐から13km走ったところからドゥーロDurroという道標に従って右折し、ぐんぐんと高度をあげるつづら折りの道を2kmほど登るとドゥーロ村に着く。牛糞の匂いがたちこめる住民百人ばかりの小さな村だ。牛を追う黒衣の老女、首輪のない犬、こわれかけた家、観光からは取り残されてしまった気配だ。

とことん登って村を抜け、さらに、石ころだらけの細い道を慎重に登り切ると、展望が開けた草原にかわいい礼拝堂が建っている。サン・キルゼのエルミータだ。これは、聖職者のための山上の礼拝堂なのだが、その簡素なたたずまいは、まさに教会の原点と言えよう。

かつて、この礼拝堂の正面祭壇を一枚の板絵が飾っていた。それは、「聖女ユリタとその息子聖キルゼの殉教図」（12世紀）である。この板絵は、現在、カタルーニャ美術館の10室で見ることができる（p62）。

３歳の息子キルゼと母ユリタは、トルコのカッパドキアで、棄教を迫るローマ兵に対し、あくまでもキリスト教徒であることを貫き通して殉教したとされている。

この母子を讃える板絵は、中央のアーモンド状輪郭の中に、聖母子像そっくりに描かれ、それを囲むかたちで４つの場面が描かれている。

左上には、鋸で聖女を頭から胸まで挽いている二人のローマ兵。その下は、煮えたぎる油が入った鍋の中に入れられた母子。右上は、聖女が顔に釘を打ち込まれている図。その下は、聖女の体を刃で刺しているローマの兵士。

まことに凄惨な場面であるが、それを和らげるような描き方に救われる。

鋸で挽いた跡は×××の痕跡で示され、刃には血が滲んでいるリアリズムにも関わらず、そのマンガ的な描法には思わず笑ってしまう。

釜茹での下の炎は草の葉のように描かれている。

そして、何よりもこの板絵を印象づけているのは、その配色の巧みさだろう。母子が描かれたその楕円の外側に、赤、黄、緑、紫の背景色が置かれているが、その色が位置を変えてそのまま各場面の背景となっているのだ。例えば、右上の黄色は左下の釜茹での背景となるというように。

こんな傑作が、800年もの間、この小さな礼拝堂で信仰の対象となっていたのだ。そんな感慨を抱いて、今は、からっぽのお堂の外に出る。

ここから、眼下にドゥーロの村を見下ろし、ピレネーの峰々を眺める景色の美しさは忘れがたい。このあたり、たくさんの羊を連れた年老いた牧夫の見張りと憩いの場となっている。羊たちの首に下がった鈴の音が空に響いてまことにのどかだ。

さて、この雄大な景色を堪能した後は、来た道を下ってボイ谷を遡ることになるが、その前に、ドゥーロ村のサンタ・マリア教会にもちょっと立ち寄ってみよう。

この教会でゴミ同然に放置されていた聖母マリア像が、今、カタルーニャ美術館の８室に安置されている。その悲しみを湛えた表情が忘れがたい印象を残す聖母立像が、なぜ、ここにあるのか、そのエピソードを、鈴木孝壽氏はこう記している。

一九二二年、同じボイ谷タウルの二つの教会の壁画の剥離作業を視察の途中、この教会にたちよった美術館員ジュアン・ビダールが、鐘楼の横の木材置場に目をやったとき、まったく偶然にみつけたのがこの聖母像であった。なぜ、この聖母像が捨てられたも同然の姿となっていたのか。その理由は、カタルーニヤのロマネスク教会によくみられることであるが、十字架降下像がサンタ・マリア教会の後陣の梁に架けられたときには、キリスト、ヨセフ、ニコデモ、聖母、ヨハネという一連の十字架降下の情景であったものが、彼らの重みに梁が耐えきれなくなってしまったからなのである。あるいはまた、礼拝の儀式のために、できるだけ後陣のスペースを拡げる必要があったりして、徐々にかかげられているのはキリスト像のみで、他の人物の像はおろされてしまって教会に保管されるという例が多かった。この教会でも、そうではなかったのかと想像される。

……ドゥーロのサンタ・マリア教会では、どのような理由でか、外に捨ておかれたのである。ビダールの報告を聞いて美術館は直ちに教会から、この聖母像を買収した。

聖母像は、一本の菩提樹に彫られているが、左の前腕に支えられた部分をのぞいては、当然のことながらひどく傷んでおり、右手は完全に失われて、修復したものの右足も欠けていた。

……このドゥーロのものの特徴は、ほぼ完全に剥離してしまっているが、衣服が多彩に着色されていたという点である。衣服の流れるようなシルエットの美しさに加えて、着色されていた時の華麗さは想像にあまりあるものがある。

また聖母の手は失われてしまっているが、腕は曲げた状態で右手は前に、左手は上にむけ、キリストの釘を抜いて自由になった腕を支えようとする動作が、無理なく読めるのは、作品の秀れた迫力というものであることに気づくのである。（前掲『カタルーニヤ美術館物語』筑摩書房）

ボイの殉教板絵

眼下に広がる美しい谷の景色に目を奪われないように注意しながら、カーブの坂道を下って、元の道に戻り、再び谷奥へと進む。

5km ばかり行ったところがエリル・ラ・バル Erill la Vall。石積みの家の狭い路地を抜けていくとサンタ・エウラリア教会がある。12 世紀に建てられたロンバルディア様式のロマネスクで、きわめてシンプルなかたちだが、鐘塔は不釣合なほど大きくて（6層）、堂々としている。
今、この教会にはキリスト降下の群像が飾られているが、これは模刻である。十字架にかけられたキリストを、アリマテアのホセとニコデモが救い降ろすようすをあらわしたものを、デセンディミエントと呼ぶが、両脇にキリストと共に処刑された2体の盗賊が配されたこの木刻群像は、12世紀に彫られた傑作と評されている。かつてこの教会にあったその本物は、現在、サン・ジョアンと聖母はカタルーニャ美術館、後の5体はビックの司教区美術館というように分離されている。
エリル・ラ・バルを過ぎて少し行き、橋を渡ったところを右へ入ると、この谷の中心であるボイの村だ。ここはすでに標高1200mである。古い石壁の家が迷路のような小道に連なり、中世の雰囲気をよく残している。
村に入ってすぐのところにあるサン・ジョアン教会は初期ロマネスクのものであるが、鐘塔はひどくずんぐりとした印象を与える。地面にめりこんでしまったように見えるが、それもそのはず、昔は6層の高いものだったのに、崩壊し、修復によって3層になってしまったのだという。
かつて、この教会の壁には「聖ステファノ（サン・エステバン）の殉教」が描かれていた。12世紀になったばかりのころの作品である（p62）。
棍棒（パンに見える）を振りかざす3人の刑吏に追い詰められ、民衆から石を投げられて迫害されているステファノの額に神の手から発する光線が当たっている絵だ。3人の刑吏のうち中央の男だけはマントを着ている。画面では見えないがそこにサウロが隠れているのだという。
この主題は「使徒言行録」からとられたものである。偽証によって法廷に引き出されたステファノが自説を曲げず、

堂々と説教するようすの叙述（6）に続いて、「使徒言行録」は次のように書く。

「人々は大声で叫びながら耳を手でふさぎ、ステファノ目がけて一斉に襲いかかり、都の外に引きずり出して石を投げ始めた。証人たちは、自分の着ている物をサウロという若者の足もとに置いた。人々が石を投げつけている間、ステファノは主に呼びかけて、『主イエスよ、わたしの霊をお受けください』と言った。それから、ひざまづいて、「主よ、この罪を彼らに負わせないでください』と大声で叫んだ。ステファノはこう言って、眠りについた。サウロは、ステファノの殺害に賛成していた。」（新約聖書・新共同訳）

こうして、ステファノは、最初の殉教者となった。彼の殺害に賛成したサウロとは、後の聖パウロのことである。パウロの回心は、このステファノの説教と殉教によるところが大きいとされている。

この「殉教図」をわれわれは今、カタルーニャ美術館（2室）で見ることができる。この美術館に集められたロマネスク壁画のうち最古の作品とされている。

ボイ村の小さな広場に、ジープが何台も停まっている。これは、アイギュス・トルテス国立公園行きの観光ジープだ。ここからアイギュス・トルテスまでの山道は石ころだらけで、車高の低い乗用車ではとても無理なのだ。

俗化したカタルーニャ・ロマネスクの結晶タウイ

ボイから約3km登った周囲を山で囲まれた小さな村タウイ taüll。住む人百人足らずのこの寒村こそが、カタルーニャ・ロマネスクの結晶ともいうべきたいへんな村なのだ。

紀元千年、最初のミレニアムを迎えるころ、ヨーロッパの人々は、そのとき「最後の審判」が下されると信じ、戦々恐々としていたという。しかし、それが事もなく過ぎたということで歓喜し、神の栄光を讃えて一斉に頑丈な「神の家」を作りはじめた。

「紀元千年を過ぎた数年の間、ほとんど全世界において、教会が再建されるのがみられた。……世界は、教会の白い衣で飾るため、その古いボロ着を振り捨てたのである。」

こう書いたのは、ベネディクト派の修道士グラベールだが、このグラベールの言葉は、ピレネーの谷深い小村タウイにぴったりあてはまる。

1113年12月、ここの村人たちは、9日にサン・クリメン、10日にサンタ・マリアと、ほとんど同時に二つの教会を献堂したのである。続いて、サン・マルチン教会とサン・キルゼ礼拝堂が建てられ、この小さな村は4つの教会を誇ったのである。このうち、サン・マルチンは消滅したが、残りの3つは（サン・キルゼは崩壊状態とはいうものの）今日も姿を留めているのである。

村の入口、人家を離れたところに、ピレネーの山なみを背景にして、サン・クリメンの鐘塔がすっきりと優美な姿でそびえている。「スペイン一美しい鐘塔」とあるガイドブックには書いてあったが、それもあながち誇張ではない。

内部は、円柱で仕切られた3廊式で、それぞれの突き当たりに半円形の祭室（後陣）があり、正面の主祭室の壁中央には、左手に「我は世の光なり」EGO SVM LVX MVDI（V = U）と書かれた書物を持ち、右手で祝福を与えるキリストが、4人の天使に囲まれた壁画がある。キリスト頭上のボールトには「神の手」、さらにその上には7つの目を持つ子羊が描かれている（p51）。

「全能者キリスト」Pantocrátor と題されたこのフレスコ画は、実はコピーで、本物は剥がされてバルセローナに運ばれ、カタルーニャ美術館（5室）に、この後陣そのままのかたちで展示されている。

この壁画について、柳宗玄氏は、次のように評価している。

「簡潔鮮明な色彩の構成、力強い表現力に満ちた形態表現、確固とした描線、そういった様式を通じて描き出された全能者は、ロマネスク壁画のキリストといえば、タウールとだれでも思うほど、威厳に満ちあふれた姿である」（『大系世界の美術』11・学研）

この教会は、聖クリメン（クレメンス）に捧げられたものであるが、この聖人は、初期（第4世）のローマ教皇で、最初の使徒教父でもあった。

キリスト教徒がミサや賛美歌を歌うときなどによく使う「アーメン」を最初に儀式に取り入れた人とも言われている。ちなみに、「アーメン」とは、ヘブライ語で、「まことに」とか「たしかに」とか「かくあれ」などという意味である。

また、この聖クリメンには、次のような伝説もある。

「棄教を拒んだために追放され、クリメアの大理石採石場で働かされた。ここで仲間たちの渇きを癒すため、岩を打って水を流れ出させるというモーゼと同じ奇跡を行なった。この時、一匹の子羊が水の出る場所へ聖者を導いたと伝えられる。またある時、迫害者たちが彼の首に錨をくくりつけ、海中に投げ込んだ。すると海水が引いて神殿が現われ、その中にクレメンスの遺体があったという。海水が引く現象は毎年くり返されるといわれ、そこは巡礼の地となった。ある年そこに子供を置きざりにした女が翌年再び来てみると、子供は無事に神殿の中で眠っていたという」（ジェイムズ・ホール『西洋美術解読事典』河出書房新社による）

この、聖クリメンの奇蹟と殉教を描いた祭壇前飾りの絵も、固い木にみごとな彫刻をほどこした重厚な司祭ベンチも、今はカタルーニャ美術

館にある。
これら12世紀人の遺産を、われわれは現在明るい光のもとで見ることができるのだが、本来は、厚い石壁を細く割いたような小さな明かりとりの光を頼りに、薄暗がりのなかで何百年もの間、信仰の視線にさらされてきたものなのである。
1920年代初め、ロマネスク壁画を剥離して保存するというプロジェクトの最初の対象となったのは（サンタ・マリアと共に）このサン・クリメンだが、そのときの村人の反応を堂守りの老人との会話として、林ふじ子氏は次のように記録している。

——キリストさまを持って行かれたのはいつ？
「俺がこんなに小さいときだった」
——村のみんなはどう思ったでしょう？
「みんな泣いたよ」
——お金をもらったの？
「全部で九〇〇〇ペセタだった」

教会の右手奥に鐘塔への登り口がある。上に行くに従って、開口部が大きくなり、それが視覚的にも石の重量感を和らげているのであるが、視界が広がり、美しい緑の谷、ピレネーの眺めが満喫できる。
サン・クリメンの塔のつけ根のところに、この村の墓地があり、赤錆びた鉄の十字架や古い石碑に混じって、新しい墓や供えたばかりの切り花が置かれている。観光客にとっては史蹟や文化財と思われがちなこの教会も、村人にとっては、生活と信仰の拠り所として生きつづけている場所なのだということをしみじみと感じさせる。

サンタ・マリアから山上の礼拝堂へ

このあたりでとれる黒い石をスレート状にして葺いた屋根の連なりのかなたに、サンタ・マリア教会の鐘塔が見える。そこまでは、なだらかな坂道を10分も歩けば行ける近さだ。サン・クリメンをぐるっと回るかたちで歩いていくと、村に入り、サンタ・マリアの後陣につき当たる。

正面に回ってみると、まことに簡素な石積みのバシリカ風構成で、扉口も無装飾のアーチである。内部はシンプルな円柱で区切られた３身廊で、天井は木組み、屋根は木製の薄い瓦で葺かれ、３つの後陣と塔の装飾アーチ、２つに分かれた窓にはロンバルディア様式の特徴がうかがわれる。サン・クリメンと違って、家屋に囲まれているので全景がとらえにくい。

この教会の中央後陣主祭室に描かれている「栄光の聖母」もコピーである。イエスを抱いた聖母マリアとそれを囲む東方三博士が、ブルーを強調した筆致で描かれた壁画、側廊に描かれていた「最後の審判」「ダビデとゴリアテ」なども、1922 年に剥離され、この教会内部を再現したカタルーニャ美術館（７室）のほの暗い空間に移されている。カタルーニャ美術館には、また、このサンタ・マリアに飾られていた「十字架降ろし」Decendimiento の木刻群像のうち左側のキリスト、アリマテアのホセ、聖母マリア、盗賊の４体（残りの３体はビックの司教区美術館）も展示されている。

ぼくには、深い悲しみをたたえた聖母マリアの表情が忘れがたく印象づけられている。

サン・クリメンといいサンタ・マリアといい、その建物もさることながら、それぞれの内部にこれだけみごとな壁画や彫刻を飾った 12 世紀という時代、ここに何人の村人が住んでいたのか知らないが、その宗教的エネルギーの大きさと集中ぶり、美的感覚のすばらしさには、ただ頭が下がるのみである。

また、それを可能にした「財力」は、どこからきたのだろうか。

時代は、対イスラム戦争のさなかである。おそらく、屈強な山人たちはそのレコンキスタの傭兵として戦い、その戦利品と報酬などを、キリスト教の栄光と、戦死した村人への鎮魂のために用いたのではないかと推理してみる。ピレネー山裾の寒村のそれぞれに、立派な教会が同時期に建てられている理由はそうとしか考えられないのである。

サンタ・マリア教会を中心に固まり広がる家々は、いずれも軒の深い石葺きの屋根の下に、木造のテラスを持ち、迷路のように絡み合った細い道を挟んで建ち並んでいる。その屋根屋根が強い陽光を照り返して光る風景を一望するためには、この村の上方 1 km ほど登った草山にあるサン・キルゼ礼拝堂まで行くといい。「ミヤマレンゲ」と戯れに名づけたレンゲ草を踏んでたどり着くサン・キルゼは、ほとんど崩壊した小さな礼拝堂である。その簡素この上もない教会に吹く風、そこから眺めるタウイ村の美しさ、ピレネーの雄大さは本当にすばらしい。

実を言うと、ここで描写した風景は約 20 年前のものである。80 年代末からこのあたりはスキー場として開発され、山上から村中までそのためのホテルが乱立し、自然ゆたかな静かな村という昔日の面影は消えてしまった。ロマネスクあるところ美しい自然ありということは過去の伝説となりつつあるのだろうか。

サンタマリア中央祭壇壁画

ダビデとゴリアテ（サンタマリア教会／カタルーニャ美術館）

11

ピレネーに沿ってアラゴンへ

アラゴンの古都アインサ目指して

ロマネスクの宝庫ボイ谷を下ってイェイダとビエヤを結ぶN230まで戻る。そこから4kmほどビエヤ方向へ行ったところでアラゴン地方へ延びるN260に左折する。くねくねとうねる山道を走ること32kmでカステジョン・デ・ソスCastejón de Sos。そこを左折し、エセラ川に沿って22km下ったカンポCampoを過ぎたところを右折して、さらに30km。道はずっとN260のままだ。100km近い山道ドライブを続けて少し大きな町へ着くと、道幅も広くなってほっとする。

そこがアインサAinsaだ。

シンカ川とアラ川が合流するこの町は、かつて、初期アラゴン王の時代（11世紀）には、この地方の首都だった。古い城壁に囲まれた高台に登ると町の規模とは不釣合なほどりっぱな広場に出る。

正面の建物が町役場（旧参事会管理聖堂）で、アーチを連ねる低いアーケードを両側に伸ばして、風格のある美しさを見せている。

広場の左奥を出たところに、ロマネスクの扉口が美しい教会と塔がある。その扉口の上に小さな四角い窪みがあって、その中にかわいいクリスムが刻まれている。

クリスムとは、キリストを意味する組み合わせ文字（モノグラム）のことで、キリストの姿を具体的な人間像で表現することに抵抗があった初期キリスト教時代に使われた記号である。それはどのように図案化されているかというと、ギリシァ語による表記ΧΡΙΣΤΟΣ（クリストス）の最初の三文字ΧΡΙを円を八等分する車輪のようなかたちに組み合わせたものだ。

Χは交差する斜線、Ρは縦軸、Ιは横軸で示される。Ρの下にはｓが絡みついている。これは最後の文字Σの小文字σのことだ。そして、横軸で示されたΙの両側にαとωがついているが、これはギリシァ語のアルファベットの最初と最後の文字で、キリストが「私はアルファでありオメガである。初めであり終わりである」（黙示録21－6）と言ったことに由来する。このクリスムは、これから訪ねるウェスカでもハカでも出てくるので覚えておいてほしい。

おまけの蘊蓄をひとつ。クリスムのXはその一字だけでもキリストを意味することがある。クリスマスのときよくX masと書かれるがそれがこのXだ。

秘境オルデサ国立公園をちょっと

アインサからシンカ川に沿って下って行くのが予定のコースなのだが、せっかくここまで来たのだから少し寄り道して行こう（「せっかくここまで」が多いかな）。

アインサから少し北上するとそこはオルデサ国立公園Parque Nacional de Ordesaだ。ここは、3000メートル級の山々に囲まれ、野生山羊やイヌワシや羚羊などが棲息している秘境だ。

アインサからフランスへ向かうA138で北へ34km行くとビエルサBielsaという小さな町がある。ここから10km先はもう国境のトンネルだ。

このビエルサで左折して町を抜け、シンカ川が流れるピネータ渓谷に沿って11km走るとその終点にパラドールが建っている。川原に面して建つ山小屋風のつくりだ。入ってみるとロビーのあちこちに鹿の角や猪の首が飾られている。

その裏山がペルディド山でその標高は3355mもある。近くのサンタ・マリア教会はかわいいロマネスクだ。川原の向こうも絶壁で水流が滝となり白い飛沫をあげて落下している。まさに「空にさえずる鳥の声、峯より落つる滝の音」である（古いな）。とにかく切り立った山の底という感じがする。ここから見上げる空は狭い。夜になるとその狭い空を星が彩る。その星空と源流に近いシンカ川の水音に酔いしれる一夜があってもいいと思いませんか。

そのシンカ川に沿ってアインサに戻る。このシンカ川はイェイダの南でエブロ川と合流し、トゥルトザ（トルトサ）デルタを形成し地中海に注ぐ大河となる。

中世村落の美しさを留めたアルケサール

アインサに戻って橋を渡って町へ入ったところにホテル Meson de L'Ainsa がある。広い道を行かずにそのホテルの右側の道に入って進んで行く。あえて山道を選ぶのは、またしても「せっかく」だけど、美しい村で知られたアルケサール Alquézar に寄りたいからなのだ。アインサから西へ5km 走ったところを左折し、さらに A2205 を 40km ばかり下ったところを右折すると、右手にアルケサールの展望が開けてくる。

深い崖をはさんで向こう側の丘に高い城壁をめぐらせ、そこにへばりつくように民家の屋根がかたまっているのが見える。ここもアインサと同様に中世の姿をしっかりと留めた魅力的なところだ。

不規則に入り組んだ通路は、深い軒屋根で構成されたアーケードで、家々の正面には紋章が残されている。そこを抜けてお城へ行く。このあたりは、イスラム追放（レコンキスタ）が早く成ったところで、かつて、アルカサール（回教徒の王宮）があった場所にサンチョ王が城と僧院を合わせて建設したものである（1099 年）。僧院はその後 15 世紀から 16 世紀にかけて改修されたため、ゴシックとルネッサンス様式を主とするものとなったが（特に主祭壇）、小さな回廊にはロマネスクとムデハル（レコンキスタ後もキリスト教支配下に残ったイスラム教徒、及びその建築様式や美術のこと）様式の混じったアルカイックな柱頭彫刻が残されている。それらは、聖書に書かれたイサクの犠牲、バラムの驢馬、アダムとイブ、最後の晩餐などの場面をゆたかな表情で語りかけている。

アルケサールを後にして、N240に出、ウエスカ Huesca まで50km足らずである。

明日はウエスカでコーヒーを飲もう

バルバストロとウエスカを結ぶこのあたりは、70年前の内戦のとき激戦地だった。ここからサラゴサは南西にあたるが、その中間にアルクビエーレ山脈がある。その麓のアルクビエーレからこの街道に至る平野での戦闘のようすについては、ジョージ・オーウェルの『カタロニア讃歌』(ちくま学芸文庫／岩波文庫)を読むといい。このアラゴン戦線に約3か月従軍するうちに、彼の思索がぐんぐんと深められていくようすがぼくには興味深い。

ウエスカまであと10kmというあたりでシエタモ Siétamo という村を通る。

この近くでオーウェルは頸部貫通銃創を受け、この村の野戦病院に運ばれたのであった。

ウエスカは古い町である。先住民族であるイベロ族がオスカと呼んだのが地名の由来であるが、ローマ人、4世紀にわたる回教徒、そして、レコンキスタ(1096年)後のアラゴン王ペドロ一世の支配、さらに、ナポレオン軍による占領、そして、内戦期には18か月もの包囲攻防戦とめまぐるしい。それだけに史蹟も多い。

ウエスカの旧市街は環状道路で囲まれた丘の上にある。狭い道が入り組んでいるので、どこかに駐車して歩いた方がいい。お目当てはサン・ペドロ・エル・ビエホ Iglesia de San Pedro el Viejo だ。

このサン・ペドロ教会は、1097年、イスラム教徒の祈りの場であったメスキータを改造してキリスト教の教会にしたものであるが、さらに改造を重ねてロマネスク様式になったのは1117年のことである。中庭回廊ができたのはそれより少し下って、1157年である。そして、17世紀に修復を受けたものが現在の姿だ。

この教会の北と南(回廊に面した)の扉口タンパンには、アインサで説明したクリスムが彫られている。いずれも、中央のクリスムを二人の天使が支える図案になっているが、特に、回廊側から見える南口のそれは、クリスムを上部に配し、下部は「東方三博士の訪問」が加えられている。クリスムはもう一つ回廊にもあるが、こちらの出来はよくない。

ここの回廊の柱頭彫刻は、スペインでも屈指のものと評価しても過言ではない。彫られているテーマはほとんど聖書を題材にしたものだが、どれも粒揃いという感じがする。この均整感は、それらの柱頭の約半分がオリジナルのレプリカ（本物は博物館）だということにも関係しているのかもしれない。しかし、よくできた回廊であることには違いない。

オーウェルは、『カタロニア讃歌』のなかで、次のように書いている。

何カ月か前にシエタモを占領した時、政府軍の総司令官が「明日はウエスカでコーヒーを飲もう」と陽気に語ったことがあった。ところが彼の間違いが明らかになった。血なまぐさい攻撃が幾度も行なわれたが、ウエスカは陥落しなかった。そして「明日はウエスカでコーヒーを飲もう」が軍隊じゅうの冗談となってしまった。もし今度スペインに行くことがあったら、私は絶対にウエスカでコーヒーを一杯飲んでやろう。

けっきょく、オーウェルとかれの仲間たちの「明日はウエスカでコーヒー」は、虚しい願望と冗談に終わってしまった。だから、ぼくはウエスカを通るたびに、ここでコーヒーを２杯飲むことにしている。１杯はもちろん自分のためだが、砂糖もミルクも入れないもう１杯の苦いコーヒーは、自由へのたたかいに殉じたかれらのためにである。

国境の古都ハカ

ウエスカからN330で再びピレネーに向かって北上する。約70km走ってハカ Jacaに着く。ここもローマ時代からの歴史を持つ古い町で、8世紀、ここに攻め込んできたイスラム教徒軍に対して、住民挙って徹底抗戦し、撃退したところである。その結果、1035年に成立したアラゴン王国の最初の首都となり、それは、ウエスカがキリスト教徒に奪回される1096年まで続いた。

この町から34km先へ行くと、ソンポルト峠の国境である。そこは、パンプローナに通じるロンセスバージェスと並んで、中世を通じて、フランスからサンチャゴ・デ・コンポステラを目指す巡礼たちがピレネーを越すルートとして重要な往還路であった。ソンポルトコースのスペイン側最初の宿駅として、ハカは、巡礼たちから通行税を徴収して、11世紀、大いに栄えた。

その11世紀（1060～70年）に建てられたこの町のカテドラルは、スペイン最古のロマネスク聖堂といわれている。建物自体は16世紀に火災に遭い改造されているが南側入口を飾る柱頭彫刻と西正面扉口のタンパンは、創建当時のものである。

南入口の柱頭には、イサクの犠牲、ダビデ王、そして楽師たちが彫られているが、表通りに面して千年の風雨に晒され続けたとはいうものの、そのすばらしさは伝わってくる。

正面扉口のタンパンには、向かい合う２頭の獅子に守られるようにしてクリスムが刻まれている。ウエスカのそれと比べると彫りが少し浅い

分だけ古さを感じさせる。この彫刻がヨーロッパに残存しているものの中では一番古いものだと推定している考古学者もいるという話だ。

このタンパンのいたるところにラテン語の銘文がつけられている。最初、この銘文は多彩色で飾られていたのだそうだが、今は剥落して判別しにくい。ラテン語も読めないので、それを解読してくれている書物に頼る。これについて書いてあるのは、馬杉宗夫『スペインの光と影』、鈴木孝壽『スペイン・ロマネスクの道』の二書だが、ここでは鈴木氏の説明を借りる。

向かって左の獅子は、足の下に蛇を捕えようとしてひざまずく一人の男を伴い、獅子の頭上にはラテン語で「獅子は足許にあるものを哀れむそしてキリストは加護を祈願する人を哀れむ」とある。右側の獅子の下には一頭の熊とトカゲの形をした伝説上の怪獣バシリスクがおり、同じく「力強き獅子は死の勢力を打ちのめす」とある。

……もう一つはタンパンの下枠の部分で、「生きたいと欲することはすでに死の掟に義務づけられていることであるここに来りて嘆願せよ毒ある食物を断て次の死のあと死なないために悪徳の心を浄化せよ」と。

「次の死」を免れるとは、来世で神に選ばれて天国に運ばれるということだ。この鈴木氏の説明を、馬杉氏の文章で補足しておこう。

……面白いのは、左側の罪人を許しているライオンは口を閉ざし、死の王国を象徴するバジリカ（それは常に死や罪の象徴である）を打ちのめす右側のライオンは、その口を開け、歯を出していることである。罪を許す慈悲の姿と、罪や死に打ち勝つ姿との対比が、その違う口の表現の中にも象徴化されている。この二匹のライオンは、結局、キリストの二つの性格を象徴化しているのである。

ロマネスクを巡る旅のおもしろさのひとつは、このようにして先人の研究を借りながらも、千年近くも昔の人が記したメッセージを解読するところにある。
ついでだからここでキリスト教の教会建築でよく目にする象徴表現のいくつかについて触れておこう。
キリストを具体的な人間の姿で描くことを避けた例としてクリスムのことを取り上げてきたが、キリスト像は「子羊」や「魚」によっても象徴されている。「子羊」の場合は、ヨハネ福音書（1－29）の「見よ、世の罪を取り除く神の子羊だ」という記述から、人類の罪を贖って死んだキリストになぞらえたものである。
また、「魚」がどうしてキリストなのかというと、ギリシァ語で綴る魚ＩΧΘΨΣ（イクスス）の五文字が、ギリシァ語の「イエス・キリスト・神の・子・救い主」のそれぞれの単語の頭文字にあたるというアクロスティックからきている。
キリスト教がミラノの勅令によって公認されたのは313年つまり４世紀になってからのことである。それまでの信徒たちは、ローマの迫害を避けてカタコンベなどで密かに集っていたのだろう。いわば「隠れキリシタン」だった。そのような時代に、魚マークはさかんに活用されたのではないだろうか。
2005年11月７日付の朝日新聞は、イスラエル北部のメギド刑務所敷地で、恐らくは最古のキリスト教教会と思われる３～４世紀ごろの遺跡を発掘したということを伝えている。その記事のなかで、ギリシァ語で「神であるイエス・キリストに捧げる」ことを記した碑文タイルとともに、魚を描いたモザイク床を発見したと書いてある。
現在のハカは、ピレネーの峠を越えてフランスから多くの避暑客がやってくるとはいうものの、静かな高原の町である。ここでロマネスクの象徴解読を楽しむというのも一興だろう。

洞穴の教会ペーニャ

さて、このハカから、その昔巡礼たちがたどったであろうと思われる道のりをしばらく追うことにしよう。町外れのロータリーでA1205を選び、南下する細い道に入る。山あいを縫って走るこの道は、露頭した巨岩群のすぐそばを通る道でもある。奇岩で知られる山梨の昇仙峡よりもそのスケールははるかにでかい。

16km行ったところがベルヌエス、ここを右折してさらに狭い山道A1603に入って行く。スペインでは夏あちこちで山火事が発生するが、以前この道で燃え広がる炎のすぐ脇を走り抜けたスリリングな思い出がある。

10km余り登って林を抜けたところに、ついこの間まで、17世紀に建立されたバロック様式の修道院がファサードだけ残した廃墟となっていたがが、今は、ホテルにでもなるのではないかと思わせる新しい建物になろうとしている。ここがこれから訪ねようとしているサン・ファン・デ・ラ・ペーニャ修道院Monasterio de San Juan de la Peñaの駐車場だ。ここから徒歩あるいは専用マイクロバスで修道院まで下る。

着くとびっくりする。オーバーハングした巨大な岩があり、その岩を屋根にして修道院が建っているのだ。

最初ここは、隠修士の籠もる洞窟だったのだが、イスラム支配の時代にキリスト教徒たちがここに逃げ込んで信仰を守ろうとしたため、護教の聖地ともされ、9世紀にベネディクト派が修道院を開き、11世紀になってクリュニー派の理論と規律を受け入れて（1025年）、二層の教会が整い、1094年に献堂されたものである。回廊が加えられたのは12世紀になってからのことであった。

原始キリスト教が地下のカタコンベに籠もり、そこから次第に地表に姿をあらわし、ずんぐりとしたロマネスク、さらにはゴシックの尖塔を誇るまでに立ち上がってきた発展史がそのままこの岩窟の教会に刻みつけられているようだ。

古い順に見ていこう。

古い修道院は、立地条件が特異なため、正統なスタイルではない。下の階の一部は地中に建てられている。下の教会は、この地方に残る数少ないモサラベ建築である。２身廊構成で並列する２つの身廊を隔てているのはモサラベ特有の馬蹄形アーチだ。後陣は岩の中にはめこまれており、アーチの側面の一部にロマネスク壁画が残っている。

上の教会は1身廊構成で、後陣の3つの礼拝室もまた岩の中に造られている。左手はかつての聖具室で、現在はアラゴン初代諸王の霊廟になっている。

礼拝室からモサラベ様式の門をくぐって回廊に入る。そのほとんどは巨岩に覆われ、一部はテラスのようにはみ出している。圧迫感と解放感が入り混じる不思議な空間となっている。かなり補修の痕跡を残しているとはいうものの、保存されている2本の軒廊下の柱とその柱頭彫刻はすばらしい。柱は1本だけで立っているものから、2本、3本そして4本寄り添って立っているものまでさまざまで、柱頭には、アダムの誕生からエバンゲリスト（聖ヨハネ、聖マテオ、聖ルカ、聖マルコ）までの聖書物語が年代順に彫られている。

このサン・ファン・デ・ラ・ペーニャは、巡礼路から少し外れているとはいうものの、その神秘性に魅かれて、中世、かなりの巡礼たちが険しい山道に耐えて寄り道をしたのではないだろうか。しかし、本来は神に仕える人の修行の場であった。人里離れた今でも人家など見当たらない標高1220 mの山奥だ。この岩場に籠もった修験僧たちの、祈りと思索に明け暮れた強靱な精神を思わずにはいられない。

入ってきた山道を戻らずに、この修道院の前を通って下ることにする。少し進んだ右手にピレネー連峰を一望するすばらしい景色が開けてくる。

麓に小さな村が見える。サンタ・クルス村である。そこまで約8 km下ると、11世紀から12世紀にかけて建てられたサンタ・クルス・デ・ラ・セロス教会が残っている。八角形の鐘塔が目印になる。ここの正面扉口タンパンにもハカと同じように2頭の獅子に守られたクリスムが彫られている。ただ、よく見るとそのモノグラム（組み合わせ文字）の配列が、ハカやウエスカのものと異なっている。

ここのクリスムはどうなっているのかというと、縦軸の下のSが入るところがαになっており、Sは横軸の右、左にωが入っている。

αとωが対置的に表現されていないところからも、このセロスの作者がクリスムの意味をつかんでいないということが言えるだろう。

馬杉氏は、このクリスムの回りに彫られた銘文「われは、入るに易しい門である。信者よ、われを通って入れよ。われは、生命の泉である。ブドウ酒よりも、われによって渇きを癒せよ、聖母の至福の神殿に入るなんじらすべてよ」と、獅子の足元に彫られた銘文「キリストに祈願することができるためには、まず改悛せよ」の二つの銘文から、「ここでは、天国への門としてのキリストの性格を、直接的に表しているのである」としている。

ここからN240までは近い。そこを左折して西へ10km、アラゴン川に沿って進むと、橋を渡ってそのままN240で行くとパンプローナ、左に回りこむとA132でウエスカへという分岐に出る。

本書のコースはN240で、ナバラ地方レイレのサン・サルバドール修道院に向かうのだが、例によって、ここで寄り道して行く。

巨岩に抱かれた村アグエロ

このパンプローナ／ウエスカの分岐を、橋を渡らずに直進しA132をウエスカ方向に25km走ると、ラ・ペーニャという貯水池がある。そこを過ぎて少し行くと左手に巨大な岩塊がそそり立っているところがある。赤みを帯びた黄土色といったらよいのか、ミシェランによると、ばら色の礫岩が堆積したもので、マリョスと呼ぶのだそうだ。浸食に弱いのでこんな奇怪なかたちになるらしい。

その奇岩を過ぎてしばらく行くと、右手にアグエロ Agüeroへ入るところが出てくる。5km走った突き当たりがアグエロ村だ。カーブを曲がり坂道を登り切った直後、正面にこの村が突然現れてくる瞬間がいい。白壁が結集した村全体の背後に、衝立のように巨大な岩山が聳えている。岩山というより一個の巨岩だ。

その風景を目にしたらすぐ右側に注意する。舗装されてない砂利道がある。そこを登っていくと、サンチャゴ教会に出る。夜この教会をライトアップするための太陽発電装置がついている。

タンパンには東方三博士の来訪（公現祭）と眠る聖ヨセフが描かれ、それを支える柱の左隅柱頭には「サロメの踊り」が彫られている。

A132に戻ってウエスカ方向に9km行ったところを左折し、どんどん進んで行くと、断崖の頂上に築かれたロアーレの城塞がある。ここからの眺めはまさに絶景だ。ここの教会は12世紀のロマネスクで後陣のロンバルディア帯が美しい。

ウエスカ／サン・ペドロ・エル・ビエホ回廊

サン・ファン・デ・ラ・ペーニャ回廊柱頭

12

ナバーラあちこち

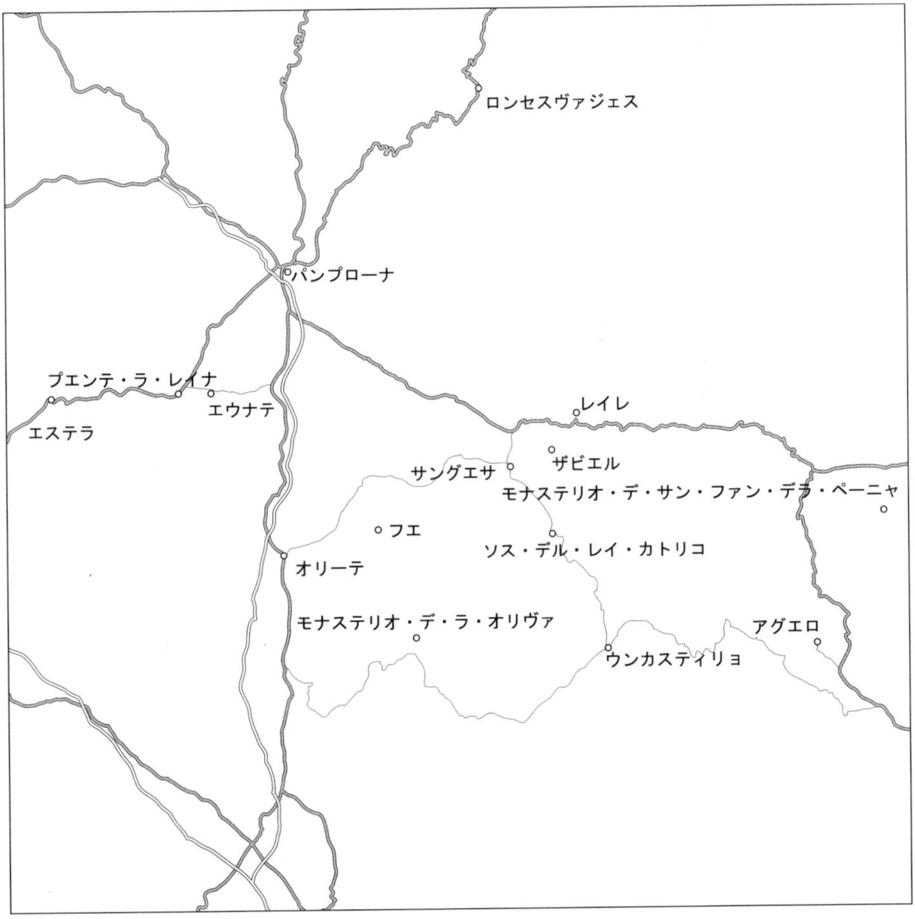

ロンセスヴァジェス
パンプローナ
プエンテ・ラ・レイナ
エウナテ
エステラ
レイレ
ザビエル
サングエサ
モナステリオ・デ・サン・ファン・デラ・ペーニャ
フエ
ソス・デル・レイ・カトリコ
オリーテ
モナステリオ・デ・ラ・オリヴァ
アグエロ
ウンカスティリョ

ナバーラ王国の霊廟レイレ

アラゴン川の橋を渡ってパンプローナ方面に向かうN240との分岐まで戻る。西へ向かって10数km走ると、湖が見えてくる。このイエサ貯水池は大きい。「ピレネーの海」と呼ばれているくらいだ。この貯水池が尽き、ダムになっているところを過ぎて少し行ったところを右折して4km登ると、レイレの修道院San Salvador de Leyreである。ここから「ピレネーの海」を見下ろす展望はなかなかのものだ。

先に訪ねたサン・ファン・デ・ラ・ペーニャがアラゴン王国の霊廟だとしたら、こちらはナバーラ王国のパンテオンだ。

11世紀初頭、サンチョ3世大王以下、後継の王たちの霊廟として、ということはナパーラ王国の信仰の拠点として建立され、1057年、サンチョ大王の孫サンチョ4世によって献堂されたものである。

その格式の高さから、パンプローナの司教はこのレイレの神父の中から選任されるしきたりになっていたという。しかし、12世紀になってナバーラ王国はアラゴン王国に併合され「パンテオン」としての地位は

サン・ファン・デ・ラ・ペーニャに移った。

1098年に拡張改装されたこの教会は、スペインロマネスクの最初期の例とされているが、13世紀にシトー派による改革でゴシック様式による変更が加えられたりしたため、創建当時の面影を留めているのは、地下礼拝室と西側の門ということになる。

地下礼拝室に入ると、重厚かつ厳粛そしてやや異様という不思議な感覚に襲われる。それはどこからくるのかというと、天井のアーチを支える柱頭がばかでかい石の二段重ねで、その柱頭を支える柱が1mに満たない低さであり、しかもその高さがまちまちだというところからなのだろう。とにかく、こんなに低い位置に置かれた柱頭は珍しい。

西門は、その全面が彫刻で飾られているその豪華さからPorta Speciosa（美麗門）と呼ばれている。タンパンには7体の人物像が彫られている。それは、中心にキリスト、向かって左に聖母マリアと鍵を手にする聖ペトロと律法学者の座像。右に聖ヨハネと頭部が欠けた使徒そして座像（全面剥落）である。このタンパンを4重に囲む飾り縁にはさまざまな動物や人物、植物文様などがひしめきあっている。そして、このアーキヴォルトの上部から軒までの空間もびっしりと彫刻で埋められている。そこに描かれているのは、「受胎告知」や「聖母のエリザベツ訪問」（ミシェラン）、「聖ペトロはじめ使徒たち、そしてこの修道院に遺体が埋葬されていることになっている、九世紀にアラブ・イスラム教徒に迫害され殉教した二人の姉妹、聖ヌミロと聖アロンダの物語からとった死者のダンスなどの彫像」（鈴木氏による説明）などだという。

20世紀の半ば、ここにサント・ドミンゴ・デ・シロスから送られたベネディクト会の修道士たちが入って修復し、オスペデリーア（宿泊所）も設けられた。

かつて、サンチャゴへの巡礼たちを保護した伝統もまた復活したのである。今は、ふつうの観光客も利用することができる。

さて、このレイレまで来て、眼下の「ピレネーの海」とその向こうに広がる美しい景色を眺めながら、次に進む道を巡礼路に従って南にとるべきか、それとも、ピレネーを越えるもう一つの巡礼路のスペイン側起点にあたるロンセスバージェスに向かうか、悩む。けっきょく、「ピレネーに沿って」という本章のテーマに即して北上することにするのだが、その前に、ここから南下するとめぐり会うことができるいくつかの古い村を紹介しておくことにしよう。

あちこちにYAMAGUTIがある

丘を下って街道に戻り、イエサの町をハカ方向に行った町外れに右（南）に入る道NA5410がある。そこを4km少し行くとハビエルJavierの町と城がある。日本にキリスト教を伝えたフランシスコ・ザビエル Francisco de Xavier（1506～52）が生まれたところだ。

パリで哲学を学んでいたザビエルがロヨラに口説き落とされてイエズス会の創設メンバーになったことは、8章のマンレサの項で書いた。

1517年、ルターによって口火を切られた宗教改革に危機感を燃やしたカトリック側において、最も戦闘的なセクトであったイエズス会の中心人物であったザビエルが、東洋布教のためインドに向かってリスボンから船出したのは1541年のことであった。47年、マラッカで海外逃亡中の日本人アンジロウと出会い、日本行きを決意したザビエルが、鹿児島に上陸したのは1549年8月15日であった。

それから、2年3か月の滞在中に、平戸、山口、京都、豊後などを歴訪し、千人程度の改宗者を獲得し、次に目指した中国上陸を目前にして熱病で斃れた。46年の生涯だった。

カトリックを東洋に伝えたその功を讃えて、1622年に列聖され、1927年には「カトリック布教の保護聖人」とされた。

ナバーラを走っていると、所々で、レストラン・ヤマグチやホテル・ヤマグチをみかける。和食の店ではない。これは、山口市とパンプローナ市が友好姉妹都市（1980年）だからだ。後に（2003年）、山口県とナバーラ州も姉妹都市となった。パンプローナには日本式の「ヤマグチ庭園」があるし、山口市にはザビエル記念聖堂がある。この教会は、ザビエル来訪400年ということでザビエル城を模して建てられたものであるが、1991年に焼失し、98年に新しいかたちで再建されたものである。2006

年は、ザビエル生誕500年ということでさまざまな記念行事が行なわれた。

さて、このザビエル城だが、ナバーラ王国の滅亡とともに破壊され、20世紀初頭に修復されたが、かなり不手際な修復だという感じがする。

ぼくは、このハビエルから西へ7km行ったサングエサ sangüesa という小さな町の方に興味がある。

サングエサのサンタ・マリア教会扉口彫刻

アラゴン川に面したこの町は、その川に渡された橋のおかげで、12世紀、サンチャゴ巡礼の行き交いが増え、大いに栄えた。

当時のアラゴン・ナバーラ王はレコンキスタで「戦闘王」と謳われたアルフォンソ1世であるが、彼はこの町の自治権を認める「特権状」を与え（1122年）、さらに1131年この町を聖ヨハネ騎士団に譲渡した。その時、町と共に譲渡されたサンタ・マリア・ラ・レアル教会 Iglesia de Santa María la Real の南側扉口がすばらしい。

12世紀末から13世紀初めにかけて作られたこの扉口について、柳宗玄氏は次のように書いている。

「北フランスとの関係（円柱人像）や北欧伝説の図像なども指摘されているが、北イタリアの影響も濃厚で、全欧的な文化がここに流れこんできたことを推測させる」

扉口全面をびっしりと彫刻で埋め尽くしたこの門、「ヨーロッパ図像学の結晶ともいうべきものだ」と高く評価されているこの彫刻群を、もう少し詳しく観察してみよう。

ざっと見て気づくことから始める。タンパンのアーチがやや尖頭形になっている。ローマ風の半円アーチがロマネスクの特徴なのだが、このタンパンが作られた時代は、すでに、ゴシックの時代に移行しつつあったということがこれでわかる。

タンパンの主題は「最後の審判」である。その情景は、3層に区分されたうちの上部2層を費やして描かれているが、キリストの左右に彫られた人物がアーチの縁に沿って小さくなったり形を傾けたりしている。

この変形がおもしろい。

タンパンを支える左右の柱は人像となっているが、この６体の人物像も変形している。こちらは、極端に引き伸ばされたかたちだ。このように、プロポーションを自在にデフォルメするところにロマネスク彫刻の独自性がありそれが魅力ともなっている。

そのデフォルマシオンの根拠となっているのは、半円形というかたちや、円柱という規制である。回廊の柱頭においては台形というかたちだ。この規制された枠に彫刻が従うところからさまざまな「変形」が生じてくる。これを「枠組の法則」という。ロマネスク彫刻においては、個々の像の独自性よりも、それが配置される壁面を所与のキャンバスと見立て、その限られた空間そのものを絵画的に構成しようとするのだ。だから、彫刻は建築物に従属しているともいえる。これがロマネスク特有の

原理なのだ。
時代が、ゴシック、ルネッサンスと移るに連れて、彫刻はこの規制を踏み越えて、個々の像独自の写実的な立体像へと移行していく。
引き伸ばされた人像円柱という点で、このサングエサのそれは、パリのノートルダムやそれにも増してシャルトルのノートルダムとよく似ている。
このあたりを指して柳氏はフランスからの影響と言ったのであろう。
思えば、ぼくがロマネスクに興味を抱くきつかけとなったのは、シャルトル彫刻のデフォルメであった。このことはこの本の第6章で書いた。
以上が、この扉口全体を概観して言えることだ。
次に、区画ごとにもう少し詳しく見ていこう。
先ず、人像柱から。向かって左側の3体はいずれも女性である。マグダレーナのマリア、聖母マリア、ヤコブとヨセフの母マリアと3人のマリアが並んでいる。
右側に並んでいるのは、聖ペテロと聖パウロそしてイスカリオテのユダである。ユダは首吊りの姿で示されている。こんなかたちでユダが表現されるのは珍しい例だ。
聖母マリアは、書物を手にしているのだが、そこには「レオダガリウス自ら作る」という銘が刻まれている。彫刻家（石工）がその作品に自分の名を記すというのは、オータン（フランス）のサン・ラザールのタンパンに「ギスレベルトゥスこれをなす」GISLEBERTUS HOC FECIT という例はあるが、珍しいことだ。
神の家を作るということはあくまでも神への奉仕であって、それにかたちを与えたとしても無名に徹するべきだというのが一般の考えだったのだろう。
このレオダガリウスという人がどんな人だったのかという点について、馬杉氏は「フランス・ブルゴーニュ地方出身の彫刻家」であり「この彫刻家については詳しいことは何も知られていない」と書いているが、鈴木氏は「シャルトル大聖堂のロマネスク彫像に深くかかわった石工であり、ロマネスク彫刻の最終期を飾る工匠の一人であった」としている。

シャルトルの人像柱がつくられたのは、1145年から55年にかけてのことであるが、サングエサの彫刻は12世紀の末から13世紀にかけてのことである。当時の石工はヨーロッパ中どこでも自由に移動したらしいから、レオダガリウスもその腕を見込まれて移動した石工のひとりだったのだろう。その職人とともに作風も伝播したのだと考える。

タンパンに目を移す。一番下の層には、幼子イエスを抱いた聖母マリアが12使徒を従えている。その上に描かれているのは「最後の審判」の情景。中央に、角笛を吹く４人の天使に囲まれて祝福を与えるキリスト、祝福を意味して挙げているのは右手、つまり、向かって左側が天国ということになる。右側の地獄では、大天使ミカエルが天秤ばかりで魂の重さを計っている。その下で悪魔がインチキしようとも左側の方が重いということを示している。

この計量の場面は、パリのノートルダムにもあるし、シャルトルにもある。

学生たちにこれを説明するとき、よくこんな冗談を加えたものだ。

「人間の魂などという本来数値化して比べることなどできないものを、ここでは重さという単位に換算して計量し、それによって、天国と地獄に選別している。こどもの成績を偏差値に置き換えて選別するやり方の元祖はここにある」と。

先ほど述べた「枠組の法則」に従って、地獄へ向かう行列の曲線や首だけが積み重なった情景、鬼の形相など、地獄の方がずっと表情ゆたかだ。それに比べると、天国はずっと退屈そうだ。これを見るたびに「来世は地獄と決めた。友だちもいっぱいいることだし」と思ってしまう。

タンパンを囲む３重の飾りアーチ、その左右の三角壁、そこにはさまざまな人物や動物たちがびっしりと描かれている。その過剰とも感じられる彫刻群は、さながらロマネスク彫刻の見本帳を思わせる。特に、左右の三角空間に取りつけられた彫刻がぼくにはおもしろい。これを、過剰ととるか豊穣ととるかは見る人の自由だ。

視線をさらに上に移す。そこは二段になったギャラリーで、上段中央にエバンゲリストを象徴する４つの動物に囲まれ、両脇に天使を従えたキリストが位置し、後は使徒たちが並んでいる。その上の軒を支える柱の断面が彫刻で飾られているが、そのモジョン中央で男性二人が抱き合っているのがおもしろい。

これまで見てきたように、このサングエサのサンタ・マリア教会南門は、中世ヨーロッパ文化の伝播と集約のみごとな例であり、それを可能にしたのは、ここが、巡礼たちの行き交うところであったことと無縁ではなかろう。

もう20年近くも前のことだが、こんなことを考えながら、この門の前で佇んでいたら、僧服の神父が声をかけてきた。そのビセンテと名乗る神父は、この人像柱はシャルトルやオータンの影響を受けたものだなどと説明してくれた後、

「実は、サンヨーの小さな白黒テレビを持っているのだが、その中の小さなネジがとれてしまってチャンネルの切り替えがうまくいかない。スペアを入手するのにはどうしたらいいのだろう」などと相談されてしまった。

帰国して、サンヨーに、その事情とビセンテさんの住所を入れた手紙を送ったのだが、果してネジは無事に送られてきたのだろうか。スケールは小さいけれど、こんなこともまた文化交流のひとつといえるのだろう。

カトリック王の生地ソス

サングエサから南東にA127を13km走ると、周囲に城壁をめぐらせたソス・デル・レイ・カトリコ Sos del Rey Católicoの町である。

ナバーラのサングエサと至近距離にありながら、このソスはアラゴンであるということからも国境を守る城塞都市の形成が必要だったところだ。数カ所に塔と城門が建っているが、その中で最も高い門は「女王の門」と呼ばれている。さきほどの町サングエサからアラゴン王ファン２世の妃として嫁いできたファナ・エンリケスが入城したところだからなのであろうか。

そのファナが、1452年、この町で生んだ王子が、後に(1469年)、カステー

リャの女王イサベルと結婚し、スペインの領土的統一を果たし、1492年のグラナダ陥落によってレコンキスタを完成させることになるフェルナンドなのである。

「我、ソスの地にて生を享けたり。なればこそ、王国の何処にもましてこの地を愛して止まぬ」とフェルナンドは王子のときに述べているが、この因縁に基づいて、単なるソスという地名から「カトリック王のソス」などというもったいぶった地名変更が認められたのは1924年のことである。

このソス近辺には、新石器時代の遺跡やローマ時代の石畳が、そして町には中世の趣を色濃く残す城や城壁、教会や通り、市民の家や貴族の邸が数多く残っていて、町全体が国の文化財に指定されている。

町の一番の高みから岩だらけの小さな丘が二つ突き出ている。その南側の丘にこの地の郷士サダ家の館が建っていた。現在ここに建っているのは16～7世紀に建てられたものだが、以前のものは13世紀ごろのものであった。この古い館の一室でフェルナンドが生まれたのである。

なんで、王宮でなくこんなところで生まれたのかというと、ナバーラ・アラゴンの両王を兼ねていた彼の父ファン2世が、ナバーラ貴族の反乱を鎮圧中に、ファナ王妃が産気づき、あわてて、アラゴン領内に駆け込んだのがここだったという事情らしい。

このサダ宮殿、今は修復されてムセオとなり、フェルナンドの遺品などが展示されている。

もう一方の丘の上に、ラミロ2世によって1134年に建てられた城が残っている。その城の足下に、サン・エステバン教会がある。11世紀に作られた地下納骨堂にあるロマネスクのマリア像と14世紀に描かれた後陣のフレスコ画がすばらしい。上の教会は、後期ロマネスクのもので、16世紀になって修復を受けている。丸天井の玄関の下に美しい入口がついているが、この入口の柱に刻まれた彫像は、サングエサのものととてもよく似ている。

しかし、この町は、城や教会にこだわらず、全体の中世的雰囲気を味わうために、ゆっくりと歩き回る方がいい。全体の景観にうまくとけこむように建てられたパラドールが町に入ってすぐのところにある。

さて、ここで生まれたフェルナンドがイサベルと結婚したとき、フェルナンドは17歳、イサベルは18歳だった。フェルナンドのアラゴンは、イサベルのカスティーリャと比べると、領土にして4分の1、人口にして6分の1という不釣合なものだったが、そこには、アラゴン王国存亡の危機を回避したいという期待があり、イサベルの側には王位継承者としての自分の立場を強化したいという思惑があった。それぞれの都合を考えての政略結婚だった。

そして、フェルナンドには、結婚したらカスティーリャに住み、政治的にはイサベルに従うということが条件づけられた入り婿のようなかたちのものであった。

けっきょく、このカトリック両王のもとで、グラナダ王国を陥れてレコンキスタが完結し、コロンブスによる新大陸との出会いがあり、ユダヤ教徒とイスラム教徒に改宗か退去を迫ることによってキリスト教による統一を実現させ、宗教改革による混乱を未然に回避したという画期的な時代を開くことになったのである。

この乱世を、軍事力と策謀を使い分けて生き抜いたフェルナンドに対して、『君主論』の著者マキャベリが、「名声と栄光においてキリスト教国第一の王」と評したことは有名である。

このソスで生まれたフェルナンドの墓はグラナダにある。

王室礼拝堂 Capilla Real にイサベルと並んで眠っているが、イサベルの像は完全にそっぽを向いている。これは、あちこちで私生児を産ませたフェルナンドの浮気癖に腹を立ててのことだと説明する人もいる。

城塞の町ウンカスティリョ

ここまで来たついでに、もう少し足をのばして南に20km、ウンカスティリョ Uncastillo まで行ってしまおう。

アラゴンとナバーラの境界線上にあるこの町も、ソスと同様の要塞都市として幾たびもの戦乱の歴史をくぐりぬけて来た町だ。

現在のウンカスティリョは、アラゴン地方でもロマネスクとルネッサンスの遺産を最も多く残す場所の一つであり、町全体が博物館といった感じだ。かつては城塞で守られていた市街地が、切り立った岩山を取り巻き、その岩山を土台にして巨きな城塞が空を突いて立っている。

古い家並みは、その表玄関の大きな迫石づくりのアーチや戸口の横の小窓に、そして、曲がりくねった細い通りは、その磨滅した敷石や両側の石壁に残る荷車の擦れ跡に、中世からの長い時の流れを静かに刻みこんでいるようだ。

古い町にふさわしく幾つもの教会がひしめいているが、特記すべきものとしては、サンタ・マリア広場にあるサンタ・マリア・ラ・マヨール教会であろう。13世紀に建てられたロマネスク様式の教会（塔は14世紀、回廊は16世紀のプラテレスコ様式）であるが、その南扉口の彫刻は、スペイン有数の美しさと讃えられ、ナシオナル・モヌメントに指定されている。

城下町を絵に描いたようなまとまりのあるこの町もぶらぶら歩きが楽しい。これはぼくのひいき目かも知れないが、この町で見かけた女性は例外なくみな美人だった。

以前、ぼくはこれまでに書いたコースでここまで来て、ここから、ソ

リア、シグエンサ、マドリーというコースをとったことがあるが、この章では、前にも書いたようにレイレからの続きということで、ピレネーに再接近する方向で車を進めて行くことにする。

家並みの美しい谷間の村オチャガビィア

レイレ修道院方向に戻る。

イエサからN240をパンプローナ方向に12km走ったところでルンビエルの方に右折する。そのNA178を北へ向かって、ナバスクエスを通り、サラサール川に沿って48km走る。エスカロスからさらに2km行ったところにオチャガビィアOchagavíaという小さな村がある。ここは、村のまん中を流れる川の両側に家が集まっているというだけで、特に有名な建物があるわけでもないのだが、その古い家並みの美しさに魅かれて訪れる人が多い。

石壁に黒い石で葺いたカタルーニャ・ピレネーと違って、白壁にオレンジ色の屋根をのせた家並みは明るい感じを与えてくれる。ナバーラ・ピレネーのサラサール谷を代表する村だ。古い石の橋が架かる川に面した家並みもきれいだけど、山側に入った傾斜地に建つ家々を縫う細い道を歩くのがよい。落ちついた村の佇まいを感じさせてくれるところだ。

毎年7月には、ビルヘン・デ・ラス・ニエベスへのきわめて絵画的な巡礼、9月の祭りにはフォルクローレのグループが集まって、古いナバーラの歌や踊りが披露されるのだそうだ。そういう催しにタイミングを合わせて訪ねるとその魅力は一段と増すことだろう。

エスカロスまで戻って谷間の山道NA202を西へ進む。32km走ると、パンプローナとイバニエタ峠を結ぶN135に出る。

そこを右折するとすぐブルゲーテBurguete、さらに2.5km行くとロンセスバリェス（ロンスボー）Roncesvallesだ。

ピレネーを越えてきた中世の巡礼たちがスペインに入って最初に宿ったところである。

難関イバニエタ峠

スペインとフランスとの国境は、イバニエタ峠をフランス方向に19km下ったところにある。その国境の3km手前にバルカロスValcarlosというところがある。カルロス谷つまりカール大帝の谷というわけだ。その標高は365m、ここから16km歩いた先のイバニエタ峠頂上の標高は1057mである。その距離と標高差を考えるとたいへんな急勾配といってよい。巡礼たちにとっては最大の難所であった。「何千という巡礼が命を落とした。ある者は吹雪に道を失って、他の更に多数の者は凶暴な狼に食われて」と当時の文書に記されているそうだ。だから、峠にあった御堂（サン・サルバドール）の隠修士たちは、日暮れから夜中まで鐘を鳴らし続けて、迷った巡礼を導いたのだという。

サンチャゴ・デ・コンポステラ大聖堂の宝物館には、1139～73年の間に書かれたと推定される『サンチャゴ巡礼案内書』が保存されているが、そこには、この峠越えについて次のように書いてある。

「これを越えるに登り八千歩、下りも八千歩ある。事実、この山は天にもとどかんばかりに高く、これを登る者は自分の手で天に触れるかと思うばかりである。頂からは、西の、ブリタニアの海と、カスティーヤ、アラゴン、フランスの三国の国境を望むことができる。頂上にクロワ・ド・シャルル（シャルルの十字架）と呼ばれる場所があるが、これは、軍勢をひきいてイスパニアにおもむくシャルルマーニュが、斧とつるはしとシャベルその他の道具を用いて、かつて、通路を切り開き、まず、しるしとして主の十字架を立て、膝を折ってガリシアの方角に向かい、神と聖ヤコブに祈りを捧げたところである。それゆえ、ここに来た巡礼者たちは、ひざまずいて聖ヤコブの国の方を向いて祈りをあげるのが習いで、各自、自分の十字架を軍旗のように打ち立てるのである。ここには一千にもおよぶ十字架を見ることができる。であるから、この地はサンチャゴへの道における最初の祈りの地なのだ。……この山に近く、北側にバル・カルロスという谷がある。そこは、戦士たちをロンスヴォーで失ったシャルルマーニュが軍勢を立て直すために退いたところである。

山越えをしたくないときには、サンチャゴへ行く巡礼たちの多くはこの谷を通って行った。
それから山頂を下ると、救護所と教会堂が見える。この教会堂のなかには、超人的英雄ローランが剣を三度ふりおろして、上下真っ二つに切り裂いた岩がある。ついでロンスヴォーに到る。ここは、かつて、王マルシル、ローラン、オリヴィエが、キリスト教徒とサラセン人合わせて四万の戦士ともども命を落とした大激戦の行なわれたところである。」

(イーブ・ボティーノ『サンチャゴ巡礼の道』河出書房新社)

現在、このイバニエタ峠には、大きな石に剣と鎖玉を組み合わせてつけたローランの碑が建っている(最近、この飾りは誰かに剥ぎ取られたらしく、石だけになっているそうだ)。この峠を下ってすぐのところがロンセスバリェスである。

ここの修道院はかつて巡礼のための救護院でもあった。しかし、この建物は、ゴシック期、ルネッサンス期、17世紀と改修が繰り返され、昔日の面影は留めていない。

ローランの歌

中世巡礼の時代、その中には多くの吟遊詩人たちも加わっていたに違いない。かれらが歌うフランスの武勲詩のなかで最も愛唱されたのが、12世紀初頭に成立したといわれる「ローランの歌」であった。

778年、フランク王国のカール大帝は、対イスラム教徒戦に行き詰まっていたアルフォンソ王に援軍を頼まれてスペインに攻め込んだ。成功の暁には王国を譲るという約束があっての武力行使であった。

しかし、このアルフォンソ王の売国行為に怒った貴族たちの反攻で、退却を余儀なくされた。その殿軍の将ローランが、ここロンセスバリェスで奮戦し、大帝に急を知らせる角笛を吹き続け、そのためにこめかみが破れ、血を失って死んだ、というのがローランの武勲詩である。これによってローランはヨーロッパ(キリスト教世界)の英雄として歌い継がれることになった。しかし、

われらが大帝シャルルの王《きみ》は
まる七年をイスパンヤに在《おわ》しまして
海の辺《ほとり》にいたるまでこの高地を統《す》べ給えり
御稜威《みりず》の前には城ことごとく攻め落され
砦も都市《まち》も撃ち毀《こぼ》たれて
残るはただ山間《やまかい》なるサラゴッスのみ（佐藤輝夫訳）

と、歌い出される「ローランの歌」に、スペイン人はカチンときた。「うそつけ。大帝は攻めては来たものの、目標とするサラゴサを落とせなかったばかりか、帰途、ロンセスバリェスで追いつかれ、将ローランはじめ多くの将兵を失っているではないか。その間わずか4か月。7年なんてとんでもない。まして、イスラムから全土を解放したなんてでたらめにもほどがある」というわけだ。

フランスに武勲詩があるなら、こちらには「ロマンセ」というやつがあるぜということで、民衆が生み出したのが『ベルナルド・デル・カルピオの歌』（12世紀末～13世紀初頭）という伝説だ。

このロマンセでは、ベルナルドという架空の勇将が、その強い腕でローランの胸を締め、そのために骨が砕けて息絶えたということになっている。

この辺の話については、橋本一郎『ロマンセーロ』（新泉社）に詳しいので、興味のある人は読んでみるといい。いずれにしても、フランス・スペイン双方の伝承歌謡がぶつかり合った場として、ロンセスバリェスを考えてみるのもおもしろいことだ。

牛に追われてパンプローナ

さて、ここからパンプローナまでは約45km、道中に点在する村々は、緑の野に赤い屋根が映えて絵のように美しい。とりわけ、ヘミングウェイが『日はまた昇る』のなかで、主人公と友人のビルがマス釣りに来て5日滞在した村として描いたブルゲーテと、さらに5km下ったエスピナルがきれいだ。

パンプローナは、905年に建国されたナバーラ王国がカスティーリャ王国に統合される1512年まで、ずっと首都だったところだ。毎年、7月6日正午、花火の合図で幕を切って落とされるサン・フェルミンの祭りと、その期間中毎朝行なわれる牛追い（エンシエロ）で有名である。

そのころになると、決まってこんな歌が歌われる。

1月1日、2月の2日	Uno de enero, dos de febrero
3月3日、4月の4日	Tres de marzo, cuatro de abril
5月の5日に6月6日	Cinco de mayo, seis de junio
さて7月7日は、サン・フェルミン	Y siete de julio, San Fermin

「フィエスタは、いよいよ本格的にはじまった。七日間、昼も夜も、それがつづいた。踊りつづけ、飲みつづけた」と、ヘミングウェイが書いているように熱狂の一週間となる。

白いズボンに白シャツ、それに赤い腰帯と赤いネッカチーフというのが祭りの衣装であるが、きれいなのは初日だけ、野宿のごろ寝（ホテルは満員）と赤ワインの飛沫ですぐに薄汚れてしまう。

25年前、サグラダ・ファミリアの石彫工の外尾くんとふたりで行ったことがあるが、尻の下、背中の下に敷こうと思って拾うダンボールがみな、前の使用者の体の跡を残して凹んでいたことを思い出す。

カステーリョ広場の石は、陽が沈んでもまだ熱い。それがやっと冷えてくる夜中の12時から楽団が演奏しはじめ、3時までぶっ通しで踊る。踊り疲れ、飲み疲れた人たちは、所かまわずぶっ倒れて寝てしまう。広場に面したバルの椅子を並べてうたた寝している人も、夜明けとともに追い出され、「牛追い」というより、闘牛場までの約800 mを牛に追われて走る道筋に集まってくる。

町中の細い道だが、丈夫な板で防護柵ができている。追われて逃げ込む闘牛場では、さすがに本格的な牛は使わない。角に皮袋をかぶせた若い牛が放され、血の気が多い連中がそれと戯れる。それが終わってやっと眠る時間になるのだ。

外尾くんとぼくは、アルガ川を見下ろすメディア・ルナ公園のベンチで昼まで眠る。そして、外尾くんはバルセローナに戻り、ぼくはソリアへと向かった。

ロマネスクをもとめてこのパンプローナにやってきても、この町にはがっかりさせられる。ほとんどの建物がゴシックやバロック様式に改装されてしまっているからだ。

ここでロマネスクを誇っているのは、ナバーラ美術館だ。旧パンプローナ大聖堂（12世紀）の柱頭彫刻がここに保管されいる。とりわけ、聖書の３場面、「キリストの受難」、「復活」、「ヨブの物語」を描いた柱頭はすばらしい。これが、回廊にないのが惜しい。

イバニエタ峠ローランの碑

13

巡礼の道

オリテの祭り

「巡礼の道」とは言っても、中世の古い道がそのまま残っているわけではない。スペインの地図を開いてみればすぐわかるように、この国の道路や鉄道はマドリーを中心にして放射状に広がっている。

1561年、フェリペ2世は、建設中のエスコリアル宮殿の工事を監督する上で便利だという理由で、トレドからここに遷都した。このマドリーが、国土のほぼ中央ということから、マドリー中心の交通体系を整備した結果、それが放射状になったということで、日本の東海道や中山道のように昔の街道がそのまま幹線道路になったのとは異なる。当然、古道は寸断され、その多くは廃道となった。

残っているのは、ゆかりの村や町、教会などであって、それを現在使われている舗装された道で結ぶということになる。

まして、昔と違って自動車の旅である（昔のように徒歩で辿る人も多いが）。この本の場合は、かつてのコースにこだわることなく、周辺のおもしろそうなところにどんどん寄り道をしていくつもりだ。

と、いうわけで、最初からコースを外れて、（パンプローナから）本来は西へ向かうべきところを南へ走り出す。A15またはN121に乗って40kmも走ればオリテ Olite だ。ここは、15世紀、ナバーラ王の夏の宮殿が置かれたところだ。

その城塞は、19世紀初頭の対ナポレオン戦争のとき、この城を敵に引き渡すことを嫌ったスペイン側が火にかけて破壊したという経緯があるが、今はかなり修復されてその一部はパラドールになっている。

城門によって区切られた二つの広場があるが、そのパラドール側の広場の右隅に、かつての王室礼拝堂だったサンタ・マリア教会がある。ここで、ナバーラ王の宮殿の回廊と教会の回廊が連結している。

町中のサン・ペドロ教会入口の両側に鷲が取りつけられているが、その表情は対照的で、一方は野うさぎを襲う猛々しさを示し、もう一方は優しい。これは、キリストが持っている「力」と「慈悲」の二面性を表現したもので、われわれはすでにハカ大聖堂のタンパンに彫られた獅子で、それを見てきた(p233)。

ずっと前のことだが、９月初めの土曜日にこの町に着いたことがある。ずいぶん賑やかなので聞いたら、「こどもの祭り」だという。きっと、バカンスが終わって新学期が始まることに関連した、夏に別れを告げる祭りなのだろう。

紳士、淑女、黒人、宇宙人とさまざまに仮装したこどもたちが、夜の広場を埋めて元気に踊りまくる。それを、ピエロに扮したリーダー役の女性たちがうまくリードして盛り上げていた。

深夜まで続いたこの踊りが終わって、こどもたちがベッドに戻ったあとは、さっきまで観客だった親たち、おとなの時間だ。すべてのバルが人で溢れ、音楽が鳴り、陽気に歌い踊る。もちろん、ナバーラご自慢のホタだ。

まぎれこんで、差しつ差されつしているうちに親しくなったパコという男に、「おれたちの酒場に行こう」と誘われて、ついて行ったら、かれらが、祭りの晩だけ借り切ったバルで、そこに仲間や家族が次々に集まってくる。この町の鉄工場で働く連中の溜まり場だった。

パコばかりでなく何人もの男が、フランコ時代に投獄された体験を

持っているという。こっちの人たちは「おれは左だけど、お前は右か左か」というようにズバリと聞いてくるのでこういうことはすぐ分かる。

ワインの合間に飲まされたアニスの香りがする甘い酒は、このあたりからバスクにかけて愛飲されているパチャランという強い酒だ。かれらが歌うホタは、腹の底からわき上がるように力強い。

その席にいた誰もが、以前、この町に住みついて絵を描いていた日本人のことをなつかしそうに話す。きっと、その思い出があるから、ぼくを呼んでくれたのだろう。その画家は、酒を飲みすぎてからだをこわし、日本に帰って死んだのだという。

一夜明けた日曜日の朝、盛装したこどもたちが、楽隊に先導されて教会に入る。こどものためのミサが始まる。盛装というのは、白シャツ、白ズボンに赤いスカーフと赤い腰帯というナバーラ独特の祭りスタイルのことで、パンプローナのサン・フェルミンと同じである。違っているのは、女の子が誰も、チュペーテという乳首のおしゃぶりをくわえていることだ。

そして、昼は、再び前夜の仮装に戻ったこどもたちが、耕運機が曳くフロートに乗って町中をパレードする。夜が白む4時まで飲み、しゃべったおかげで、顔見知りになった人たちからあちこちで声がかかる。それほどに、小さな、人情味に富んだ古い町。それが、ぼくの記憶に焼きつけられたオリテだ。

絶景ウフェ

ミシェランの道路地図を見ていると、ところどころに放射状の記号がある。半円だったり、三分の一円だったりするそのマークは、そこからの眺めがいい方角を教えてくれる。経験上、その指示はまことに的確であり、裏切られたためしはない。

オリテから、さてどっちへ行こうかと地図を眺めていたら、20km東方のウフェ Ujué というところにこのピカピカマークがついているではないか。しかも全方向ピカピカだ。これは行かずばなるまいということで、走り出すことにした。

狭い道を登ること9km、くねった道の前方に視界が開け、谷の斜面に段々畑が積み重なった丘の上に、教会と人家が寄り集まった絶景にぶつかる。まさにウフェである。左前方に進むと村に入ることになるが、谷を隔てたこの全景を見るためには右手の道を進まねばならない。光線の具合からいうと午後からの方がいいのだけど……。

村へ入る。集落の手前に、蜂蜜や石鹸などを売る小さな土産物屋があり、その前が駐車場になっている。広大な風景の中に半島のように突出した丘陵の先端に形成された小さな村である。

素朴な祭室を持つ教会は、左脇から回ってみると、強固な要塞風の造りになっている。11世紀に簡素な村の教会としてロマネスク様式で建てられたものを、14世紀になってから、カルロス2世がゴシック様式で整備しようと着手はしたものの、資金難で中断せざるを得なかったのだという。

このあたりは、前章のソス・デル・カトリコやウンカスティリョのところで述べたように、アラゴンと境を接するところだけに、15世紀に入って国土統一がなされるまで、アラゴンとナバーラがせめぎあいを続けた前線にあたる。そんな戦略的見地から、絶好の物見の場所でもあることだし、ナバーラの出城として重視されたのだろうと想像してみる。

この村は、クルス・デル・サルド（出会いの十字架）という祭りで知られている。14世紀以来、聖マルコの日（4月25日）直後の日曜日、近在一帯から、頭巾のついた黒衣をまとい、裸足で十字架をかついだ巡礼たちがこの村に登ってくる。その数、万に及ぶというからにわかに信じがたい。

このウフェの教会の中央礼拝室に安置されたサンタ・マリア・ラ・ブランカ（銀箔のロマネスク木像）に、罪の許しを乞いにくるのだという。そして、その黒装束裸足の人々は、ミサが終わると、それぞれの村へ徒歩で帰るのだそうだ。これは、キリスト教以前の信仰形態を伝えるものだという。

この絶妙なロケーションの中で繰り広げられるその祭りの情景は、さながら、映画の場面のような、非日常的かつ絵画的なものなのだろうと想像してみる。

機会があったら目撃してみたいものだと思いながら、次の目的地であるプエンテ・ラ・レイナに向かうことにする。

なお、前章で取り上げたサングエサからここまでは、南西に42kmの距離である。オリーテ経由でなく、そこから足を伸ばしてもいい。もうひとつ。ここで買ってきた蜂蜜、これぞ本物という野の香りと味だったことをつけ加えておこう。

巡礼路の結節点プエンテ・ラ・レイナ

タファーリャTafallaに出てN121をパンプローナ方向に約20km戻る。ラス・カンパナスの少し手前を左折して進む。この道はかつて巡礼たちが歩いた道だ。ピレネーをソンポルト峠で越え、ハカに下った旅人たちは、サンタクルス・デ・ラ・セロス、サン・ファン・デ・ラ・ペーニャ、レイレ、サングエサと、これまでに書いたところを経由してこの道に到り、合流点を目指したのであった。

10kmほど走ると左手に、エウナテの礼拝堂Ermita de Eunateがひまわり畑や麦畑の中にぽつんと建っている。やや低い柱廊に囲まれた八角形の建物だ。

ふつう、八角形というと洗礼堂と思う。フィレンツェのドゥオモの前にあるサン・ジョバンニ洗礼堂がその代表的な例だが、キリスト教において8という数字は、キリストが復活後8日目に弟子トマスの前に現れたことから復活を象徴する聖数で、また、洗礼による罪の死からの復活ということもあって、洗礼堂や洗礼盤の多くは八角形ということにされている。

しかし、このエウナテの礼拝堂が持つ雰囲気は「野原の一軒家」ということもあってか、静寂に包まれてかなり違う。ここから、人骨が発見されていることからも埋葬礼拝堂だったのだろうと推定されている。巡礼が身につけた帆立貝も出てきているので、巡礼の道筋で倒れた人たちの彼岸への旅の平安を祈ってのものであろう。

考えてみれば、死もまた新たな「生」の始まりという意味で、そこに、復活を意味する８が使われても不思議ではない。
　礼拝堂と柱廊との間は死者を弔う墓地だったに違いない。このかたちはイエルサレムのイエスを祀った聖墳墓教会を模したものであるという。
　ログローニョの手前20kmのトーレス・デル・リオにも同じ形式の墓地教会がある。
　このエウナテから５km進むと、パンプローナからの幹線N111にぶつかる。
「サンティアゴに赴くには、四つのルートがあり、いずれもスペイン領プエンテ・ラ・レイナでひとつに集まる」と、有名な『巡礼の案内』の冒頭に書かれた地点がここである。
　つまり、南仏サン・ジルに発し、トゥールーズを経て、ピレネーをソンポルト峠で越えてきた道と、ル・ピュイ、ヴェズレー、トゥールの３点から発し、オスタバで合流してイバニエタ峠を越えてきた道とがここで最終的に一本化するところなのだ。
　合流点には、巡礼姿のモニュメントが建てられ、その台座には次のように刻まれている。
　desde aqui todos los caminos a Santiago se hasen uno solo.
「サンチャゴへのすべての道は、ここより、ひとつになる」
　巡礼たちが歩いた古い道は、まっすぐ町へ入り、プエンテ・ラ・レイナ（王妃の橋）へと続いていくが、N111は、左側へ迂回して新しい橋でアルガ川を渡るようになっている。

この古い町で最大の見物は、町名の由来ともなった石造りの古い橋であろう。11世紀、ある女王によって建造され、巡礼たちに贈られたこの橋、寄進者は、ガルシア・デ・ナーヘラの妻ドーニャ・エステファニア、あるいはサンチョ大王の妃と言われている。

水切りつき橋台で支えられた５基の半円形アーチからなるそのロマネスク橋は、アルガ川にきれいな５つの円を映して優美だ。巡礼が盛んだった時代には、この橋を渡る巡礼者が連日2000人を越えたという。

ひたすら歩き続ける巡礼にとって、川越えは大きな問題であった。浅瀬を選んで渡るためには増水期を避けて旅立つことも必要だったろうし、舟で渡る場合、渡し守に警戒することも忘れてはならないことだった。

「金を受取った後で、渡し守があまりに大きな巡礼者集団を載せてやって、舟がひっくり返り巡礼たちが溺死することもよくある。それから船頭たちは死人から遺品を奪って、意地悪くも喜ぶのである」という記録も残っている。

だから、橋を架けるということは、たいへん大きな慈善だったに違いない。

アルガ川に、王妃の橋がかかったとき、この地方ではあまり見かけない鳥が一羽姿を現し、川の水で翼をぬらしては、橋の欄干上に置かれた聖母像を洗い、やがて姿を消したという伝説がここには残っている。

星降る町エスティリャ

巡礼たちにとって、プエンテ・ラ・レイラは、その「王妃の橋」に感謝しつつも、そこに足を留めることなく、橋を渡って通過してしまう町になったのではないだろうか。

宿駅として栄えたのは、19km先のエスティリャであった。

多くの旅人が滞留する宿駅となるためにはいくつかの条件が必要だと思うのだが、それは例えば、

（１）何らかの奇蹟にまつわる伝説があること。（２）水がいいこと。（３）宿泊施設が整っていること。（４）病院があること。（５）そして、もちろん、見るべき教会があること、などであろう。エスティリャはそ

の全ての条件を備えていた。

1085年5月25日、羊飼いたちが雨のように降る流れ星によってお告げを受け、そこに聖母像を発見した。その「プイの聖母」Virgen del Puyは、現存しないが、その場所に建てられたサン・ラサロ施療院は、ハンセン病治療の場所として広く知られることになった。それだけでなく、ここには多くの病院があった。

スペインだけでなく、ハンセン病治療施設が聖ラサロと名乗っている例は世界のあちこちにある。これは、新約聖書（ヨハネによる福音書11）に書かれている「イエスによるラサロ蘇生」の物語に由来してのことだろう。

イエスが立ち寄った家にマリアとマルタという姉妹がいて、そのマリアがイエスに香油を塗ったり、髪の毛でイエスの足を拭ったりしてもてなし、彼女たちの弟ラサロと共に友人となったということは、ルカ伝（10～38）にも書いてある。そのラサロが（恐らくはハンセン病で）死に、その埋葬4日後に、イエスが彼を蘇らせたことによって、民衆の信頼を集め、また、そのことによって高まったキリストの人気を恐れるファリサイ派に抹殺される契機ともなったというのが聖書の記述である。

一方、イエスによって蘇生されたラサロは、その後、キリスト教伝導に力を尽くし、キプロスの初代主教となりその守護聖人ともなったという。また別説では、姉妹と共に南フランスのサント・マリー・デ・ラ・メールに漂着し、そこからマルセイユに赴き、その最初の司教となり、その遺体はオータンに運ばれて、サン・ラザール大聖堂の基になったともいう（この聖堂の北扉口付近にあった聖ラサロの墓は、1766年、ロマネスクを否定する立場をとった同教会参事会によって破壊された）。

話をエスティリャに戻そう。

流星伝説の10年前（1076年）、サンチョ王は、この町に特権を与え、商人や旅籠屋などの税を免じ、自由市民とした。さらに、流星伝説で弾みがつきはじめた1090年、王は、フランス人の入植と定住を許し、営業の自由、行政上の自治、免税などを法的に保障する特典を与えた。フランスからやってくる大量のフランス人の便宜を考えてのことである。

いうならば、日本の安土桃山時代の「楽市楽座」みたいなものだ。これによって、町は賑わい旅籠も増えた。

この巡礼ブームのなかで、旅を導く『案内』も発行された。これは恐らく世界最初のガイドブックだと思うのだが、その『案内』は、水道のない時代の旅人に、「巡礼は、悪しき水を飲まぬことが肝要である」と、水への注意をうながしてこう書く。

「エステラをエガの川が流れる。その水は甘く、無害で、良い。ロス・アルコスの町を過ぎる川の水は、死を招く。この町を過ぎて後、最初の救護所にいたる前に渡る川は、人馬に有害である。トレスなる村のかたわらの川も、その水を飲めば人も馬も倒れる。そこからコバスの村まで、同じく有毒の水が流れる。ログロニョにて、エブロなる大河を渡る。水は清く、魚も多い。総じて、エステラよりログロニョにいたるまで、水は飲用に適せず、魚は病いを招く。」

当時唯一の権威ある『案内』に、このように評価されたとあっては、巡礼は誰も安全な町としてエスティリャに泊まることになっただろう。こうして、この町の人気は一気に高まった。そして、15世紀には、Estella la Bella（うるわしきエスティリャ）とまで讃えられることになったのである。

12世紀のナバーラ王国の宮殿があり、旧市庁舎のあるサン・マルティン広場に観光案内があり、ここで、この町のロマネスクであるサン・ペドロ教会とサン・ミゲル教会をセットにしたガイドつきツアーを受けつけてくれる。

サン・ペドロ・デ・ラ・ルア教会 Iglesia de San pedro la Rúa（巡礼路の聖ペドロ）は、宮殿に面した階段を登ったところに、その北扉口がある。そのかたちはすでにゴシックへの移行を示す尖頭アーチである。

左右16本ずつの側柱に支えられた８層の縁飾りのそれぞれに円柱帯がついた豪華な入口となっている。扉口左右の４本の柱の上に載っているのはそれぞれの柱頭ではなく４本分をひとつのまとまった柱頭とするめずらしい造りになっている。

この教会自体、高い崖の上にあるのだが、昔は、さらにその上に崖がありそこに城が聳えていたという。1521年、その城が崖とともに崩れ落ちて、この教会回廊の南側と東側部分を壊した。その崩落の原因として、爆破という人為説と天災説とがあるが、とにかく残っているのは、北と西側しかない。

教会の建物側の北回廊と西側とでは、柱頭彫刻の主題がまったく異なる。イエスの生涯や聖人たちの受難を描いた北に対して、西側に彫られているのは植物や想像上の動物などであり、その中央に4本の捩じれた柱を組み込んでいるのがおもしろい。

サン・ミゲル教会 Iglesia de San Miguel へは、エガ川を渡って狭い路を歩いて行かなければならない。この教会の入口も北側である。西側に正面入口があるのがふつうなのでこれはめずらしい。地形との関係からなのだろうか。

玄関口から入って正面扉と対面する。レイレやサングエサのファサードと同じように、扉口全体が彫刻で飾られている。その彫刻の彫りが一段と深くなって立体感を増しているように思われる。造られたのが1185年というから、12世紀末のものであり、時代はゴシック期へ移行しつつあった。

時代の流れをいち早く受け止めるという点については、このエスティリャが巡礼路の要衝であったということと無関係ではあるまい。サンチャゴへの巡礼路は、別名「フランス人の道」と呼ばれたように、フランスからの旅人が多かった。ロマネスクの成立もそのゴシックへの移行も、フランスは他のヨーロッパ諸国より先行していたのだから、いち早くその影響（情報や技術）がここに及んできたと考えてもおかしくない。

先ず、タンパンから見ていこう。

タンパンの主題は「荘厳のキリスト」である。マンドルラ（光背）に包まれたキリストが中央に置かれ、右手は祝福のポーズ、左手に持つ書物にはクリスムが記されている。

そのキリストをエバンゲリスト（4人の福音史家）を象徴する動物たち（人－マタイ、鷲－ヨハネ、獅子－マルコ、牛－ルカ）が取り囲み、その左右に天使が配されている。このタンパンで目につくのはマンドルラのかたちが少し変わっていることだ。アーモンド型の長円がふつうなのだが、ここのは、それが変形されてやや四葉状になっている。そこに何らかの含意があるのか、それとも単なるデザインの都合からなのかわからない。

タンパン外側のアーキヴォルト（縁飾りのアーチ）は５層になっていて、香炉を持った天使たち、黙示録の長老たち、旧約の予言者や族長たち、福音書の物語、聖人の生涯や殉教などで彩られている。

そのアーチを支えている柱の柱頭には、右に、受胎告知からキリストの幼年期までの聖書にまつわる話、左に、聖ミゲルに関する話などが刻まれている。

タンパンの両脇は上下２層に分けられていて、上部には使徒を表す８体の彫像が置かれている。この彫像は、円柱の上に立ついわゆる円柱像なのだが、サングエサのそれのようには引き伸ばされていない。独立した彫像のように見える。枠に規制されるロマネスク特有の彫刻原理から離脱しつつあることが、こんなところから見てとれる。

下層壁面左右のレリーフ、これがこの扉口で一番の見物だろう。上層の彫像ですでに確認できた「写実」への移行は、ここにも及んでいて、高浮彫となっている。

左壁面のテーマは、聖ミゲル。その「悪」との戦いにおける戦闘性は「ドラゴン退治」として表現され、魂の重さを量って死者を天国と地獄に選別する役割は、膝の上に幼児を抱いた人物の姿で表されている。

右壁面のテーマは、「３人のマリアの聖墳墓詣り」で、香油の壺を抱えた３人の女性と、復活によって空になった棺が描かれている。

ここを案内してくれたこの町の観光局の女性ガイドの説明は、暗記特有のパターン化した早口のもので閉口したが、この程度の予備知識をもって行けば、何とか分かるのではないだろうか。

道の聖者ドミニクス

巡礼の時代、橋を架けることと同様に、多くの人に喜ばれたのは、道路を整備した人である。

「道はしばしば悪路であった。雨が降ると泥道になる所が多かった。大雨があると道や橋はよく流された。道を直し橋を懸けなおす必要は絶えなかった。土地の人も巡礼も、そのために働いた。そういった労働をすることそのことが、聖なる行為なのであった」（柳宗玄『サンチャゴの巡礼路』講談社）

エスティリャから100km近くサンチャゴに寄ったあたり、当時は悪路を除いてはほとんど何もなかったところに、ドミニクスというひとりの隠修士が住みつき、巡礼のための石畳の道（カルサーダ）を作り、修復することに生涯をかけた。

当時の『巡礼案内』は、この人についてこう記す。

「遠くイスパニアにおもむいては、聖ドミンゴの遺骸を拝するがよい。ナヘラよりレデシリャにいたるまでの道を造ったのはこの人である。遺骸はいまもレデシリャに眠る」

1109年、ドミニクスは死ぬ。直ちに聖人の位が贈られ、彼の墓の上に教会が建てられ、その徳を偲ぶ人々が集まり、町ができた。その町の名がサント・ドミンゴ・デ・ラ・カルサーダ santo domingo de la Calzada（道路の聖ドミニクス）である。

このドミニクスは、道路ばかりでなく、古い宮殿跡を利用して巡礼のための病院兼宿泊所をも作った。この12世紀の建物が修復されて、今、パラドールになっている。

聖ドミニクス（サント・ドミンゴ）の墓は、カテドラルの右袖廊にある。

『巡礼の歌』で、この町は、次のように歌われている。

ああ！どんなに嬉しかったろう、
サント・ドミンゴにあって、
雄鶏が、そしてまた白い雌鶏が、
ときをつくるのを聞いたとき。
私たちは刑場へ行った。
息子は三十六日そこにいた。
サンチャゴからの帰り途、そこで、

父親は生きている息子を見たのだ。

これは、巡礼たちが口承で伝え広めた聖ヤコブの奇蹟を歌ったものだ。それは、次のような伝説だ。

この町の旅籠に、サンチャゴを目指す夫婦と息子３人づれの巡礼が泊まった。息子は美しい若者で、宿の下女はたちまち想いをつのらせ、夜中に彼の寝床に忍び込んだものの、手厳しくはねつけられた。下女は逆恨みのあまり、主人の銀器をこっそり若者の袋に入れ、役人に訴え、無実の罪を押しつけた。捕らえられた若者は、父が自由になるために罰を受けると申し出て、絞首台に吊るされた。泣く泣くサンチャゴに向かった両親が、36日経った帰り道、絞首台に立ち寄ると、息子は綱の端に下げられたまま、まだ生きていた。そして、「聖ヤコブ様が私を両手で支えてくれていたのです」と言う。

両親は、裁判官のところに行って、まだ生きている息子を絞首台から下ろしてくれと頼む。しかし、裁判官はそんなこと信じない。そのとき、裁判官は食卓に向かって鶏の丸焼きを食べようとしていた。「この焼き上がった鶏が時を告げるなんてことでもない限り信じられない」と言うのだ。

とたんに、そのローストチキンが皿の上に羽ばたき、高らかに鳴いたのだ。若者は下ろされ、代わりに讒訴した下女が吊るされた。

それから、この町では、カテドラルの中にひとつがいの鶏を飼い、その羽を巡礼に与えることになった。巡礼は、もらった羽を帽子に飾って持ち帰るのであった。

この伝説は今でも生きている。ここの鶏は、世界で最も豪華な「鶏小屋」に住んでいると言ってよい。

そして、ドミニクスの事業は隠者聖ホアンに引き継がれ、ログローニョからブルゴスまでの道が整備されたのだという。

ダムに沈んだ村

さて、この聖者と伝説の町カルサーダから、次の大宿駅ブルゴスまでは、N120を60kmも西進すればよいのだが、せっかく車を使っての自由旅行なのだから、南の方に大きく方向を変えて、デマンダ山脈（主峰サン・ロレンソ2271 m）を迂回して行くことにしよう。

カルサーダの東19kmのところにあるナヘラから南に入り、6 km先を右折してLO834を12km進むと、サン・ミリャン・デ・ラ・コゴリャ修道院San Millàn de la Cogollaに着く。ここは、6世紀、隠修士聖ミリャンが籠もった聖地として知られ、574年ミリャンが百歳の天寿を全うして死ぬと、その墓が巡礼地となり、多くのサンチャゴ巡礼者が立ち寄って行ったところである。

修道院は上下二か所に分かれ、観光客を多く集めているルネッサンス様式の修道院（下）がユソである。山道を登った山間の庵ともいうべきたたずまいのモサラベ様式の教会がスソ。「上にあるけど裾」とはおやじギャグ的記憶法だ。

ロマネスク愛好者として興味を引かれるのはスソの方だ。10世紀末の馬蹄形アーチが美しく、イスラム美術との関連を感じさせる。

現在、10世紀後半に制作されたと推定されているベアトゥス写本のうち、「マドリー写本」（マドリー国立図書館蔵）は、この修道院にあったものだし、マドリー王立歴史アカデミー図書館に保管されているのは「コゴーリャ写本」と名づけられている。そのどちらがそうなのかぼくには分からないが「最初のカスティーリャ写本はここでつくられている」とミシェランには書いてある。

スソは訪れる人も少なく静かだ。そこで、この小さな教会が果たした大きな功績を偲ぶのもよい。

ここから南東に12km走って、ナヘラから来るC113に出る。この道をナヘリージャ川に沿って西へ進むとマンシージャ・ダムの人造湖である。

水面からわずかに、かつての城壁らしきものが頭をのぞかせている。水没した谷間の村に住んでいた人たちは、今は、少し川下に新しいマンシージャ村をつくって移住している。ナヘリージャ川はここから発し、ナヘラを過ぎてエブロ川に注いでいるのだ。

貯水池を左に見ながら10km も走り、そろそろそれも終わるかというあたりに、石積みの家が連なる小さな古い、昔の雰囲気を漂わせた集落がある。ビリャベラーヨである (p259)。

山間の道をさらに40km 走ると、サラス・デ・ロス・インファンテスで、ブルゴス－ソリアを結ぶ N234 に出る。ここをソリア方向に左折し、右手にテーブル状のメセタを見ながら4.5km 行ったアシナスで右折して細い道 BU903 に入る。なんでこんないなか道を走らなければいけないのかと文句も出ようが、もう引き返すわけにもいかないので観念してあと13km 走ってほしい。

ロマネスク回廊の傑作サント・ドミンゴ・デ・シロス

荒涼とした吹きっさらしのカスティーリャ平原のなかに、小さな村があらわれる。今はさすがにきれいになっているが、ぼくがこの村を訪ねはじめた20年以上も前は、道路一面に羊の糞が散らばっている寒村だった。

このサント・ドミンゴ・デ・シロス修道院の内部に、ロマネスク屈指のすばらしい回廊が、中世そのままの姿を留めていようとは、外からはちょっと想像できない。その回廊への入口は教会脇の道を入ったところにある。

今はその前に新しい広場ができ、その中央に僧衣姿の立像が置かれている。聖ドミンゴを象徴するかのように見えるその彫像は、その作風から見て、今、バルセローナの聖家族教会受難のファサード彫刻を担当しているシュビラックが制作したもののように思える。

ガイド役の修道僧に連れられて回廊に足を踏み入れたとたん、柱廊の光と影が織りなす別世界と対面する感動がこみあげてくる。この対面時にこみあげてくる思いはどの回廊でもそうなのだが、シロスの場合は格別という気がする。

「どのような精神があって、このような一隅が作られたのであろうか。節度があり、しかも豊かだ。気品があり、敬虔だ」と、小川国夫氏はこの回廊への感動を語っているが、すなおに同感できる。

中庭に立つ一本の糸杉と噴水を囲んで、２列の柱が整然と並び、歩廊に微妙な影を落としている。回廊北側の教会に接する壁のところに、1047年から73年までこの修道院長であった聖ドミンゴの墓が安置されている。

６～７世紀ごろ、ここには西ゴート族の僧院が建てられていたのだが、スペインを支配したイスラム勢力の中でも最大最長の権力であった後ウマイヤ朝のアル・マンスールによって破壊された。それを再建したのがドミンゴであった。

彼は死後、奇蹟によってイスラム軍に囚われていた300人以上の捕虜を解放したと伝えられ、その奇蹟によって死後３年という驚異的な短さで聖人とされたのだそうだ。

回廊が作られたのはドミンゴの死後、11世紀末から12世紀半ばにかけて（1088～1158）のロマネスク真っ盛りの時期のことである。

四隅に大きな角柱が配され、それに挟まれるかたちで、東西各15本（対）、南北17本（対）ずつの柱によってアーチが作られる構成になっている。そのうち、東側と北側、そして西側の４対までが最初の工匠によるもので、残りの西側と南側が第二の工匠の手になるものである。どちらもずば抜けた腕前の名人であることに違いないが、第一の工匠の方が優れていると評価されている。

その柱頭彫刻のモチーフは、獅子や龍や幻想的な動物たち、抽象的な植物文様など、オリエンタルな雰囲気を漂わせ、これがロマネスク時代の人々のイメージの結晶かと思うと、ぐるぐると何回も回ってみてもあきることがない。

反時計回りに見ていくと、東側右から４番目「犬に護られたアルピ（頭が女性、身体が鳥の伝説上の怪獣）」、北側３番目「黙示録の古代人たち」、５番目「鷲に攻撃されるアルピ」、西側２番目「首を交差させて向き合う鳥」、３番目「フラミンゴ」、４番目「鳥とライオンを取り囲む植物の組合せ模様」（ここまで最初の工匠）、６番目「イエスの誕生」、８番目「受難の場面」、南側右から７番目「野兎を締めつける鷲」、２番目「顔をしかめる怪物」など、興味は尽きない。

そして、このシロスの回廊が特にその美しさを際立たせているのは、四隅の角柱に彫られたレリーフによるものである。それを入口から近い順に見ていこう。

南東「キリスト昇天祭」と「ペンテコステ（聖霊降臨）」、北東「キリスト降架」と「キリストの埋葬と復活」、北西「エマオの使徒たちのもとに現れた巡礼姿のキリスト」と「聖トマスのもとに現れたキリスト」（この６面までが最初の工匠の手になるもの）、南西「受胎告知」と「エッサイの木（キリストの系図）」（これは３番目の工匠によるもの）となる。

この４本の角柱彫刻のうちで、特に興味をひくのは、北西の柱のものであろう。エマオの使徒たちの前に現れたキリストがかけている袋には帆立貝が彫られていて、それはサンチャゴ巡礼のシンボルである。この回廊と巡礼が深く結びついていることがこれで分かる。「トマの不信」として知られるエピソードは、新約聖書ヨハネ伝に由来するものだ。

十二人の一人でディディモと呼ばれるトマスは、イエスが来られたとき、彼らと一緒にいなかった。そこで、ほかの弟子たちが、「わたしたちは主を見た」と言うと、トマスは言った。「あの方の手に釘の跡を見、この指を釘跡に入れてみなければ、また、この手をそのわき腹に入れてみなければ、わたしは決して信じない。」さて八日の後、弟子たちはまた家の中におり、トマスも一緒にいた。戸にはみな鍵がかけてあったのに、イエスが来て真ん中に立ち、「あなたがたに平和があるように」と言われた。それから、トマスに言われた。「あなたの指をここに当てて、わたしの手を見なさい。また、あなたの手を伸ばし、わたしのわき腹に入れなさい。信じない者ではなく、信じる者になりなさい。」トマスは答えて、「わたしの主、わたしの神よ」と言った。イエスはトマスに言われた。

「わたしを見たから信じたのか。見ないのに信じる人は、幸いである。（20 － 24 ～ 29）

この回廊の柱頭彫刻、とりわけ網目模様のアラベスク風装飾は、イスラムの手本に基づいたものと言われているが、全体に漂う東方の雰囲気はどこから来たのかと想像してみる。

これは完全にぼくの勝手な空想なのだが、この「聖トマス」に関わってのことではないのだろうか。

トマスは後に、インドへの伝道に旅立ち、そこで殉教したと伝えられている。16世紀、バスコ・ダ・ガマがインドの南部にたどり着いたとき、「わたしはここに胡椒とキリスト教徒をもとめてやって来た」と語ったのは、この聖トマス布教伝説（四世紀の新約外伝『トマス行伝』による）に基づいてのことであった。そして、ガマが到達したマラバール地方には、古くから、トマという聖者の伝説が語り伝えられていたのだという。

もちろん、シロスの彫刻を作った人たちはそんなことは知らない。だけど、聖トマスのインド布教伝説をイスラム手本のかなたに読みこんでのイメージが、ここの柱頭に独特の雰囲気を与えたのではなかろうかと、回廊をめぐりつつ空想してみるのも悪くない。もともと回廊は瞑想の場なのだからそこに空想がまぎれこんでも許されるだろう。

この「聖トマスの不信」の場面を見るとき、それが置かれた西柱廊の天井にも目を向けてほしい。この14世紀の格天井はよく保存されていて、その彩色模様が美しい。

ここにも東方の雰囲気が感じられるが、この謎を解いてくれるのは、この修道院がベアトゥス写本を通してモサラベ文化と深く関わっていたということではなかろうか。

モサラベとは、これまで何度か説明してきたが、キリスト教徒でありながら言語・文化的にはアラブ化したスペイン人あるいはその文化を指す。このモサラベが（例えば馬蹄形アーチのような）西ゴート美術を継承するかたちでロマネスク美術に大きく貢献したことは認めておかなければいけない。ベアトゥス写本もそのいい例だ。

では、そのベアトゥス写本とこの修道院との関係はどうなっているのか。

回廊南側に、旧薬局への入口がある。そこからムセオを通って外に出るのだが、薬局には、たくさんの薬壺や古い秤や蒸留器などがあって、昔の修道院が当時の先端科学や医学を通して人々と結びついていたことがよく分かる（ここには今も薬草園がある）。そして、ムセオにはサント・ドミンゴが使ったとされる金銀線状細工で飾られた杯などとともに、ベアトゥス写本が展示されている。

これは、恐らく９世紀後半に制作された『シロス断簡』と呼ばれているものだろう。この制作地は不明なのだが、この修道院で制作されたということがはっきり分かっている『シロス写本』と呼ばれているものは、現在、ロンドンの大英図書館に納められている。その写本の写字を担当したのは、ムーニョとドミニコという人で、挿絵担当はペトルスという人だ。そして、写字終了が、1091年４月18日のことであり、挿絵完了が、1109年７月１日であることまで判明している。

この写本の原本『黙示録註解』を書いたベアトは、聖ヤコブのスペイン布教を公式に肯定した最初の人物でもあった。そのことを記した『註解』の第二書序言３には次のように書かれている。

「使徒たちは、全員で唯一の存在でありながら、各人は世界への布教のためにそれぞれの使命を授けられた。ペテロはローマに、アンデレはアカヤに、トマスはインドに、ヤコブはイスパニアに……」

ここで、ヤコブのスペイン布教はもちろんのこととして、トマスのインド布教ということが、当時すでによく知られたことだったということが分かる。

さきほど、このシロス修道院が今も薬草を育てていると述べたが、ここは現役の修道院なのだ。毎日午後6時45分になると、7時からのミサを告げる鐘が鳴りはじめる。この公開されているミサはきちんと典礼に則ったもので、聖歌つきで進行していく。

その練習用としてスペインの小さなレコード会社で作られたレコードが、アメリカの大手レコード会社の手によってCD化され、「グレゴリオ・チャント」が大ブレークしたのは、1994年のことであった。それから、この村を訪ねる観光客が急増し、そのための駐車場ができ、ホテルも増えた。

それまでは自由に見学できた回廊も、グループごとのガイドつきとなった。

その説明も四隅の角柱彫刻にしぼられ、旧薬局、ムセオを通ってさっさと外に出してしまう流れになってしまったので、ゆっくりとこの回廊を堪能したいという人は適当にその「管理」から離脱する必要がある。

この村は、グレゴリオ聖歌ブームで賑わうようになったとはいうものの、夜になると静かになる。村の背後、あるいは修道院を見下ろす丘に登ると、星空をかなり鮮明に眺めることができる。流れ星もはっきり見える。

かつては、この村の道に無数に散らばっていた羊の糞がそのまま星となり、天の川になってしまったのではないかなどと思ったくらいだが、はるか西へ伸びるサンチャゴ巡礼路は昔から銀河に例えられていたなあなどと思わせる夜が、このシロスでは味わえる。

シロスでの思い出話をもう一つ書いておこう。

もう10年以上も前のことだが、ぼくが企画したツアーで、絵描きさんが何人も加わった旅があった。そのうちの一人がこの村の野原でスケッチしているうちに、風でコンタクトレンズを飛ばしてしまった。草原でそれを見つけることなど不可能に近い。

諦めて宿に戻った翌朝、それを見つけて届けてくれた農夫がいた。絵描きの彼女が必死に探しているところを遠くから見ていたのだそうだ。小さな小さなコンタクトレンズを載せて差し出した掌は日々の野良仕事で荒れたごついものだった。そのコントラストが忘れられない。そんな優しい人が住んでいる村なのだ。

おすすめパラドール

本書の記述のなかで何カ所かパラドールという言葉を使ったが、これは、スペイン政府が観光政策として1928年以来、独自に開発した国営ホテルのことで、2006年現在、91カ所（うち島嶼部6）に設けられている。また、準備中のものが11ある。国民宿舎を連想すると大違いで、その多くが由緒ある古城、宮殿、修道院などを改装して、近代的なホテルにしたもので、観光客の人気を集めている。ただ、交通不便なところが多いので、車を使う旅人に許された特権のようになっている。

だけど、パラドールだからどこもいいかといえばそういうわけでもない。あえて泊まるまでもない凡俗なところもかなりある。これまで、ぼくが実際に泊まったところは52カ所あるが、その経験から、滞在してソンのないところ、そして、ロマネスク探訪の基地として便利なところを選んでお薦めすることにする。旅が一段とゴージャスになることは間違いないと、いささかの羨望をこめて請け合う。

また、パラドールは、それぞれの郷土料理をメニューに加えて、宿泊客以外も利用できるようになっているので、レストランやサロンだけを使ってもよい。しかし、はっきり言って、パラドールの食事は高い。高い金を取るだけにフランス料理まがいのものが多い。近くに村のレストランがあったら泊まるだけにしておいた方が無難なこともある。

こんなことを言うのも、ぼくがいつもひとり旅か無粋な仲間との旅だからで、相手がステキだったら見栄をはるかも知れない。

*　*　*

Aiguablava　T65 W8　TEL 972 62 21 62

野生海岸 Costa Brava に突き出た絶壁の上、三方を海に囲まれた景勝の地に建つ。アンプリアス遺跡に近い。⇒ Girona, Figueres, San Pere de Roda

Artíes/ Don Gaspar de Portolá　T38 W9 TEL 973 64 08 01

アラン谷に建つ山荘風の建物。隣接してそびえる中世の塔は上カルフォルニアの発見者ガスパール侯爵の生家。

⇒ Vielha, Bossost, Vall de Boi, St Bretrand de Comminges

Baiona/ Conde de Gondomar S12 T92 W13 TEL 986 35 50 00

大西洋に面し、二重の城壁に囲まれた昔の宮殿、ゴンドマール伯爵は17世紀の駐イギリス大使、余生をこの城で過ごした。

⇒ Santiago de Compostela, Ourense

Cangas de Onís S2 T53 W9 TEL 985 84 94 02

12～18世紀にかけて建てられたサン・ペドロ修道院を改装した建物。⇒ Covadonga, Picos de Europa, Ovied

Cardona/ Duques de Cardona S2 T42 W5 TEL 93 869 12 75

10世紀のロマネスク，サン・ビセンテ教会を包む城砦、カール大帝の子ルイ王子が対イスラムの前線基地として築城した。

⇒ Manresa, Montserrat, Terrasa, Solsona

Fuente Dé/ Rio Deva S4 T54 W18 TEL 942 73 66 51

背後に標高差1000 mの断崖が切り立っているピコス・デ・エウロパの登山基地。垂直に上昇するロープウェイでカブレ展望台に登るとスペイン一の絶景が広がる。⇒ Potes,

Leon/ San Marcos T195 W15 TEL 987 23 73 00

16世紀、サンチャゴ騎士団が巡礼者の救護院として建て始め、後に修道院となった華麗な建造物。サン・マルコはサン・パウロの弟子で福音史家。⇒ San Miguel de Escalada

Olite/ Príncipe de Viana S1 T33 W2 TEL 984 74 00 00

15世紀のナバラ王の夏の宮殿として建てられたもの。フランスの宮廷様式を随所に取り入れた優美を残す。⇒ Sangüesa, Estella, Puente la Reina

Santiago de Compostela/ Reis Católicos TEL 981 58 22 00

15世紀末、イサベルとフェルナンド両王が巡礼のために建てた病院兼宿舎。4つのパテオを持つが、それを眺める部屋は事前申し込み。

Santellana/ Gil Blas S2 T25 W1 TEL 942 81 80 00

中世の風格ある村落がそのまま保存され、村全体が史蹟となっている広場に面した貴族の館がパラドールとなった。村内にロマネスク教会もある。

Segovia S13 T77 W16 TEL 921 44 37 37

ローマの水道橋、アルカサールなど、セゴビアの町を一望できる高台に建つ超モダンな建物。セゴビアの教会は、殆どがロマネスクだ。

⇒ Avila, San Ildefonso la Granja

Seu d'Urgel S6 T60 W12 TEL 973 35 20 00

建物は近代風だが、立地条件がいい。隣がカテドラル、司教区美術館で、カタルーニャロマネスクを訪ねる上でとても便利。アンドラも近い。

⇒ Coll de Nargó , Solsona

Soria/ Antonio Machado S6 T54 W7 TEL 975 24 08 00

詩人マチャードが愛したドゥエロ川を見下ろす城址公園に建っている。この町には興味深いロマネスク教会がいくつもあるのでいい拠点となる。

⇒ San Juan de Duero

Sos del Rey Católico/ Fernando de Aragón TEL 948 88 80 11

町全体が国の重要文化財に指定されている集落の見晴らしのいい丘に建っている。イサベルと結婚してスペイン統一を果たしたフェルナンドの生地。⇒ Sangüesa,Leyre

Vic-Sau S4 T23 W10 TEL 93 812 23 23

サウの貯水湖に面して、カタルーニャの伝統的な農家を模して建てられた。運がよければ湖中のサン・ロマン教会が望める。サン・ペレ修道院も近

い。⇒ L'Estany

Viella　T87 W7 TEL 973 64 01 00

ピレネーの向こうのスペイン、アラン谷の中心ビエリャの町を見下ろす山腹に建つリゾートホテル。5キロのトンネルを抜けてすぐの所にある。ボイ谷への基地となる。 ⇒ Val d`Arán, Durro, Tahull, Bohi, Erill-Lavall

Zamora/ Condes de Alba y Aliste T25 TEL 980 51 44 97

ロマネスクの美術館と呼ばれるサモーラ旧市街の中心に建つ15世紀の宮殿を改装したもの。周辺の教会は全てロマネスク。そこから繰り出す聖週間の行列は見事だ。⇒ Toro, San Pedro de la Nave, Salamanca, Benavente

※S - シングル、T - ツイン、W - ダブル

TOURIST OFFICE OF SPAIN:03-3432-6141/03-3432-6142 tokio@tourspain.es
※日本総代理店　イベロ・ジャパン　Tel:03-5840-5640 Fax:03-5840-5641

14

巡礼の道　西へ

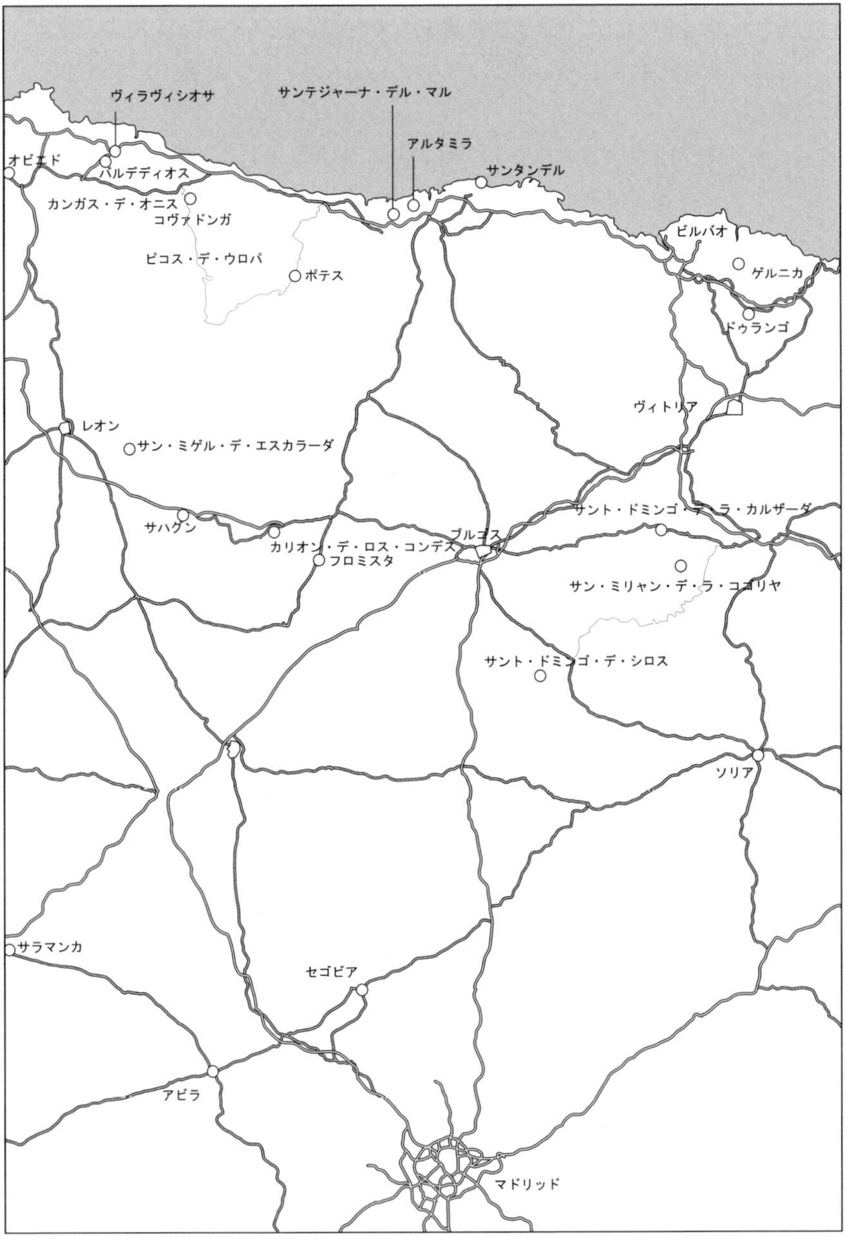
ヴィラヴィシオサ
サンテジャーナ・デル・マル
アルタミラ
オビエド
バルデディオス
サンタンデル
カンガス・デ・オニス
コヴァドンガ
ビルバオ
ピコス・デ・ウロパ
ポテス
ゲルニカ
ドゥランゴ
ヴィトリア
レオン
サン・ミゲル・デ・エスカラーダ
サント・ドミンゴ・デ・ラ・カルザーダ
サハグン
ブルゴス
カリオン・デ・ロス・コンデス
フロミスタ
サン・ミリャン・デ・ラ・コゴリヤ
サント・ドミンゴ・デ・シロス
ソリア
サラマンカ
セゴビア
アビラ
マドリッド

岩も夢見るソリア

このサント・ドミンゴ・デ・シロスから60km北上するとブルゴス。順当ならそのコースをとる。「だけど、せっかくここまで来たのだから」という例のパターンで寄り道をして行こう。

ぼくとしては、どうしてもソリアへお連れしたい。お気に入りの町なのだ。

サント・ドミンゴ・デ・シロスからブルゴスとは反対方向へBU903をアシナスまで戻る。そこでN234へ出て、東に90km走るとソリアだ。

あるいは、プエンテ・ラ・レイナ〜エスティリャと辿ってきた「サンチャゴ巡礼路」をログローニョまで来たところでN111に移って100km南下すればソリアに着く。そこから西へシロスを目指すというコースもありだ。

ソリアの標高は、1050 m。町の東側をドゥエロ川が流れる人口3万5千人ほどの落ちついた小都市だ。中世、この町が栄えたのは、ここに強力なメスタと呼ばれる「移動牧羊業者組合」があったからだ。

鎖国を解いたばかりのころの日本にとって、生糸が重要な輸出品であったように、レコンキスタ盛期のカスティーリャ王国にとって、メリノ種羊毛をネーデルランドなどに輸出することは貴重な財源だった。

そのために、王はメスタに特許状を発して羊群の長距離移動を許した。牧草をもとめてカスティーリャ中央高地を南北数百kmにわたって移動する羊の群れは、最盛期の16世紀前半には300万頭を越えたという。国王公認の特権を振りかざして、時には農地にまで侵入するこの移牧は、あちこちで住民との摩擦を引き起こしたばかりでなく、スペイン農業に壊滅的な打撃を与えることにもなった。

しかし、反面、このメスタによって繁栄したところもある。このソリアがそうだし、次に取り上げるブルゴスもその恩恵を受けた都市であった。

魅力的な町なのにこのソリアが日本語で書かれたガイドブックに載ることはない。少し前までは『地球の歩き方』だけが取り上げていた。

この『地球の歩き方』というガイドブックは、ひたすら、安ホテル、安食堂の紹介に徹しているという点では便利に使えることもあるが、町の説明などは安易で文化的な背景に立ち入るなんてことはない。

ところが、このソリアに関してだけは、マチャードの詩を紹介したりして他の説明とは違うトーンだった。種明かしをしてしまえば、最新版では消えたこの頁は、ぼくが書いたものだ。

このガイドブックのシリーズにスペイン版が登場したのは1986年のことであるが、その企画にぼくは求められて参加し、取り上げるべき地名の選択やコラム欄の構成や執筆者の紹介などに協力し、「白い村ベスト５」などを含む９か所の説明と、８つの囲み記事を書き、多数の写真も提供した。そこにソリアも含まれていたというわけだ。

種明かしのついでにもう少し脱線してしまうと、このスペイン版（特にバルセローナのところ）は、間違いだらけだった。何年経ってもそれを直さないので、具体的にそれを指摘した手紙を書いたことがある。それはどんな箇所だったのか、脱線ついでに書いてしまおう。

（１）（パセオ・デ・グラシアの）歩道にはガウディのデザインした赤い六角形の奇妙な模様のタイルが敷かれている。
　→赤ではないライトブルーだ。
（２）テルミノ駅の裏側にバルセロナ・ローカルという駅がある。
　→セルカニアだ。
（３）バスには路線図というものはない。バス停にもどこにもない。
　→全バス停に掲示してある。
（４）（ランブラス通りの本屋では）掘り出し物の古本などが見つかったりして、本好きにはこたえられない。
　→古本は扱っていない。
（５）（市場は）ほぼ500 m四方に一カ所ぐらいの割合である。
　→そんな密度ではない。もっと広い範囲に一つだ。
（６）今ではカタルーニャ美術館になっている、かつてのカタルーニャ王国の王宮

→カタルーニャ王国というのは存在しなかった。
1929年万国博のときの政府館である。

（7）（聖家族教会の建設は）すぐに資金が底をつき、1891年からはガウディに引き継がれ、現在に至っている。
→初代建築家ビリャールが辞任したのは、構造設計をめぐる意見対立からで資金が底をついたわけではない。
またガウディが就任したのは1883年である。

（8）フェデリコ・マレス博物館は、地下で歴史博物館とつながっている。
→地下でつながっているのは、王の広場に面したティネルの間である。

（9）（ティビダボ）遊園地の隣は聖家族教会（ガウディのものとは別）があり、
→ティビダボにあるのは、Iglesia del Sagrado Corezón つまり「聖心」教会だ。

（10）（ヘローナの）「天地創造図」のタペストリー。横2m、縦1m。
→そんなに小さいはずがない。横4.7m、縦3.65mが正しい。

（11）バルに入ってコーヒーを頼む時、少なめに欲しい時は、「カフェ・コルト」と言う。
→「コルト」という言い方は聞いたことがない。普通「コルタード」と言う。

誰が書いたのか知らないが、これほどいい加減なのもめずらしい。その他、誤植もふくめると、バルセローナだけで50箇所くらいもあったろうか。それを改めもせず毎年版を重ねていたのもおかしい。

ぼくが書いた手紙に返事はなかったが、提供したスライドの扱いがあまりにも乱雑なのにも呆れて、ぼくはこのガイドとおさらばした。

1980年代に、この『地球の歩き方』を頼りに、スペインを旅した人は、とても困惑したはずだ。別名『地球の迷い方』と言われている所以である。

なお、日本人対象のガイドブックが、読者の需要水準に合わせて、ホテル、レストラン、ショッピングに力を入れて、文化財についての説明がお手軽になるのは、どれをとっても同じと言えよう。これに飽き足らない人は、ガイドブックでないものをガイドにする努力をしなければいけない。

その点で、スペインに関しては、文化的背景についてもきちんと書き込んである例外として、田尻陽一氏が執筆した『スペインの旅』昭文社エアリアガイド・121（1998年初版）が挙げられるが、これも今は書店にはない。

余談はここまで。本題はソリアだった。

シロスからN234で来ると、町へ入ってすぐにセルバンテス公園（右手）にぶつかる。そのY字路を左にサント・トメ通り目指して進んで行く。ログローニョからN111で来るとこのサント・トメ通りにぶつかる。そこを左折してすぐ右側にサント・ドミンゴ教会がある。道路に面しているのですぐ分かる。

12世紀初めのサント・トメ教会をその世紀末に拡大し、りっぱなファサードをつけたものが現在のサント・ドミンゴだ。ファサードは20世紀に補修されてその優美な姿を今に伝えている。優美という言い方をし

たが、それは、ファサードの構成がスペインの教会ではあまりみられないすっきりとした配置になっているからだ。中央にバラ窓と扉口、その左右上下二段に装飾アーチという構成になっている。壁地が見える装飾アーチといっても、カタルーニャでよく見るロンバルディア帯とは違っている。その相違は、カタルーニャのそれがイタリアからの流れであることに比べて、ここの様式はフランス西部の影響を受けているからなのかもしれない。

タンパン上方の両脇に２体の人物像が刻まれているが、それは、この町の創建者アルフォンソ８世と王妃エレオノールであり、そのエレオノールがガスコーニュ王国の継承者であったことが、この教会にフランス様式の影響を与えたのだとされている。

タンパン中央にはキリストを膝に乗せた創造者が４人の天使に囲まれ、その左右に聖母とヨセフが配されている。そのタンパンを囲むアーキヴォルトは４重のびっしりと人物が彫り込まれたもので、それぞれが表現しようとしているのは、内側から、楽器を演奏する「黙示録」の24人の長老、ヘロデ王の幼児虐殺、キリストの青年時代、キリストの受難と死である。

その華麗なアーキヴォルトから連想するのは、フランス・ポアトー地方オーネ Aulnay のサン・ピエール教会のそれである。このあたりからもフランスっぽいと感じてしまうのだろうか。

このアーキヴォルトを支える柱の柱頭彫刻は、旧約聖書「創世記」の最初の場面のいくつかである。

教会前のサント・トメ通りを進んでいくと、大きく右に曲がりながら下って、サン・アグスチン通りにつながる。それを直進してドゥエロ川を渡り、左折したところに、サン・ファン・デ・ドゥエロの回廊がある。囲いも軒もないまさにむき出しの野天回廊である。

ふつうの回廊だとつい柱頭彫刻に目が行ってしまうのだが、ここではアーチの連続交差のみごとさの方に注目してしまう。細かく見ると４つの異なる様式によって構成されたアーケードなのだが、それらが交錯し

ながら連続した流れをかたちづくっている。イスラム美術の影響を受けながら、それがこんなかたちでロマネスク美術として昇華したのだと感心してしまう。

ここを流れるドゥエロ川は、このあたりではまだ上流といってよい。ここから西へスペインを横切り、ポルトガルへ入ってドウロ川となり、ポルトで大西洋に流入する。その全長は925km、イベリア半島で最大の流域面積を持つ大河だ。それだけに、この川の水を利用する灌漑地域では、多くの小麦、大麦、牧草、トウモロコシ、ブドウが育ち、いくつものダムで電力を生み出す。それがもたらす恩恵は多大なものだ。

そして、このソリアでこの川におのれの思いを託して歌ったのがアントニオ・マチャードだった。

銀色の丘　灰色の丘　紫がかった岩地
そこをドゥエロ川が　ソリアをめぐって
大弓のカーブを描く……
お前たちのおかげで、きょう私の心の底に
感じる悲しみ　悲しみ、すなわち愛
ソリアの野よ　そこでは岩も夢みているようだ

スペイン内戦に際し、共和国政府の側に立ってたたかった詩人マチャードが、フランコ軍に追われてフランスへ逃れ、コリウールという海辺の町で寂しく死んでいったということは、「ガバチョの国のロマネスク」の章で書いた。

1875年、セビリャに生まれたマチャードは、フランス語教師としてこのソリアにやってきて、ここでレオノールと結ばれ、「岩も夢みている」というように、荒涼たる風景（外観）のかなたにスペイン（人）の本質を探ろうとする優れた詩をたくさん書いた。

1898年、米西戦争敗北の結果、キューバ、プエルト・リコ、フィリッピンなど全ての植民地を失うことになったスペインのアイデンティティとは何か、どうしたら再生できるのかということを真剣に考え模索した知識人グループを「98年世代」というが、マチャードはウナムノと並んでその世代を代表するひとりだった。そして、かれらのペシミズムを乗り越えようとした後継世代が、オルテガ（『大衆の反逆』）、ヒメネス（『プラテーロと私』）、ロルカ（『ジプシー歌集』）という流れになる。

ソリアの町を見下ろす城址公園 Parque del Castillo に登ると、マチャードが歌ったとおりの風景を見ることができる。

暗い樫の木立　無人の石の野　禿げ山
川のほとりの　白い道と　ポプラ並木よ

この丘に建つパラドールには「アントニオ・マチャード」の名が冠せられている。

中世カスティリャ王国栄光の都ブルゴス

スペインの歴史において、ブルゴスがどのような位置を占めていたかということを説明した簡単な文章から始めよう。

「ブルゴスには、一見、相互に何の関係もないような二つの平行した歴史がある。一方は、幸運なときと不運なときのエル・シッドを知り、諸国の王侯の使者を迎える、カスティーヤの首都の歴史であり、もう一方は、ひとつはプエンテ・ラ・レイナからナヘラを経る、またひとつはバイヨンヌからミランダ・デ・エブロを経る、巡礼の二大ルートの合流点としての位置から説明されるように、多くの旅籠や大規模な救護所をもち、商業で活気に満ちたコンポステーラの道の主要宿駅なのである。」

イーブ・ボティーノ『サンチャゴ巡礼の道』（河出書房新社）で引用されているドン・ホセ・マリア・ラカーラのこの文章は、ブルゴスという町の歴史的性格をうまく要約していると思う。この簡潔な叙述に盛り込まれた内容を解析していけばブルゴスの歴史的イメージがはっきりしてくるだろう。

ブルゴスは、884年、カスティリャ伯ディエゴ・ロドリゲスによって築かれた町であり、1037年、フェルナンド1世によるレオンとカスティリャの王国統一の首都となり、それから、1492年のレコンキスタ完成によってバリャドリにその席を譲るまでの455年間、国王の本拠地であった。それは、フェリペ2世が王宮をトレドからマドリーに移し、そこを首都と定めた1561年から現在に至るまでの歴史よりも長い。

ブルゴスが首都であった時代は、イスラム勢力を押し戻し駆逐するレコンキスタが飛躍的に進展した時代であった。その時代のヒーローとしてよく知られているのがエル・シッドである。

本名は、ロドリゴ・ディアス・デ・ビバール、生年は1026年と1043年の二説あるが、没年は1099年である。かれの生涯は、単にレコンキスタの勇将というだけでなく、そこにカスティリャ王国の内紛もからむので、まことに複雑だ。

レオンとカスティリャの王国を統一してその王となったフェルナンド

１世は、1065年に没するが、その死去にあたって三男二女に領地を分割して与えた。

カスティリャを継承した長男のサンチョ２世は、それを不服として独占にかかる。しかし、その独占が完了しないうちに謀殺されてしまう。レオンを継承しながらも兄に追放され、イスラム勢力下のトレドに逃亡していたアルフォンソ６世は、帰還してカスティリャも自分のものとしてしまう。

初めはサンチョに、続いてアルフォンソに仕えることになったシッドは、アルフォンソに対して、兄王の謀殺に関与せず潔白であったと宣告せよと迫り、不興を買い追放されてしまう。シッドはイスラム支配下のサラゴサに行って傭兵隊長として雇われ、今度はキリスト教徒と戦いその勇名を馳せる。彼が「エル・シッド」と呼ばれるようになったのはこの時からである。

cidというのは、アラビア語のサイイッ sayyidからきたもので、軍団の主人という意味だ。彼を「わが殿」と呼んだのはキリスト教徒ではなく、イスラム教徒だったのだ。

その勇猛ぶりに恐れをなし、アルフォンソは和解をもとめ、シッドもそれを受け入れて、今度はキリスト教徒側の大将として、バレンシア奪回に向かう。

こう書いてくるとエル・シォドという男は節操がないように思えるが、当時のヨーロッパにおける戦いは傭兵によるものがふつうだったので「忠義」の観念で割り切ることはできない。

レコンキスタで勝利したキリスト教徒側で広められた武勲詩では、当然、こんな屈折は省かれている。

エル・シッドが活躍したのは、11世紀後半であるが、ここから13世紀にかけて、レコンキスタは「西方十字軍」とされ、飛躍的に進展する。その南進に伴って、キリスト教徒が安心して通行できる巡礼路が確保され、サンチャゴ巡礼の最盛期へと向かうのである。

レコンキスタはまた、エストレマドゥラやアンダルシアの広大な牧草地をも解放することになった。人間だけでなく羊の移動路をも確保することになり、長距離移牧の可能性も開いたのであった。
前節のソリアのところで触れたメスタ（移動牧羊業者組合）のことを思い出してほしい。このメスタとブルゴスとが深い関係を持っているのだ。
長距離移牧の牧羊とその所有者の利益を保護するためのさまざまな特権を与えられたメスタが設立されたのは、1273年、アルフォンソ10世によってであった。では、その保護された長距離移牧とはどのようなものだったのだろうか。大内一氏の論文を引用する。

長距離移牧の羊は、およそ千頭単位の牧羊群（レバーニョ）に分けられ、一日二〇～三〇 km の速度で二〇～三〇日をかけて冬季牧草地（インペルナデーロ）と夏期牧草地（アゴスタデーロ）との間を牧羊移動路（カニャーダ）（レオン路、セゴビア路、ソリア路、クエンカ路）を通って移動した。最長はレオン路で約八〇〇～一〇〇〇 km、最短はクエンカ路で四〇〇～六〇〇 km であった。牧羊群は、目的地別に牧羊群団（クアドリーリャ）を形成した。牧羊群の一般的な移動サイクルは、レオンの山間部の夏期牧草地で焼印押しと交配を済ませ、九月にそこを出発、エストレマドゥーラやラ・マンチャ地方の冬季牧草地に到着後はそこで子羊を生み、聖マルコスの祝祭日（四月二五日）に再び夏期牧草地に向かい、途中、セゴビアやソリア近辺で聖フアンの祝祭日（七月二四日）までに剪毛を済ませる、というものであった。
……しかし、一五世紀になると人口が回復し始め、食料需要を満たすために山地、荒蕪地、牧草地の開墾による農地の拡大が進行し、農民と牧羊業者との間の係争が増加した。……ちなみに、一五世紀末の時点で、メスタに属する長距離移牧業者数は約三〇〇〇人、一四七四年頃には長距離移牧の羊は三〇〇万頭であった。
（立石博高他『スペインの歴史』昭和堂所載）

さまざまな特権を賦与されたメスタによって羊はまさに「お羊さま」になってしまった。農民はその農地に羊の通行を妨げるような垣を築いてはいけなかった。せっかくの作物を食い尽くされてしまっても文句を言うことは許されなかった。故意に羊を傷つけたり殺したりしたら重い刑に処せられ、羊毛を密輸したら死刑だった。この「お羊さま」に対する農民の思いを文学的に表現したのがセルバンテスだったと中丸明氏は言う。卓見だ。

「ドン・キホーテが羊の大群を敵の軍団と妄想してこれに突っ込み、片っぱしから槍にかけるという冒険譚は、百姓たちの嘆きを代弁した皮肉である。このたわけた冒険譚にもレコンキスタの実体が隠れ見えている」（スペインを読む事典）

『ドン・キホーテ』が出版され、たちまちベストセラーとなったのは1605年、今から400年前、ちょうどメスタの時代と重なる。これを読み、あるいは耳から聞いた農民たちは羊を血祭りにあげるドン・キホーテに溜飲を下げ喝采を送ったのではないだろうか。

このメスタからの羊毛を一手に買い上げ、輸出していたのがブルゴス商人だった。この点について、大内論文を引き続き引用させていただく。

カスティーリャの羊毛輸出を担っていたのはブルゴス商人であった。ブルゴス商人は、すでに一三世紀後半から一四世紀初頭にかけてヨーロッパのいくつかの商業中心地との間に鉄や葡萄酒、蜂蜜、毛皮、乾燥果実、羊毛などの貿易をおこなっていたが、とくに一五世紀を通して羊毛輸出を発展させた。カトリック両王は、一四九四年、ブルゴス商人組合（ウニベルシダー・デ・メルカデーレス）に商業　裁判権を賦与してブルゴス商務館（コンスラード）を創設し、ブルゴス商業の保護と強化を図った。ブルゴス商業は、羊毛輸出を基軸として、一五世紀後半から一六世紀半ばにかけて最盛期を迎えた。

ブルゴス商人は主として長距離移牧によって生産される上質のメリノ種の羊毛を、メディーナ・デル・カンポの大市やソリア、クエンカ、モリーナ、セゴビア、ブルゴス、トレード、エストレマドゥーラ、ラ・マンチャ、ムルシア、アンダルシーアなど王国各地で独占的に買い付け、ブルゴス市などで洗浄、分類、袋詰め、商印表示の工程をおこなった後、サンタンデール、ラレド、ビルバオ、カストロ・ウルディアスなどのカンタブリア海沿岸の積出港から、イギリス（ロンドン、サザンプトン、ブリストル）、フランドル（ブリュージュ、ガン）、フランス（ルーアン、ナント、ラ・ロシェル）へ、また、カルタヘーナやセビーリャからはイタリア（フィレンツェ、ジェノヴァ、ピサ）へ輸出した。ブルゴス商人は、これらの諸都市に代理店や在外商館を設置し、羊毛の販売と毛織物の買い付けを中心に商業活動を展開した。また、輸入した毛織物を基本的にメディーナ・デル・カンポの大市を通して王国各地に売りさばいた。（前掲同書より）

ここで描かれたブルゴス商業とは、原料（羊毛）の輸出と製品（毛織物）の輸入という完全に植民地型の経済構造であったことがよくわかる。この節の冒頭で「商業で活気に満ちた」と書かれたことの内容はこのようなものであった。この経済力が、ブルゴスにすばらしい大聖堂を築かせることを可能にしたのであった。

ブルゴスのカテドラルは、セビリャ、トレドに次いでスペイン第３の大きさを誇る大聖堂で、大きさは３番目としてもその華麗さは前二者を上回る。この３つのうちで着工したのはブルゴスが一番早く（1221年）、約300年かけて完成した（セビリャは1401～1511年、トレドは1227～1491年）。

フランスからの巡礼を多く迎えるところだけあって、最初から、フラ

ンスやドイツのゴシック様式の達成を盛り込んだ設計となった。時は、ゴシックの最盛期であった。この建築に参加したフランスやドイツやフランドルの建築家たちは、当時のヨーロッパで流行していたフランボワイヤン（火炎）様式とスペイン独自のやや過剰とも思える装飾様式との統合をここで実現しようと試みた。

身廊を中心に14の礼拝室が配され、そのいずれもが内部装飾を競っている。そのうち、最も華美なのは、一番奥突き当たりに設けられたコンデスタブレ Condestable の礼拝室で、カテドラルのなかにカテドラルがあるという感じだ。コンデスタブレというのは元帥という意味で、15世紀末カスティーリャ王国の総帥であったフェルナンデス・バラスコとその妻のための墓所として造られた。天井の星型採光窓が美しい。

この礼拝室奥右隅に聖器室があって、そこにマグダラのマリア像があり、これは、レオナルド・ダ・ヴィンチの作だと説明されるが、本当の作者は、ジャン・ピトロ・リッチという説の方が正しいようだ。

身廊と翼廊の交差部の床には、エル・シッドと妻ヒメーナの墓が置かれているが、ここに安置されたのは20世紀（1921年）になってからのこと。ここから見上げる頂塔は、一度崩壊し16世紀半ばに再建されたものだが、54 mの高さがあり、八角形の天井が実に美しい。このカテドラルでぼくが一番好きなところだ。

鉄道のブルゴス駅からアルランソン川に出、ここから川を渡らずにカテドラルと反対方向に約1 km歩くとウエルガス修道院 Real Monasterio de las Huelgas がある。ここは、1180年、アルフンソ8世とその后エリナーによって創設されたもので、ロマネスクからゴシックへの移行期の修道院だけに両方の様式の回廊を持っている。ロマネスク回廊は12世紀末のものであり、ゴシックのそれは13世紀から15世紀にかけてのもので、比較して見るのに都合がいい。

そこから1 km足らずのところに、これもアルフォンソ8世の命で建てられた王立救護所 Hospital del Rey がある。これも12世紀末の建物だ。この巡礼のための病院は、「一夜をここで明かそうとするすべての人にとって寝台に不足することは決してない。心の広い男たち女たちが、死に到るまで、あるいは全快するまで病人の世話をする。だから救護所は、すべての慈悲による行為を鏡のように映し出している」と言われ、巡礼者の心の支えとなったところである。

しかし、カルロス五世のときの大改装でルネッサンス様式を中心とするものになり、当時のおもかげは失ったが、現在も老人ホームとして使われている。

さきほど、カテドラルの中にコンデスタブレ（元帥）の礼拝室があるという説明をしたが、このブルゴスを語るとき、この町に記されているもうひとりのコンデスタブレのことを忘れるわけにはいかない。

1936年から39年までのスペイン内戦のとき、共和国に反乱したフランコがここに司令部を構え、自らを元帥に任命して指揮をとったという事実である。

さて、例によっておまけの「美しい村」だが、ブルゴスの北東約80kmのところにエブロ川をせきとめたソブロン貯水池 Embalse de Sobrónがある。そのすぐ西（エブロ上流）にフリアス Friasという村がある。巨大な岩山の傾斜に沿って、中世そのままの家並みが首飾りのように連なり、それが尽きるところに古城の塔がすっくと建ち上がっている。少し離れた位置から眺めても美しいが、塔の頂上から湾曲する屋根の連鎖を見下ろすのも絶景である。

ついでのついで。このフリアスから約30km北、道を細かく乗り継がなければいけないが、そこに、サン・パンタレオン・デ・ロサ San Pantaleón de Losaというところがある。岩山の絶壁の上にポツンと小さな教会が建っている。まさに「絵になる」教会だ。

軒飾りが楽しいフロミスタ

ブルゴスを出て西へ向かう巡礼たちの次の宿駅とされたのがフロミスタであった。ブルゴスとレオンを結ぶA231で60km近く走り108の出口からN611に入る。その道を17km走ったところがフロミスタだ。昔は４つの病院も備えた巡礼町だったが、今はサン・マルチン教会を残すのみとなっている。

この教会は、広場中央にどんと鎮座しているという感じを与える。周辺から切れて、さあどこからでも見てくださいとその全貌をさらしているという点では、セウ・ドゥルジェユ近くで見てきたコル・デ・ナルゴのサン・クリメン教会や、サモーラ郊外カンピーリョのサン・ペドロ・デ・ラ・ナーベ教会と似た雰囲気を漂わせている。悪く言えば、まるで置物みたいということになろうか。あまりにも整っているのである。

この、すっきりとまとまったという感じはどこからくるのだろうか。

外観は、西正面の両脇に円塔がつき、交差部の上には八角形の塔が建ち、後陣は３つの祭室が半円形の壁を見せている堂々とした姿だ。しかし、彫刻による装飾はない。この外壁の質素さが禁欲的な感じを出している。また、円塔と八角塔のバランスもいい。デザイン的にも統一がとれている。

そして、内陣は縦横の長さが等しい十字架型なのに、袖廊が外部に突

出していない。古い教会で長く時間をかけて作られたものに、様式的混在がよく見られるのだが、ここにはそれがない。1066年ごろ創建というが、かなり短期に（異なった様式が混ざりこむことなく）建設されたのであろう。

この教会は、巡礼路を代表する典型ということもあってか、1904年に厳密な修復が行われたために古さを感じさせない。それも、すっきりとした統一感を与えている理由なのだろう。

この統一感を引き立てる絶妙のアクセントとなっているのが、軒飾りである。外壁の上に庇のように張り出した部分を支えるために、一定間隔で石材が突出している。この軒持送りの先端に、人間や獣の頭部・顔が刻まれ、ユーモラスな気分を伝えてくれる。

森の静けさは、小鳥のさえずりや風の音、小川のせせらぎでその深みを増すが、それとよく似た効果が、ここでは、モジョン（飾軒持送り）によってもたらされているようだ。心憎い演出と言わねばならない。

中世の職人像を残すカリオン・デ・ロス・コンデス

フロミスタからの道は、カリオン・デ・ロス・コンデス、サアーグンと続き、レオンを目指す。カリオンまでは20km、そこから35km先がサアーグンだ。

カリオン・デ・ロス・コンデスは、その名に「侯爵」（コンデ）を残しているが、それはあまり芳しい記憶ではない。レコンキスタのさなか、カリオンの侯爵たちは、バレンシアを奪還して意気上がるエル・シッドの娘たちと持参金にひかれて結婚した。しかし、カリオンの地を取り戻すや、どんな理由があってのことか知らないがかなり残酷な嫁いびりをした。その報を聞くや、シッドは激怒し、軍勢を送ってこのDV侯爵たちを皆殺しにしたというのである。

カリオンでは、町中の狭い道路に面して建つサンチャゴ教会の正面入口がいい。扉口上部に、エバンゲリストの象徴に囲まれたキリストを中心に12使徒の彫像が横一列に並び、その下に、タンパンを欠いたアーチがある。その単純な構成がみごとだ。それがすっきりしているだけに、

彫刻が引き立つ。

12世紀末、ゴシックへ移行しつつある時の制作だけあって、立体的であり、リアルな訴求力がある。

そして、ここで注目すべきは、その弧帯に、ロマネスクにはめずらしい職人たちの姿が刻まれているということだ。

扉口のアーチには、ふつう、楽器を持った老人たちが並んでいるのであるが、ここでは、コンパスを持った建築家、鋏を持った美容師、ロクロを回す陶工、靴直しなど、当時の職人たちの姿が残されているのである。

扉口の三角小間に職人が仕事しているようすを描いた例は、シャルトルなどでも見られるが、ロマネスク彫刻としてはめったにお目にかかれない。農事暦なら、リポユの例があるし、これから訪ねるレオンのサン・イシドロの壁画にもある。農民の姿ではなく、手仕事の職人を描いたということを、設計者（石工）の気まぐれととるか、根拠あってのこととるか、少し考えてみたいところだ。

ぼくは、それを時代相の反映という線で考えてみたいと思う。

先ず、これらの彫刻の彫りが深く、立体感を増していることから見ても（シャルトルと同様）ゴシックへの移行期の制作と考える。この時代には、特に、巡礼路においては、宿駅の成立というかたちで、そこを中心に都市化が進んだ。エスティリャのところでも説明したが、特権を与えて商人を誘致するというようなことが行われた。カリオンの近くではサアーグンがそうだった。

11世紀末、アルフォンソ６世の治世下、カスティーリャは、ヨーロッパへの開放政策をとる。アルフォンソ６世についてはブルゴスのところで説明したけど、覚えているだろうか。兄サンチョ２世と争ってカスティーリャ国王になり、その政権奪取時の潔白さを疑ったエル・シッドをクビにし、敵に回られて再雇用した王のことだ。

そのアルフォンソ６世の要請に応えて、フランスからクリューニー会がやって来て、サアーグン修道院を強化し、そこをカスティーリャにおけるクリューニー会の重要拠点とする。この修道院は当時のスペインで最も裕福な修道院だったという。たちまち、サアーグンは巡礼路都市として急成長する。

「世界中の至る所から、多くのさまざまな職業の市民が蝟集してきた。鍛冶職、大工、仕立て職、皮革職、靴職、盾職がそれである。また……さまざまな外国の地方と王国の人々……その他多くの外国人商人もやってきて……都市を小さからざるものとした」（『サアーグン匿名年代記』／関哲行『スペイン巡礼史』講談社現代新書より重引）

都市化は、層としての商人に続いて、さまざまな職人層を形成することになる。つまり、ギルドの成立基盤が整ったということである。

カリオンのサンチャゴ教会入口の職人像は、このような手工業（同職）ギルドへの動きを反映してのことだったのではないかと推理する。

やがて、ゴシックの全盛期となると、このギルドが、聖堂建設のスポンサーとなり、それぞれの守護聖人の姿やその物語をステンドグラスに残し、おのれのアイデンティティをそこに定着させることになる。その豪華なステンドグラスで有名なシャルトル大聖堂の場合、そのうち45枚がギルドからの寄進によるものだといわれている。

だから、ステンドグラスが輝くゴシック聖堂に入ったとき、その美しさに圧倒されるだけでなく、そこに描かれた聖人の持物や動作などから判断して、それが何という聖人かということが分かれば、その部分を誰が（何のギルドが）寄進したのかということが特定できる。そうすると、その教会が造られた時代にその地でどのようなギルド（手工業）が有力だったのかということもわかる。教会の読みが一段と深くなるというものだ。もちろん、全てのステンドグラスががギルドからの寄進というわけではない。

おまけとして、いくつかのギルドの守護聖人を挙げておこう。日付はその聖人の祝日である。

靴屋・革職人――クリプヌスとクリスピニアヌス（10月25日）
画家・医師――ルカ（10月18日）

羊毛梳工・織物業者——ブラシウス（2月3日）
刷毛製造人——アントニウス（隠修士の）（1月17日）
花屋・庭師——ローサ（リマの）（8月30日）
医師・薬剤師——コスマスとダミアヌス（9月26日）
石工——シルウェステル（12月31日）
鞣革工・炭焼き——テオバルドゥス（6月30日）
鷹匠——バヴォ（10月1日）
蹄鉄工・煉瓦工——ビンセンテ・フェルレル（4月5日）
晒布工・帽子屋——フィリポ（使徒の）（5月1日、5月3日）
陶工・園芸家——スィアクルス（8月30日）
船乗り——ニコラウス（パリの）（12月6日）
葬儀屋——ラザロ（12月17日）
大工——ヨセフ（3月19日）

サアーグンに残されたレンガ造り教会

サンチャゴ巡礼の『案内書』には、このサアーグンについて、そこが「繁栄している町」であり、ここでは、聖ファクンドスと聖プリミティウスの聖遺骸を訪ねるべしと記されている。この二人の聖人は、ローマの軍人で、２世紀末～３世紀この地で殉教し、その墓の上に小さな教会が建てられたが、ここに侵入したイスラム軍によって破壊された。その遺骸が損なわれることなくどこに祀られていたのかは不明だが、ここにクリューニーの修道院が設けられ、大いに栄えた巡礼路都市となったことは前節で述べた。

今は二つの教会（サン・ロレンツォとサン・ティルソ）を残すのみ。どちらも、石材に乏しいこの地の事情から、レンガ造りとなっている。大きく突出した後陣祭室の上に、矩形の大きな塔を乗せた似たようなスタイルだが、サン・ティルソ（1123年以前）の方がロマネスク期の聖堂である。かつての繁栄は、このユニークな矩形の塔で偲ぶしかない。

荒野のモサラベ真珠サン・ミゲル・デ・エスカラーダ

サアーグンからA231でレオンに向かう。途中、21番出口からN601に移り、7km走ったマンシージャ・デ・ラス・ムラスを過ぎたところで右折、北東に16km、人家もない野原の少し高台になっことところに、サン・ミゲル・デ・エスカラーダ教会が建っている。サアーグンからここまでは50kmと少しだ。

こんな辺鄙なところをわざわざ訪ねてきたのは、スペインでしか見ることのできない、それも、今では数少なくなったモサラベ建築のうち、最も保存状態がいい教会がここだからなのである。

モサラベという言葉は、これまで何度か使ってきたが、ここで改めておさらいしておくと、アラビア語のムスターリバ mustárib が転化したスペイン語でアラビア化した人という意味だ。

彼らは、イスラムに改宗すれば税金を免除されたのに、あえて、税金を払う代わりにキリスト教徒であり続けることを選び、それを認められた人々だ。

彼らの多くは、コルドバ、セビリャ、トレドなどイスラム支配下の大都市に住んで商工業に従事していたが、芸術家、建築家、文筆家として活躍する人も多かった。何しろ、当時は文化全般にわたってイスラム圏の方が高水準だったので、それをヨーロッパのキリスト教諸国に伝播する上で、モサラベの果たした役割は大きい。彼らが介在することによって、例えば、馬蹄形アーチなどの建築様式がキリスト教側にもたらされ、その混血文化を指してモサラベ様式と称されている。そこには、西ゴートやイスラムの要素をキリスト教文化に組み込んだスペインならではの文化摂取の様相が確認できる。

しかし、この文化的混血が独自の成熟に到達するためには100年以上の時間が必要だった。8世紀の前半にイベリア半島を支配下においたイスラムは、その宗教政策において寛容だった。

ある程度の制約はあったにせよ、西ゴート以来のキリスト教は、ユダヤ教、イスラム教と共存していた。その共存のなかで、キリスト教とアラブがもたらした地中海・東方文化との混血が進行したのだ。

その成果が、スペイン独特のキリスト教文化として開花するのは、9世紀後半以降、アル・アンダルス（イスラム支配領域）を離れたスペイン北部のレコンキスタ進行地域においてであった。

なぜなら、その時期、レコンキスタの進行に伴って、アル・アンダルスの対キリスト教政策が寛容から迫害へと転じ、多くのモサラベがキリスト教支配地域に入植したからだ。

その最初の成果が、この、サン・ミゲル・デ・エスカラーダだと言ってよい。さて、それでは、このエスカラーダにおいて、そのモサラベ様式はどのように表現されているのだろうか。

先ず第一に言えることは、このサン・ミゲル・デ・エスカラーダのキーワードが「馬蹄形アーチ」だということだ。

教会（913年）の中は、身廊と側廊に区切られ、その身廊も内陣と後陣が区切られている。その区切りの柱列の上に架けられたアーチは全て馬蹄形である。後陣のかたちも外から見ると方形だが、平面的には馬蹄形になっている。南側外廊のアーケードも馬蹄形アーチだ。つまり、立体的にも平面的にも、この空間を支配しているのは馬蹄形だということである。

アルフォンソ3世に命じられて、この教会の再建を担ったのは、イスラム支配のコルドバから追放された修道士の共同体だということだが、当時の文化首都であったコルドバ芸術のエッセンスがみごとに換骨奪胎されているというべきなのだろう。

モサラベ文化とこのサン・ミゲル・デ・エスカラーダ教会との関わりという点で忘れてはならないこととして、ベアトゥス写本のことがある。

この「ヨハネ黙示録註解」写本についても、これまで何度も触れてきたのでここでは復習しないが、その写本のうちでも、重要とされているひとつが、今、ニューヨークのピアモント・モーガン図書館に蔵されている「モーガン写本」だ。10世紀前半（922年説と926年説がある）に制作されたその「モーガン写本」は、アルキピクトール（大挿絵師）と呼ばれたマギウスの手になるもので有名なのだが、これが、このサン・ミゲル・デ・エスカラーダ教会でつくられたのだ。これって、エキサイティングな歴史だと思わないか。

なお、ブルゴスのところで書き忘れたのだけど、この「モーガン写本」を持っているモーガン図書館にはもうひとつ「ウェルガス写本」もある。これは、ブルゴスのラス・ウェルガス修道院で1220年9月に制作されたものである。

荒野にポツンと建つ小さな教会に、すごい歴史が秘められていると思わぬわけにはいかない。

この教会の傍に小さなバルが一軒あるだけで泊まれるところはない。ここからレオンまで約30km。先を急ごう。

15

ドゥエロとタホの高原台地

ぐるっと地平線の高原台地

スペインは山国である、と言っても、中央部はメセタ（卓状地）と呼ばれる高原（平均標高500～800 m）である。イベリア半島の半分近くを占めるその堆積盆地は、北から南へ、そして、東から西へとやや傾いている。

その地形にしたがって、川は、南へ、西へと流れている。ピレネーからの水を集めて南流し、地中海に注いでいるのはエブロ川だが、ここでは西流して大西洋に流入しているドゥエロとタホを取り上げる。

北部メセタを流域とするドゥエロ川についてはソリアのところで触れたが、イベリア半島最大の流域面積を誇る大河であり、ソリアはそのずっと上流の町なのだが、この町の紋章にはSoria pura, cabeza de Extremadura「エストレマドゥラの頭、純粋なるソリア」と書き込まれている。

エストレマドゥラとは、今ではスペイン西端の州名だが、「ドゥエロ川の向こう」という意味で、イスラム勢力を南へ駆逐しようというレコンキスタの合言葉であった。

10世紀ごろには、ソリアあたりが「エストレマドゥラの頭」つまりイスラム勢と対峙する前線だったのだ。その前線をドゥエロの流れに沿ってひたすら南進させることが、レコンキスタを進展させるということだったのだ。今でもあちこちにフロンティラという地名が残っているが、次々と移動する前線を確保するための城砦があちこちに造営された。このcastillo（城）だらけだった地帯を指して、カスティーリャという地名が生まれたわけだ。

メセタ南部を流域とするタホ川は、クエンカ山脈を水源とし、トレドをめぐってポルトガルに入り、テージョ川となってリスボンから大西洋にに流れ込んでいる。これまたイベリア半島最長（1120km）を誇る大河だ。

このタホ川を擁するトレドがキリスト教徒のものとなったのが1085年のことである。これによって、タホ川からドゥエロ川にかけての広大な高地がキリスト教側に解放された。それまで、攻める側だったのが、今度は防衛する立場になった。城を築き、そこに兵士・住民を集めて町づくりをしなければならない。

このイスラムとの陣取り合戦ということで例を挙げるとしたらバレンシアがいいだろう。

地中海に面し、温暖な気候に恵まれたバレンシアは、イスラムが手塩にかけて育てた軍事的・経済的かつ文化的にも重要な拠点だった。ここを破られたなら、イスラム勢力は一気にアンダルシアまで後退し、包囲されることになってしまう（結局そうなった）。

だから、1094年に、ここを攻略し占拠したエル・シッドがレコンキスタ最大の英雄として讃えられることになったのだ。シッドはここを守り続けること5年にして死去し、それ以後3年間は妻ヒメーネスが持ちこたえた。しかし、1102年に奪い返され、最終的にキリスト教側に回復されたのは1238年、アラゴン王ハイメ1世によってであった。

エル・シッドも豪傑だが、その妻ヒメーネスもなかなか豪気な人であったようだ。そのせいかどうか知らないが、13世紀初め、ランカスター公爵がカスティーリャの王位をもとめて、このバレンシアの男たちがみんな戦場に出て留守になった時を狙って来襲したとき、バレンシアの女性は自分たちだけでこの町を防衛し抜いたという歴史がある。

この功績を讃えて、国王は、この町および周辺の女性だけに、民族衣装に金帯を使うことを許したのだという。毎年3月の火祭り週間に、連日、民族衣装での行進が行われるが、たしかに女性の衣装は金糸を使ったきらびやかなものである。

ぼくの下宿先だったモンセ終生の愛人ジョアンがバレンシア出身だった関係で、彼を慕って集まった何人ものバレンシア女性を知っているが、みな外向的で声もでかく歯切れのいい勝気な人ばかりだ。以前、デザイナーの友人から聞いた話だが、スペインで最新モードのファッションを最初に着用するのは決まってバレンシア女性なのだそうだ。これも豪気の伝統というのだろうか。

興に任せて脱線した。レコンキスタ成ったメセタ地帯に話を戻そう。

新たに獲得した大地に町づくりを促すため、再植民が推進され、そこで形成される町には、行政・立法・司法面でさまざまな自治的な特権が与えられた（1076年の特別法）。

これらの政策を展開したアルフォンソ6世が、巡礼路サアーグンにフランス（クリューニー会）からの援助を要請するなどの「開放政策」をとったということが、メセタ地帯にはこのようなかたちで展開されたのであった。

なお、同じ巡礼路都市のエスティリャにおいて、多くの商人や旅籠屋を集めるため、サンチョ・ラミレス王が優遇措置を講じたのも同じ1076年のことであった。

人が集まり、町が形成されると、その中心にキリスト教教会が建てられるのは当然のことだ。時代は、11世紀末から12世紀にかけて、まさに、ロマネスク全盛の時代であった。

こうして、タホ川流域からドゥエロ川流域にかけての広大なメセタ地帯に、続々とロマネスク様式の教会が出現するということになった。それをこれから訪ねることにしよう。

カテドラルを壊すほどの反乱コムネロスのセゴビア

セゴビアの旧市街は、細長い三角状の台地になっている。その三角形の頂点は、西北西に傾き、先端にアルカサール（城砦王宮）が聳えている。そして底辺に、ローマ期に建設された水道橋が接し、1960年代まで2000年近くもの間、この高台の町に水を送り続けていた。この丘の両側を、クラモレス、エレスマという2本の川が流れ、それは、アルカサールの下で合流している。

川に包囲された高台という、要塞を築くには絶好の地形から見てもわかる通り、ここは、紀元前80年からのローマ時代以降、重要な軍事都市であった。だからこそ、籠城に備えた給水路も取り付けられたのだろう。

8世紀初めから11世紀まで、ここもイスラムの支配下にあったのだが、その遺産として、その後も町の繁栄に貢献し続けたのは、イスラムがここに根づかせた毛織物業であった。

ブルゴスのところで、長距離移牧の特権を与えられたメスタのことを説明したが、このセゴビアは、主要な移動路に位置しているだけでなく、羊毛輸出にしか関心を示さなかったブルゴスと違って、その羊毛を原料とする毛織物工業を育てたという点でクエンカと並ぶ「産業都市」であった。

前節で、レコンキスタの進展によって広大なメセタ地帯がキリスト教徒側に回復されたことに伴い、町づくりの必要が生じ、各都市に特権が与えられ、ロマネスク教会が次々に建てられたということを書いた。この２点についてもセゴビアは無視できないところだ。

セゴビアのロマネスク教会については後述するとして、11 世紀以来の都市特権をめぐって、セゴビアがどのように関わったのかということから書いてみたい。

水道橋のたもとからカテドラル目指して旧市街に登っていくと、サン･マルティン広場に出る。この広場中央に、右手に旗、左手に剣を持った武将の銅像が建っている。フアン・ブラボである。この男はなんでこの広場に立ち、顕彰されることになったのだろうか。

彼は、1520 年、当時、世界最大の権力者と言ってもおかしくないカルロス５世に反旗を翻した「コムネロスの乱」の首謀者であり、このセゴビアで断罪された男なのだ。

その「コムネロスの乱」がなぜ起こったのか、それを説明しなければならない。

カルロス５世とは、1492 年にレコンキスタを完成させたカトリック両王（カスティーリャのイサベルとアラゴンのフェルナンド）直系の孫で、複雑な政略結婚の関係もあって、フランドル（ベルギーのゲント）で生まれたスペイン語もわからないスペイン王だった。

彼の母は、カトリック両王の長女ファナで、父はブルゴーニュ公フィリップだった。父は早世し、母は狂女とされたため、母方の祖父フェルナンドの遺言で、僅か 16 歳で即位した。単独でスペイン王を名乗ったのも最初なら、父方の祖父がハプスブルグ家の血筋だったことから、ハプスブルグ朝スペインの創始者ともされている。

余談ついでに、先ほど書いた「複雑な政略結婚」の結果、継承した領地の内訳を記してみよう。

まず、母方の祖父（フェルナンド）からは、南イタリアを含むアラゴン領、祖母（イサベル）からは、当時征服が進んでいた新大陸の広大な領土を含むカスティーリャ領を、父方の祖父（神聖ローマ皇帝マクシミリアン１世）からは、神聖ローマ帝国皇帝領を、祖母からは、ネーデルランド、フランドルなど。

これらの全てを弱冠16歳にして一身に受け継いだのだからすごいものだ。

スペイン王に即位した翌年、17歳のカルロスは初めてスペインの地を踏んだ。しかし、フランドルから連れてきた側近に囲まれ、スペイン語も話せない新王が、スペイン人に歓迎されるわけがない。さっそく、当時のコルテス（身分制議会）は、カルロスに、外国人への官職授与の禁止、スペイン語の習得、スペイン国内居住を要求する決議をしたほどだ。

その決議をつきつけられた翌年（1519年）、父方の祖父である神聖ローマ皇帝マクシミリアン１世が死去する。カルロスはその後釜に座るべく、選挙運動に走る。その資金は国際金融業者フッガーからの借金、対立候補はフランス国王フランソワ１世だった。そして、カルロスはこの選挙に勝ち、カール５世となった。問題は、莫大な借金返済と、広大な領地経営のための費用をどこから捻出するかということだ。その一環としてカルロスは、スペイン議会（コルテス）を召集し、強引に上納金の支払いを承認させた。

しかし、このやり方に、コルテスに代表を送っていた諸都市が反発した。1520年、カルロスが戴冠式出席のためにスペインを出ると、反カルロス勢力が反乱を起こし、王権派を追放した。これが「コムネロスの乱」と呼ばれているものだ。

反乱側の要求は、上納金をふんだくるような財政を改めること、都市特権を尊重すること、フランドル官僚を罷免することなどであった。

そして、この乱の旗を振った中心人物が、トレドのフアン・デ・バディリャとセゴビアのフアン・ブラボだったのである。

セゴビアの反乱軍は、カテドラルに立てこもってカルロス軍と戦った。当時のカテドラルは、1228年に建てられたロマネスク様式のもので、アルカサール前の広場に建っていた。カルロス軍の本陣はアルカサールなので、まさに目と鼻の近さで激闘したわけだ。この激戦でカテドラルは壊れてしまった。

新たなカテドラルは、場所を現在のところに移して1525年から建てられ始めた。16世紀といえばルネッサンス様式の全盛期なのに、このカテドラルはゴシック様式で統一されている。めずらしい例だ。

それにしても、セゴビアにおけるコムネロスの乱は、カテドラルひとつを完全にぶっ壊すほどのすさまじいものだった。

だけど結局のところこの反乱は、大貴族たちが国王支持に回り、反乱側の内部分裂などもあって、1521年4月の戦闘で国王軍に大敗し、首謀者はセゴビアで斬首の刑に処せられるという結末となった。

この乱を経て、絶対権力としての王権が確立し、都市の自治力が衰退してしまったことはいうまでもない。

時間が前後した。セゴビアのロマネスクに話を移そう。

11世紀にイスラム勢力を追放するや、続々とロマネスク教会が建てられることになったと書いたが、セゴビアがまさにそうだった。この点では、これから訪ねるサモーラといい勝負だ。

町のインフォメーションで地図をもらい、そこに「ロマネスク教会をマークしてくれ」と頼むと、そのほとんど全てがそうであることに驚く。それほどこの町はロマネスクだらけなのだ。さほど時をおかず、町のあちこちで一挙に建設が進んだらしく、セゴビアの教会はみなよく似ている。その共通点を挙げると、

（1）出っ尻型の突出した後陣、（2）その後陣の傍に四角の鐘塔がある。

（3）中庭型の回廊ではなく、外壁に接した家根つきの外廊、ということになろうか。

これらの教会を片っ端から回るというのも芸のないことなので、いくつか選んで訪ねることにする。

先ずは、フアン・ブラボの銅像がが建っている広場中央のサン・マルティン教会から始めよう。この教会は13世紀初頭のロマネスクとされ

ているが、それ以前のプレロマネスク教会を踏襲するかたちで再建されただけに、12世紀ロマネスク全盛期の姿をよく伝えている。現在は、後陣の半分が後世の建物によって壊されているが、歩廊になったポーチに三方を囲まれ、その柱列の柱頭に刻まれたレース模様や動物たちの彫刻はきれいに残っている。

サン・エステバン教会は、「ビザンチン風の塔の女王」と呼ばれる鐘塔を擁し、セゴビア一の美しさを誇る13世紀のロマネスクである。その塔の高さは53mにも及び、ただ高いだけでなく優美ですらある。6層に積まれた角塔の上部5段に、アーチが刻まれているが、(各面) 下2段は飾りアーチ、その上2段は各2、最上段3連のアーチが開口部となっている。このアーチ構成が微妙なリズム感をかもしだしている。そして、塔の各側面は細い小円柱で縁取られているのだ。

南北の壁面に沿って柱廊が配置され、その屋根を連続アーチが支えている。

この上に伸びる鐘塔のアーチと、横に流れるアーチ群との取り合わせの妙が、屋根瓦の美しさとあいまって特有の調和美を生み出している。「塔の女王」と讃えられる所以である。

以上二つの教会は、丘の上の旧市街にあるが、次の二つは城壁の外にある。

水道橋を南東に鉄道駅方向に進んだ右側に、サン・ミリャン教会がある。ここは、12世紀初頭(1111～1126年) 建立バシリカ方式のロマネスクである。

バシリカ方式というのは十字の交差部を持たず、外壁が突出していない長方形の平面プランの教会であるが、その南北面に柱廊が設けられている。その柱頭に彫られた聖書物語の彫刻と、モジョン(飾軒持送り) の装飾が美しい。そして、この柱廊からカテドラルが聳える旧市街の丘を望む眺めがすばらしい(p309)。

眺望の迫力という点で、ぼくがセゴビアならではと思うのは、アルカサール前の展望台から眺める荒野の広がりである。その荒涼たる風景を引き立てるように、ひとつの教会が建っている。こちらはバシリカの長方形ではなく多角形だ。

とにかく、「あれは何だ？」と思わせる磁力を発している。ベラクルス礼拝堂という。この12角形というかたちは本当にめずらしい。プエンテ・ラ・レイナの巡礼路に向かう途中で、エウナテの八角形を見てきたが、そこが墓所教会であったように、このベラクルスも墓所と関係している。

それは、エルサレムのキリストの聖墳墓教会を模したもの、あるいは、同じエルサレムのメスキータの模倣とも言われている。

1208年、テンプル（聖堂）騎士団によって建立されたものだ。どうやら、騎士団独自の秘密儀式をとり行うためのものとして建てたもののようだ。

この騎士団は、「巡礼の道」のところで述べた「十字軍遠征」と深く関わっている。十字軍というのは、11世紀末から7回にわたって、キリスト教徒軍がエルサレムの聖地回復を大義名分としてイスラム圏に侵攻したことを指すのであるが、それによって確保した巡礼路と奪回したキリストの聖墳墓を守るために結成されたのが「騎士団」という武闘集団である。

1118年に結成されたテンプル騎士団は、聖ヨハネ騎士団、ドイツ騎士団と並んで、中世三大騎士団と呼ばれた。このうちテンプル騎士団は戦闘力だけでなく蓄財力にも長けていた。東西貿易を牛耳ることによって、国際金融制度を発案し、その財力はフランス国王を凌ぐほどのものであった。それを恐れたフランス王フィリップ4世は、ローマ教皇に圧力をかけ、策略を弄して、この騎士団を解散に追い込んでしまう（1312年教皇勅令）。

それで、このベラクルス礼拝堂の所有権も聖ヨハネ騎士団に移った。この聖ヨハネ騎士団だけが残存し、今は、マルタ騎士団となっている。

十字軍がさまざまな聖遺物をヨーロッパのキリスト教世界に持ち込んだと前に書いたが、1226年、ここに祀られた聖遺物はキリストが磔にされた時の十字架の破片とされている。ベラクルスとは「真なる十字架」という意味だ。いくら「真」といっても、それを祀っていると称するものを全部集めるとビルほどになるというのだから真偽のほどはわからない。

礼拝堂内部はがらんとしている。やはりここは、アルカサールから見下ろす方がいい。逆に、ここからのアルカサールの眺めもなかなかのものだとは言えるけど。

このセゴビアにやってくる日本人観光客のほとんどはマドリードからの日帰り遠足か通過客だ。

水道橋を仰ぎ、ディズニーの「白雪姫」のモデルとなったと言われるアルカサールを眺め、子豚の丸焼き（コチニージョ）を食べて満足する。

だけど、セゴビア（に限ったことではないが）には、もっと豊かな歴史が潜んでいるということを言いたいのだ。

城壁とサンタ・テレサの町アビラ

セゴビアからアビラを経由してサラマンカへ行く。アビラまではN110で50km、そこからサラマンカまでは、N501で約100kmである。

アビラは、いろいろな名前で呼ばれている。

石の町 ciudad de cantos, 聖者の町 ciudad de santos, そして、騎士の

町 Avila de los caballeros, これがアビラの正式名称だ。
この三つの呼び名は、ここが、レコンキスタの前線であり、聖女テレサの故郷であることを表している。
この町を通る車は、城壁に沿って走るしかない。みごとに保存された堂々たる城壁だ。中世の人々はどこも、このように城壁に囲まれて眠り、昼間は壁の外で畑を耕したり羊を追ったりして暮らしていたのだということがよく分かる。
このように、中世城郭都市の姿を、きちんと残している例としては、ラングドック（南フランス）のカルカソンヌが挙げられる。
城壁の高さは平均 12 m、それが 900 m × 450 mのほぼ台形となって町を囲んでいる。その全長は 2.5km である。
キリスト教徒がイスラムからこの町を奪取したのは 1085 年、トレドもサラマンカも同じ年だ。それまでの約 370 年間、ここはイスラムの支配下にあり、攻防戦の前線だった。だから、キリスト教徒は再奪取されないために、強固な砦を築くべく、11 世紀末から 12 世紀初めにかけて、この城壁を築いたのだ。
ここのカテドラルは、中からはわからないがその後陣は、城壁と一体になって張り出し、要塞化している。レコンキスタ時代の教会にはよくある例だ。こういう要塞型の教会はポルトガルでよく見られる。
この城壁建設とほぼ同時進行で造られたのが、メインの城門のすぐ外にあるサン・ビセンテ教会だ。この教会は、この町がキリスト教徒の手に落ちた直後の 1062 年から造り始めて 14 世紀までかかって完成したものだけに、さまざまな様式が混じっているが、ロマネスクの特徴を最もよく表しているのは西入口である。
５重のアーキヴォルトで囲まれたタンパンは、二つの半円に分割され、その中央に支えの彫像柱が立つ。入口の左右ににも彫像柱が並列し、その長く伸びた衣服のひだが美しい。カテドラル正面の彫像もそうだが、このあたりの石は柔らかいのか、風雨による傷みが激しいのでかなり磨滅しているが、並びあう長老たちがおしゃべりを楽しんでいるかのような表情をうかがうことはできる。

16世紀、この町は前節で述べた、コムネロスの乱で沸き、その鎮静後は、この町生まれのサンタ・テレサ（1515～1582）の活躍で名を馳せることになる。

テレサの主張とは、要するに、キリスト教の原点回帰ということだ。キリスト教が世俗権の増大に伴って堕落したのに反発して宗教改革が起こり、プロテスタントが派生した。これに危機感を抱いてイエズス会も生まれたが（1534年結成）、テレサは、清貧に徹し、戒律を厳格に遵守すべきだと、内部改革を主張し、その献身ぶりは「はだしのテレサ」と崇められた。その主張に基づき、生存中に16の女子修道院と二つの男子修道院を創設した。そして、1622年に列聖された。

彼女の図像として最も有名なのは、ベルニーニの「テレサの法悦」（1647）で、これはローマのサンタ・マリア・デ・ラ・ヴィトーリア教会にある。若い男の姿をした天使がテレサの心臓めがけて黄金の矢を放とうとしているが、射抜かれる瞬間、その肉体的苦痛が宗教的陶酔に昇華するようすをとらえている。

厳格な修道生活によるイエスとの魂の合一化、その陶酔感を「法悦」というらしいが、描かれたテレサの表情はまさにエクスタシーそのものだ。ちなみに、テレサは心臓病患者の聖人とされている。

城壁に沿って回りこんだ先でアダハ川を渡り、右へ行くとサラマンカ街道となる。右折してすぐ右手にアビラの町を一望できるクアトロ・ポステス（四本柱）がある。

スペイン庶民の魂ピカレスクの原郷サラマンカ

サラマンカは、スペイン最古の大学を誇りとしている町である。厳密にいえば、1212年、バレンシアに王立のものが創設され、こちらの方が古いが、当時の大学概念であった教師と学生のギルド的団体（ボローニャのような）という点から考えれば、1218年（1215年という説もある）、アルフォンソ9世の命によって誕生したサラマンカ大学をもって嚆矢とするとしてもよいだろう。

この大学は、1255年、ローマ教皇から、ボローニャ、パリに次いで

3番目の大学として認められていることから考えても、研究の中心が神学にあったことは確かだが、早くから法学部を設けたあたりにこの大学の特徴があり、これは、学問の世俗化が進んだことを示すものであった。

スペインでは、16世紀に入って大学が急増し、中でも、1508年に創設されたアルカラ大学が対抗意識をあらわにして水準を上げてくるが、神学・法学・哲学の分野では、教授陣の充実ぶりにおいても学生数においても、依然としてサラマンカ大学が最高峰であった。ピーク時における学生数は、6778人（1584／85年）だったという。

時代の先端を行く学問の府として、ここでは占星術や錬金術ばかりでなく、当時異端とされたコペルニクスの天文学も教えていたという。特筆すべき学問的成果としては、ここで、国際法の概念が生み出されたということが挙げられる。

コロンブス以後の16世紀スペインは、中南米への侵略と征服に狂奔した時代であった。それを、聖職者の立場から許されざる行為であると弾劾したのはラス・カサスBartolome de Las Casas1474～1566であったが、同時代にこの問題を法的立場から論じたのが、1526年からこの大学の教授だったビトリアFrancisco de Vitoria 1492～1546であった。

彼は講義の中で、原住民の法的地位について論じ、キリスト教徒だけでなく異教徒に対しても、自然法が適用されると説いた。

そして、中南米の征服を正当化する立場に対して、それが、（1）宗教が異なっていること、（2）自分の土地を広げようとする、いわゆる帝国主義、（3）ある当事者の名誉、などを動機とする不純なものであり、正当化するには不十分であると論じた。そして、戦争するからには、相当に権利が蹂躙され、それを回復する制裁の方法としてしか認められないと限定した。

500年前、このように主張したビトリアは、まさに、国際法の先駆者であり、当時、世界一の大国に向かって発した彼の言葉は、そのまま現在の世界超大国に向けても少しも錆びていない。

ビトリアの後の時代、やはりこの大学の教壇に立ったスアレスFrancisco Suarez 1548～1617も、ビトリアの衣鉢を継いだ先駆者といってよいだろう。

彼は、『法について』という著作の中で、次のようなことを述べている。「権威はあくまでも民衆にあり、いかに民衆から君主に委嘱されるにしても、それが乱用された場合は、いわゆる抵抗権が民衆にあり、その独裁者を打倒する権限がある」と、指摘しているのである。

やはり、16世紀にこの大学の教授であったひとりにルイス・レオン Fray Luisde Leon 1527～91がいる。彼は、旧約聖書の「雅歌」をヘブライ語原典から翻訳注釈したことなどを理由に（ラテン語の聖書を軽視したということで）異端審問にかけられ（1572年）、5年間投獄された。

釈放されて教室に戻った彼が開口一番、「昨日申し上げたように……」という言葉で授業を再開したというエピソードは、この大学の伝説となっている。彼の彫像は今、大学正面に向かい合うかたちで建っている。

ここに取り上げた教授たちは、いずれも、この大学が最もその真価を発揮した16世紀の人たちであるが、17世紀になると、政治権力の介入によって、その輝きが失われていく。

1623年、それまでは、投票によって講座担当教授を選ぶ権利が学生に認められていたのだが、その特権が剥奪された。教授の任命権もカスティーリャ議会に移った。こうして、サラマンカ大学もふつうの大学になっていったのである。

時代は飛ぶが、「98年世代」を代表する知識人として大きな影響を与えた、ミゲル・ウナムーノ Miguel de Unamuno 1864～1936も、1891年からこの大学のギリシア語教授であった。彼は、独裁者プリモ・デ・リベラの圧政に反対して追放され（1924年）、6年間フランスに亡命していたが、第2共和制の成立で戻り、学長になり、内戦が始まった年に死んだ。次に紹介するのはぼくが大好きなウナムーノの言葉だ。

「完全な真理は、ふつう除去法（via remotionis）によって、すなわち極端なものを排除することによって、中庸の中に求められる。ところで極端なものとは、その相互的機能と働きによって生のリズムを生み出すものであるが、そうした除去法によっては、ただ真理の影にしか到達しない。私が思うに、それよりも好ましいのは、別の方法、つまり矛盾を交互に肯定する方法であり、読者の魂の中に極端なものの力をきわ立たせることによって、中庸そのものが魂の中で活気を帯びることである。生とは戦いの合成運動なのだ。」

（佐々木孝『ドン・キホーテの哲学』講談社現代新書より重引）

＊ビトリア、スアレスについては『スペインハンドブック』（三省堂）参照。

サラマンカもうひとつのご自慢は、広場 Plaza Mayol である。18 世紀半ばに完成したこの広場は、フェリペ５世からこの町に贈られたものだ。

コムネロスの乱の時、サラマンカはカルロス１世に反旗を翻した。しかし、18 世紀初頭のスペイン継承戦争（1701 〜 14 年）の時は、フェリペ５世を支持してカスティーリャ側に立って戦った。その貢献に対する感謝として、フェリペ５世が 1729 年から 55 年にかけて建設させたのがこの広場である。大権力を後ろ楯にし、短期間で造成されただけに、様式が整った美しい広場に仕上がっている。

広場を囲む１階部分はアーチを連ねた回廊になっているが、そこには、歴代の王と有名人の肖像を描いたメダルが取り付けてあり、エル・シッド、コロンブス、セルバンテスなどもある。それを探しながら一巡するのも楽しい。町の人が「スペイン一美しい」と自慢するだけあって、確かに均整がとれていてすばらしい。

ついでに、ぼくがスペインで美しいと思うマヨール広場ベスト５を挙げるなら（順不同で）、サラマンカ、マドリード、アルマグロ、チンチョン、ラ・アルベルカとなる。

スペインではどの町でもメインの広場を「スペイン広場」と呼んでいるが、ぼくが挙げた５つは、どれもそう呼ばれていないのがふしぎだ。

この広場から、トルメス川に向かって下っていく途中に、大学も新旧カテドラルもある。それぞれに華麗な入口を誇るが、それがどれも西向きだ。「サラマンカに行くなら夕方がいい」と言われる理由は西日を浴びて輝くからだ。

途中の土産物屋で、頭に蛙を載せた髑髏の置物を売っているが、これは、大学の入口全面を覆う繊細なレリーフの一部をコピーしたもので、右側付き柱上部にある。これを見つけると試験合格間違いなしとも、死後罰せられた邪淫の罪を表しているとも言われている。不倫の覚えがある人は恐れおののくといい。

正面、少し離れたところから、ルイス・レオンの彫像がこの入口を見つめている。旧約の「雅歌」に恋愛詩としての美しさを見出した彼の目に、蛙は映っているのかどうか？

カテドラル西側の正面入口も美しい。全面に刻まれたレリーフは、手のこんだ石の透かし飾りで、レース模様を思わせる。

ここのカテドラルは、新旧合体したもので、ロマネスクを残した旧カテドラルはへは、新から入った右側でチケットを買って入る。

旧聖堂は、12世紀から13世紀にかけて建造された３身廊ラテン十字式教会である。中央身廊と側廊に合わせた３つの半円形礼拝堂が後陣となっている。圧倒されるのは、交差部のドームと、そこから差し込む光に照らされた中央後陣の祭壇画である。

ドームは、「雄鶏の塔」torre de Galloと呼ばれ、上下２段の窓を持つ16本の円柱が頂上で集束している。望遠鏡でのぞくと、その柱頭に幻

想的な動物の姿が彫刻されているのが見える。
この採光塔の光を受けて輝く中央後陣のレタブル（祭壇飾り）が壮観だ。金色眩しい53枚の絵と、濃いブルーも鮮やかな天井画で構成されている。これが描かれたのは1445年、作者はニコラス・フロレンティーノだ。イタリア外で最も美しいトスカーナ・ルネッサンス様式の絵画と言われている。
その主題は「聖家族の生涯」。聖母マリアの誕生からイエスの生涯を経て、聖母マリアの被昇天までの絵巻となっている。そして、その上部、天井全面に描かれているのは、復活したキリストを中央に、最後の審判のようすだ。
ミケランジェロがシスティーナ礼拝堂（バチカン）に描いたものと比べると、その壮大さにおいては劣るが、色彩の鮮やかさはこちらの方が印象に残る。スクロヴェーニ礼拝堂（パドヴァ）のジオットに通じるブルーと言ってもいいのかも知れない。
この旧カテドラルの北壁を共有するかたちで、新カテドラルが建っている。こちらは16世紀のゴシック、ルネッサンス、バロック様式が混在したもので、全般的に装飾過剰だ。
カテドラルから外周道路に下りて、トルメス川に架かるローマ橋まで歩いてみよう。
橋に向かって歩き始めるとすぐ左側に、小さな教会を背景にしてモニュメントがひとつ建っている。少年が盲目の老人の手を引いている。これを見てすぐ、「あっ、ラサリーリョだ」と気づく人は、よほどのスペイン通、もしくはスペイン狂と言ってよい。その人だけが、ローマ橋のたもとに置かれた（首を欠いた）牛の石像の意味がわかる（この石像の台座には何の説明も書いてない）。
16世紀のスペインといえば、レコンキスタの完成、新大陸への侵攻、ヨーロッパ全域支配と、まさに覇権国家であり、その隆盛ぶりは「黄金世紀」と呼ばれるにふさわしいものだった。
その有頂天のさなか、1冊の薄い本が争って読まれた。ドン・キホーテではない。ドン・キホーテが出版される（1605年）より半世紀前のことだ。

黄金世紀の栄光と繁栄を描いたものではなく、その裏側にはびこる飢えと虚栄に翻弄されながら、たくましく生き抜く悪ガキの痛快な成長物語だ。『ラサリーリョ・デ・トルメスの生涯』という本で、初版年も作者も今もって不明のまま。日本では、会田由氏によって訳され（1941年）、岩波文庫に入っている。

主人公は、あまり自慢にならない両親のもと、トルメス川の水車小屋で産み落とされたラサロという少年だ。父親はカルロス５世のチュニス遠征に駆り出されて戦死、やもめとなった母親は、馬丁や学生の洗濯や賄いをしているうちに、黒人との混血の子を産む。

その密通が咎められて一家離散。少年ラサリーリョは、自分の力で食っていかねばならないことになる。

最初の雇い主は盲目のいんちき祈祷師で、その手を引くのが仕事。こうして、人生の旅立ちをしたその最初の場面を読んでみよう。（なお、今日から見れば不適切と思われる表現もあるが、原著のままとする）

わたくしたちがサラマンカを出て、ちょうど橋のところへさしかかりますと、その橋の渡り口のところに、どうやら牡牛の形をした石の動物像がありました。すると盲はわたくしにその動物像のそばへ行けと命じ、わたくしがそこへ行くと、こう申しました。

「おい、ラーサロ、この牛に耳をあてて見な、中でどえらい音が聞こえるから」そこで、わたくしは、ごく無邪気に、そうかなと思って耳を近づけました。すると、奴はわたくしがいよいよ石のそばに頭を持っていったなと感じとると、手にぐいと力をこめて、その牛の畜生に向かって、わたくしの頭をがあんと一つ、思いきりぶっつけたものです。おかげでそれから三日の上も、その頭突きが痛みつづけたほどでしたが、それでわたくしにこう言ったものです。

「馬鹿野郎、覚えておくがいい、盲の手引き小僧ってものは、悪魔よりかちょっとばかり利口でなくっちゃならんのだぞ」

そうして、この冗談を大いに笑ったものでございます。

これまで子供のように眠りこんでいた無邪気さから、わたくしがはじめて目を覚ましたのは、正にあの瞬間だったように、わたくしには思われました。

これで、橋のたもとの石像の意味がお分かりのことと思う。

盲目の男によって目を覚まされたラサリーリョは、それから、しみったれの強欲坊主、見栄っ張りの郷士、いかさま師の免罪符売りと、さまざまな主人に仕えながら、黄金世紀の裏社会を流浪し、「悪魔よりはちょっとばかり利口」の才覚を働かせて成長していく。きれいごとの人生ではない。

そして、トレドの町の「触れ役」という職にありつき、首席司祭から払い下げられた女と結婚し、その妻と司祭との不倫が続くのにも目をつぶって、「かくて、わたくしはちょうどこの時分、富み栄えて、わたくしの幸運という幸運の、絶頂に立っていたのでございます」と結ばれる。何とも皮肉なエピローグだ。

この当時、スペインでもてはやされていた文学といえば、観念的な理想を描く牧人小説や騎士物語だった。『ドン・キホーテ』が、この騎士物語のパロディであるとすれば、『ラサリーリョ』はそのネガと言えるだろう。

それまで誰も書かなかった、社会の暗黒面をリアルに、そして、風刺たっぷりに描くことによって、ピカレスク・ロマンというジャンルの地平を拓いた作品といえる。しかし、この作品は、その痛烈な聖職者批判が災いしてか、1559年、禁書目録に入れられてしまう。

以前、ぼくはこの町の本屋で、この『ラサリーリョ』のこども版を探して購入したことがあるが、かなりきわどい語句もそのままで、それに感心したことがある。

「陽の沈むところない」超大国スペインのエリートを養成していた大学と、そのすぐ傍を流れるトルメス川に生を享けた貧しい少年の生きるための格闘、この対比を考えながら、ローマ橋からサラマンカを眺めると、旅の思いもいっそう深まるというものだ。

最後に。この町は、内戦のとき、最初からフランコ側につき、フランコもここに総司令部を置いた。その時、弾圧のために押収した膨大な反フランコ側の文書類は、今でもここの国立内戦資料館に眠っている。その整理と解明は遅々としてなかなか進まない。その解明が進めば内戦史に新たなページが加わることになるだろうと期待している。

ロマネスクの美術館サモーラ

サモーラは、サラマンカの北62km、N630で1時間の距離である。町の南側を流れているドゥエロ川を渡って入る。

レコンキスタの初期、その合言葉が「ドゥエロの彼方」であったことは、ソリアのところで書いたが、広大なメセタの北部を東西に流れるドゥエロは、キリスト教側とイスラム勢力が対峙し、互いに占領と反撃を繰り返した前線であった。そのドゥエロに接したサモーラは、当然、この攻防戦の渦中で揉まれ抜いた歴史を持つ。

8世紀にキリスト教徒側の防衛線として城砦都市になり、10世紀にイスラムによって破壊され、11世紀に回復されるというあわただしさである。ブルゴスのところで書いたエル・シッドの活躍舞台となったのが、このサモーラを中心とする一帯であった。

ややこしいのは、その抗争が、キリスト教対イスラム教という単純な構図でなく、レコンキスタを主導したカスティリャ王国の内部紛争がそれにからんでいるということだ。

1037年、フェルナンド1世によって、レオンとカスティリャ両王国は統一された。当時、西ゴート系の王国は、その領土をこどもたちに分与する慣習だった。その習わしに従って、1063年、フェルナンド1世は、5人の子（3男2女）に領土を分割し、末永く平和を保つようにと遺言し、誓わせた。そして、2年後に没する。

長男サンチョ－カスティリャ、次男アルフォンソ－レオン、三男ガルシア－ガルシア伯領、長女ウラカ－サモーラ、次女エルビラ－トロ、というのが分配され継承した領土である。

しかし、長男サンチョはこれに不満だった。全てを独占すべく収奪にかかる。そして、弟ガルシアの土地を奪い、アルフォンソを捕虜にする。アルフォンソは脱走してイスラム支配下のトレドに逃れる。

次に狙われるのは、サモーラを与えられたウラカである。これを阻止しようとして、アルフォンソ臣下のレオン貴族たちがサモーラに集まってくる。そこで、サンチョはサモーラを包囲する。この時、サモーラ城にいたベリード・ドルフォスという騎士が、降伏と見せかけて、城壁近くでサンチョを暗殺してしまう（1072年）。

この謀殺をもっけの幸いとして、アルフォンソはカスティリャ王の座を頂いてしまう。しかし、アルフンソには、妹ウラカと共謀して兄王を殺したのだとか、妹と近親相姦だとか、忌まわしい噂がつきまとう。

サンチョの武将であり、主人が殺されて今度はアルフォンソに仕えなければならなくなったエル・シッドが、王に潔白宣言を求めて、アルフォンソの忌諱に触れクビになったということは前章で述べた。

レコンキスタ時代のサモーラにはこのようなごたごたした歴史も潜んでいる。

これまで何度も触れた「コムネロスの乱」の時、サモーラは国王に反逆する側に立ち、破れて弾圧されたという歴史も持つ。

それはともかく、レコンキスタは進行し、11世紀末から、この町は再建過程に入る。それがロマネスク時代とシンクロしていたため、この町の教会のほとんど全てはロマネスク様式を残す結果となった。だから、この町は「ロマネスクの美術館」とも呼ばれている。

このように、一挙に、町づくり、教会づくりが進むとき、そこにある種の共通したスタイルが生まれるということは、セゴビアで見た。セゴビアの場合は、中庭回廊ではなく、外廊型であった。

このサモーラのロマネスクに共通するのは、ファサードにタンパンがないということだ。その代わり、花柄を思わせる装飾アーチを、びっしりと彫刻で埋めた華麗なアーキヴォルトを持つところが共通している。その代表例としてマグダレーナ教会を挙げておこう。

カテドラルの丸屋根は、石瓦を魚鱗状に重ねて装飾したもので、ネギ坊主の頭を思わせる独特の雰囲気を持つ。そのクーポールを内部から見上げると、サラマンカ旧カテドラルの「雄鶏の塔」とよく似ている。アーチ窓が一段、頂点に集束するカーブが14本という違いだけである。サラマンカのは、これを手本にし、いっそう洗練されたかたちに仕上げたのだという。

マグダレーナ教会の前の道を、町の中心に向かって歩いていくと、左側サンタマリア・ラ・ヌエバ教会あたりの前庭に、黒装束の不気味な人物2体の彫像がある。覆面頭巾のひとりは太鼓を叩き、ひとりはラッパを吹いているモニュメントである。

これは、聖週間 semana santa の行列の衣装だ。この町は聖週間行事

の盛んなことで知られている。
聖週間とは、復活の日曜日でしめくくられる一週間のことで、その日曜日は毎年、春分後の満月の次の日曜日とされている。この週間は、こどもたちがシュロの飾りを持って行進する「枝の主日」に始まり、毎日どこかの教会から山車が引き出され、それぞれの教区ごとに黒、白、緑、紫などと色別されたとんがり頭巾のマントに身を包んだコフラディルの行進が繰り返される。
アメリカの狂信的秘密結社クー・クラックス・クラン KKK の衣装はここから採られたものだ。
物悲しい音楽を奏でる楽隊もそれに加わる。それがどんな音楽かというと、これはギル・エバンスの作曲だが、マイルス・デイビス演奏で知られる Sketches of Spain の中の第４曲「サエタ」にその片鱗が窺える。
何年も前、ぼくはこの聖週間をサモーラで過ごしたことがあるが、一番印象に残っているのは、聖木曜日の夜、黒衣の女性たちが紙コップの中にろうそくを灯し、裸足で行列しているのを見たことである。とても寒い夜だっただけに、ゴルゴダの丘に向かうイエス・キリストの苦痛を追体験しようとする信仰の強さに打たれたのであった。
この町を離れる前に、ドゥエロ川の畔、水車小屋が３つ並ぶ公園ゾーンに建つ、サンチャゴ・エル・ビエホ教会に寄る。ここで、エル・シッドが騎士に叙せられたということもあってか、カバジェロスとも呼ばれているロマネスクだ。
この教会の西正面が、どのようになっているのか確かめる余地がないので不明だが、南側にひとつ開けられた入口がわずかに馬蹄形アーチを思わせるだけで、サモーラ独特の華やかな飾りはどこにもない。円く突き出したお尻（後陣）から近づいていく。内部の８つある柱頭に刻まれているのは聖書からの物語だ。
ただ、長方形のバシリカ型に石を積み上げただけの簡素この上なしという教会だ。この素朴さがたまらなくいい。

セマナ・サンタ（聖週間）の行事で名高いサモーラを訪ねた人は、少し足を延ばして、北西19kmのところにあるカンピージョまで行ってみるといい。

そこに、7世紀に建てられた小さな教会サン・ペドロ・デ・ラ・ナーベSan Pedro de la Naveがある。

N122号線をポルトガル方向に11km走ったところを右折して、赤土の荒野を8km行くとカンピージョに突き当たる。村に入ってすぐ右手、少し引っこんだところが鍵番の家だ。村はずれの広場に、ポツンとラテン十字の姿も美しいかわいい教会が建っている。

村のたたずまいの中にしっくりと溶けこんでいない感じを与えるのは、近くを流れるエスラ川をせきとめてつくった貯水池の増水による被害を避けるため、1930年、この場所に移築したせいなのだろう。しかし、そのために、建てられた当時の姿がよく保存されたと言うこともできる。小粒ながら、西ゴート支配時代の様式を伝える歴史的建造物として、スペイン建築史を学ぶ人にとって見落とすことのできない建物なのだ。

円柱の上にのった馬蹄形アーチと、それによって生み出される空間の分節効果は、後世、アストゥリアス建築に引き継がれ、その原型になったものと評価されている。教会堂の東西の軸線上にトンネルヴォールトを用いるアストゥリアス建築の特性が西欧ロマネスクに引き継がれる原型となったことを考えると、このサン・ペドロ・デ・ラ・ナーベ教会のスペイン建築史に占める重要な位置がわかるというものだろう。

内部の柱頭彫刻、とりわけ、「獅子の洞穴におけるダニエル」と「イサクの犠牲」を表したものがみごとに保存されている。

蛇足を加えるならば、414年、ローマ人の後を受けてイベリア半島に侵入した西ゴート族は、711年のイスラム侵略によって滅ぼされるまで、トレドを首府にしてスペインを支配したのであった。かれらが661年に、バレンシア近郊に建てたサン・ファン・デ・ロス・バーニョス教会が、現存するスペイン最古の教会であることを考えると、それとほぼ同じ時期に建てられた、このサン・ペドロ・デ・ラ・ナーベ教会の史蹟的価値はたいへんなものだ。

実を言うと、この部分は、1986年初版の『地球の歩き方』スペイン版に載せた文章で、(表記を少し改めたが)「荒野の貴石サン・ペドロ・デ・ナベ教会」というタイトルの囲み記事となっている(現在の版では消えている)。

これを書いた20年後の2006年、ここを再訪したが、そっくりそのままで、書いたことにも訂正の必要がない。

敷地の一角に、階段つきのかわいい鐘塔が据えられている。それと、中央の教会との取り合わせがいい。しかし、移築のせいか、すっきりし過ぎていて何だか模型のようにも見える。もともと、この教会を囲んでいた村はともかく、教会だけでも保存したいということでこうなったのだろうが、観光用としてではなく、本来の機能を果たしている教会の魅力という点では、迫力に欠けていると言わざるを得ない。ま、仕方ないか。

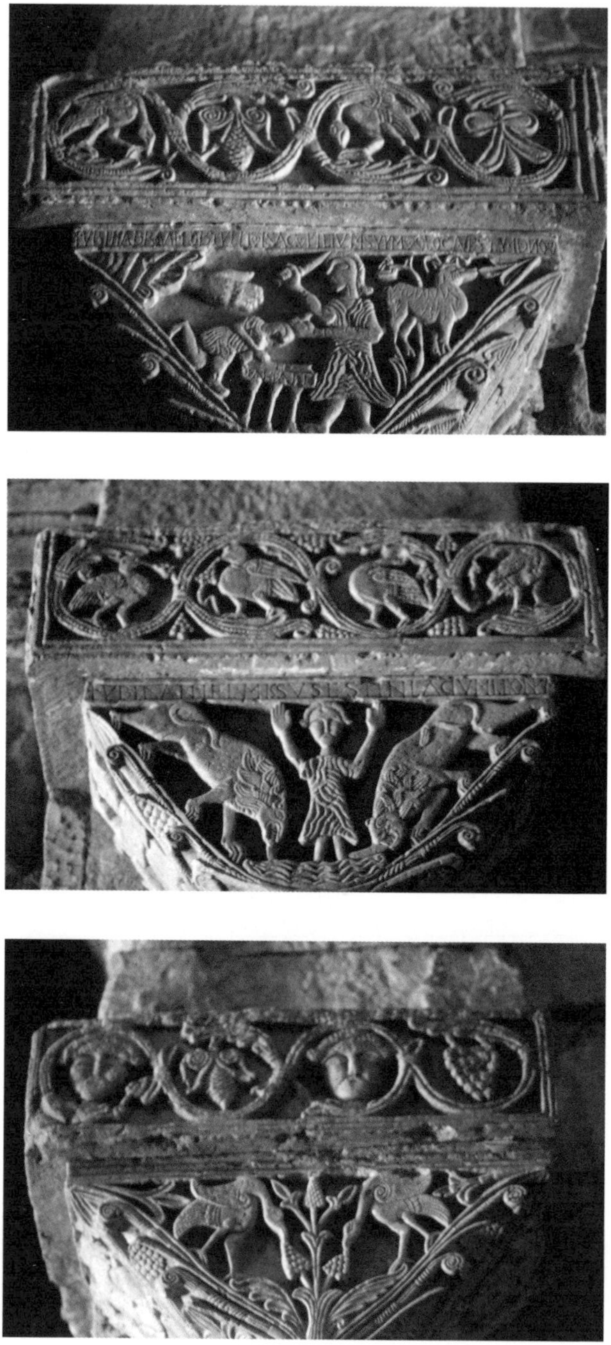

サン・ペドロ・デ・ナーベ教会の柱頭

16

レコンキスタの聖地

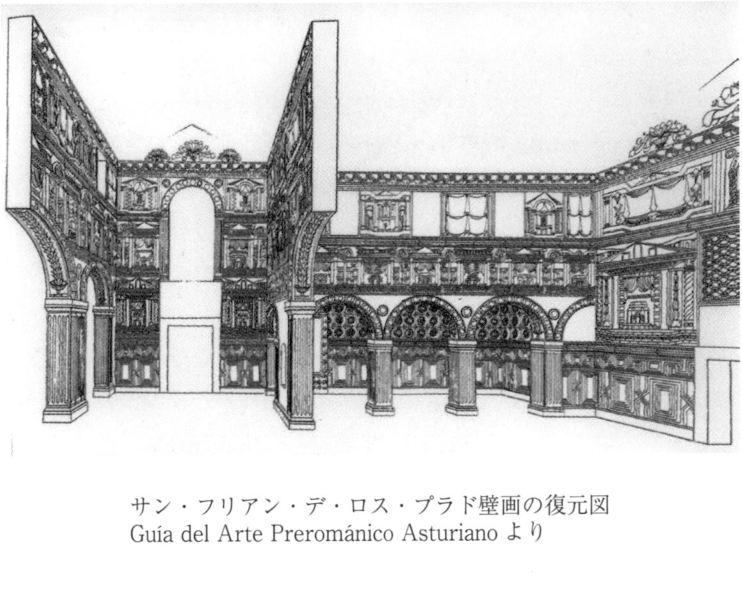

サン・フリアン・デ・ロス・プラド壁画の復元図
Guía del Arte Prerománico Asturiano より

アストゥリアス地方のロマネスク

スペインのロマネスクは、大別すると、ピレネー山脈を背景とするカタルーニャ地方と、サンチャゴ・デ・コンポステラへの巡礼路に沿って残存している。カタルーニャは地理的関係から、巡礼路はそこを通る旅人から、いずれもフランスの影響を受けてロマネスク様式を定着させてきた。

本書では、カタルーニャについてはすでに書いたし、巡礼路についてもレオンまでのところについては触れてきた。そして、前章では、レコンキスタの進展によって開かれたメセタ地帯におけるロマネスクについて述べた。

本章では、レコンキスタ初期のロマネスクが準備される段階で、西ゴートの伝統を継ぎながら独自の様式を生み出してきたアストゥリアス地方に残るロマネスクについて書くことにしよう。

バスク民族の聖地ゲルニカを起点にして、カンタブリア海に沿い、ピコス・デ・エウロパの山岳地帯に踏み込み、アストゥリアス山脈を越えて、レオンで巡礼路と合流するというコースになる。

不屈のゲルニカ

ゲルニカは小さな盆地の町だ。70年前の爆撃の跡をぬぐい去ったように再建され、駅近くの市場は賑わい、市心のホルエン広場の花は美しい。広場の上（西）が学校、さらにその上の少し高台になったところに議事堂Casa de Juntasがあり、赤いベレー帽をかぶった警官が警備している。

正義の木と知りたる日より小さきわれの憧るるなり樫の大樹に

かなり以前の「朝日歌壇」入選作のなかにあった歌だが、それと特定していないけど、これはゲルニカのことに違いない。

「ゲルニカの人々は、世界中で最も幸福な人たちである。一本の樫の木の下に集まって諸問題を決定し、いつも賢明にふるまっている」

と、ルソーは『社会契約論』の中で讃美した。このルソーの言葉どお

り、バスクの長老たちは、この古い木を囲んで民主的な青空会議で自分たちの問題を解決してきた。

ここは中世カスティリャ王国の国王が、ここで、臣下の諸特権を尊重すると誓約する4つの場所のひとつであった。その伝統に従って、女王イサベルも、19世紀半ばまでの歴代のスペイン国王も、ここにやってきてこの古木に、自治と自由の特権を認めると誓ったのであった。その意味で、ゲルニカの樫の木は、バスク自治を象徴するものであった。

中世から崇められてきた樫の木は、1808年、ナポレオン軍によって伐られ、その樹齢千年にも及ぶ古木の残骸は議事堂裏の小さな神殿に納められている。

その後、植えられたものも、マドリードからきた将軍の手で伐られたという。現在は、わりと若い木が古木が納められたギリシア神殿風の建物の前にそびえている。幾度伐り倒されようとも、新しく植えて育てるというところにバスク自治への不屈の意思が示されているといえよう。

自治ということは、ファシズム（全体主義）と根本的に対立する。だから、内戦が勃発すると、この地方はバスク国民党の下に結束し、カトリック教会までが共和国政府の側にたった。

1937年4月26日、午後4時半から約3時間にわたって、フランコを支援するドイツ空軍は、この町を爆撃した。中心街300家屋の71％がその爆撃によって破壊された。ゲルニカは廃墟と化し、七千の住民のうち、1654人が死に、889人が負傷した（ハーバート・サウスワースの調査による）。

「スペインの地は、若きわが空軍を試す絶好の機会を与えてくれた」とゲーリングがニュールンベルグ裁判で証言したとおりのことが実行されたのであった。

このニュースは、直ちに全世界に報道され、ゲルニカは内戦の悲劇を象徴する都市となった。この蛮行が後のヒロシマ・ナガサキへの原爆投下、ベトナム、そして、イラクへも通じる大量殺戮への道を開くことになったことは世界史の事実だ。

さらに、日本人として忘れてはならぬこととして、ゲルニカと同年の12月、日本軍による南京大虐殺があり、1939年、40年と重慶への無差別爆撃がなされたということである。この点で、日本は、フランコ、ナチスドイツと同じ歴史的責任を負っているというべきであろう。

パリでこの知らせを聞いたピカソは、その5日後に『ゲルニカ』の最初のデッサンにとりかかり、約1ヵ月後の6月4日にはもうこの大作を完成させていた。

これを制作している過程で、ピカソはそのモチーフを次のように語っている。

「今後ゲルニカと呼ぶ制作中の壁画やすべての近作において、スペインを苦痛と死の淵に沈めた軍閥への憎悪を私は断固として表明する」

この『ゲルニカ』が展示されたパリ万博のスペイン館には、『フランコの夢と嘘』と題するエッチングも展示され、スペイン共和国支援のために、その複製が販売された。ピカソはそのエッチングに次の言葉を添えた。

「子供らの叫び、女たちの叫び、小鳥たちの叫び、花の叫び、丸太や石の叫び、家具の椅子やカーテンや猫や紙類の叫び、爪を立て合う香りたちの叫び、肩を突き刺す煙の大鍋の中で煮える大声の海を氾濫させる小鳥の雨の叫び……」

『ゲルニカ』はまさに、このあらゆる生きとし生けるものたちの「叫び」を、死の静寂のなかに深く凍結したものだと言ってよいだろう。

ピカソをこの大作へと駆り立てることになった「ゲルニカ報道」は、同時に、今日に続く「ゲルニカ神話」を生むことにもなった。

そのもとになったのは、「ザ・タイムズ」（ロンドン）の特派員ジョージ・L・スティアの送った記事である。その記事のなかでスティアはこう書いた。

「ゲルニカは軍事目標ではなかった。……爆撃の目的は一般市民の士気を喪失させ、バスク民族をその発生地で絶滅することにあったようである。……月曜日は慣例的に市の立つ日であった」

この「伝説」の上に立って「人類史上初の無差別絨毯爆撃だった」（川成洋）という評価も生まれてきた。フィリップ・ナイトリーは、『戦争報道の内幕』（時事通信社）という本で、この「神話」を検証し、次のように言う。

「しかし現実は、スティアが職業的、政治的そして個人的な熱心さでこの事件に過剰反応を示したといわざるをえない。入手可能なあらゆる証拠から判断して、ゲルニカは戦術的な軍事上の理由で爆撃されたのであった」

ナイトリーに証言を提供したヒュー・トマスとハーバート・サウスワースは、ともに内戦史の世界的権威であり、これはかなり信頼度の高い結論と言ってよいだろう。また、「人類史上初の無差別爆撃」というのも、かなり思い入れの勝った表現で、実際は、ゲルニカ以前の3月31日、4月2日そして4月4日と3度にわたって、ドイツ空軍は、ゲルニカ南東20kmのドゥランゴ（重要な兵器工場があった）に無差別爆撃を加え、町のほとんどを破壊しているのである。

ただし、ドゥランゴに落としたのは対人爆弾で、焼夷弾を大量に市街地に投下したのはゲルニカが最初である。しかし、「神話」のヴェールをはがしても、フランコとナチスによってもたらされたゲルニカの悲劇は事実であり、その罪が軽くなるわけではない。この点だけは確認しておきたい。

中世の風格サンテジャーナ

サンテジャーナ・デル・マルは、サンタンデールの西約30kmのところにある小さな村だ。マル（海）とついているが、カンタブリア海の海岸線までは10kmほど離れている。中世のたたずまいをきちんと保存した美しい村として知られ、全体が国の史蹟に指定されている。

古い村といえば、素朴な民家の集落と思いがちだが、このサンテジャーナに残された建物は、みな格式のある貴族の館だ。この村は、15世紀、公爵領に昇格したということもあって、アストゥリアス王国の貴族たちがここに集まって住んだ。その館のほとんどは15～17世紀に建てられたものである。

この村を評して、「広場が三つ、大通りが三本、路地が十本」と書いた本があるが、それほど小さくまとまった村なのだ。

この村へ通じる道は、少し進むとY字形に分かれる。このあたりからもう整った家並みの美しさがはっきりとあらわれてくる。左手の通りを進んだ突き当たりがマヨール広場。この広場に面した右側の旧家が15～6世紀に建てられたバレーダ・ブラチョ家の館で、今はパラドールになっている。このパラドールの名前がヒル・ブラス。これは、フランスの作家ル・サージュの、スペインを舞台にしたピカレスク・ロマンの傑作『ジル・ブラース』（1715年）からとったものだ。

この村に生まれた主人公ジルが、ピカレスク物語の定石どおり、次々と職を変え、住むところを変え、奇想天外な運命にもてあそばれながら成長し、出世していくというもので、フランス文学史上重要な位置を占める作品だ。

ぼくが持っている『ジル・ブラース物語』は、敗戦直後の1948年に京都の高桐書院から発行された杉捷夫訳のもので、すっかり変色している。その書き出しの部分はこうなっている。

「わが父、ブラース・ド・サンチラーヌは、ながい間スペイン王國のために劍をとって仕えた後、うまれ故郷の町に引退した。そこで、もはや若いとはいえない小柄な町娘をめとり、私は両親の結婚後十ヵ月にしてこの世にうまれて来た。二人はついでオヴィエドに出て住んだが、この土地では両親は他家に住みこまなければならなかった」

ここでは、「うまれ故郷」とあるだけで、それが、サンテジャーナのこととわかるのは、父親の名についている「サンチラーヌ」と原題の Histoire de Gil Blus de Santillane だけからである。たったこれだけの因縁でしかないのに、ジル・ブラスをパラドールの名称に借用してしまうとは、スペイン観光局もなかなかやるものだ。きっと、フランスからの観光客をあてこんでのことと思うが、このしたたかさもピカレスクっぽくていい。

広場奥の道を右へ行っても直進しても、さきほどのYを右にとった通りに出る。この道を進むと、聖女ユリアナを祀った参事会教会 Colegiata の南側扉口に出る。

聖女ユリアナ Santa Juliana は、サンテジャーナの語源ともなった聖女で、初期キリスト教の処女殉教者として、304? 年小アジアで斬首された。

時の総督が捕らえた異教徒の彼女を見初め、その意を体した龍が天使に化けて、獄中のユリアナに総督と結婚するよう勧誘したが、彼女は祈りによってその奸計を見破り、殉教の道を選んだのだという。どういう経緯でか、この聖女ユリアナの聖遺物がここに祀られているのだという。

２頭の獅子像が日本の神社の狛犬さんのように入口を守る扉口、その上に並んだレリーフ、かなり傷んでいるとはいうものの、12 ～ 3 世紀のロマネスクの特徴をよく表している。

12 世紀末につくられた回廊は、教会の北側にあり、その入口は左に回り込んだ先にある。この回廊は東側を欠いた三方で構成されているが、２本ずつ対になった円柱の上にひとつの柱頭を載せているので彫刻が大きく見える。そのうち 49 個の柱頭がオリジナルのものだという。

回廊の南側には、６人の使徒を従えたキリストや洗礼者ヨハネの斬首や獅子の穴に投げ込まれたダニエルなど、物語性のあるものや、寓意性（騎士と貴婦人にはさまれた犬が忠誠心を表すというような）に富んだものもあるが、柱頭彫刻の多くは植物モチーフと組紐模様で、オリエントの影響

がかいま見える。彫刻家の腕もなかなかのもので、スペイン有数の回廊といえるだろう。

通りをぶらぶら歩くと言っても、小さいのですぐ一巡してしまうが、中世貴族の村にふさわしく、あちこちの建物に家紋というか、ワッペン型の紋章が取りつけられている。紋章学に興味がある人にはこたえられないところだ。

サント・ドミンゴ通りの半円形のバルコニーを持つ家のそれには、盾を四分したそれぞれに銘文が刻まれていて、翼を矢に貫かれた鷲を型どったビリャ家の銘にはこう書いてある。Una buena muerte honra toda una vida（よく死んでこそ価値ある生だ）。

いかにも、対イスラム戦に明け暮れた騎士の好みそうな文句だ。まさに、「武士道とは死ぬことと見つけたり」（葉隠）のスペイン版である。

バカンスの時期ともなると、馬籠や高山がそうであるように、この狭い古い村に世界の若者が溢れる。しかし、その喧騒をよそに、村人は早朝家の土間から乳牛を連れ出し、黄昏時には連れ戻すという営みを静かに繰り返している。
中世のままの軒を連ねる古い村が今も確実に生きつづけているのだなと思うのはそんな時だ。

このサンテジャーナ・デル・マルのすぐ近く、南2kmのところにアルタミーラ洞窟がある。この洞窟が発見されたのは、1868年のことであったが、その内部にすばらしい天井画が描かれていることが発見されたのは、1879年であった。
この土地の所有者でありアマチュア考古学者でもあったマルセリーノ・デ・サウトゥオラが連れてきた9歳の娘マリアが、突然、Alta mira!（上を見て！）と叫んだことから、この原始美術の傑作が世に知られるようになったというエピソードで有名だ。
これは、打製石器時代、フランス西南部からカンタブリア地方にかけて連続的な文化圏を形成したマドレーヌ人の手になるもので、紀元前1万5千年から1万2千年にかけての時期のものと推定されている。
アルタミーラの発見者サウトゥオラは、この壁画が先史時代のものと主張したが、あまりにも保存状態がいいのと、彼がアマチュアであることからほとんど相手にされずじまいだった。しかし、それから20年ほどして、フランスのドルドーニュ地方で続々とアルタミーラと似たような発見が相次ぎ、有史以前に高度に洗練された芸術が存在していたのだということを認めざるを得なくなった。
アルタミーラと並んで有名なフランスのラスコー洞窟が発見されたのは1940年である。ラスコーの場合は、穴に入って戻ってこない愛犬を探しにいった若者によって発見されたのであるが、アルタミーラもラスコーも、その発見に犬と若者がからんでいるのがおもしろい。
ラスコーでは、かなり前からすぐ傍に複製洞窟（ラスコーⅡ）を造って臨場感を味わうことができるようになっていたが、アルタミーラの場合はマドリードの考古学博物館の入口左の地下に、小規模ながら、野牛の天井が再現されていた。最近は、ラスコーのように「アルタミーラⅡ」ができて、自然の洞窟を利用したレプリカを鑑賞することができるようになった。

どうしても本物の洞窟に入ってアルタミーラのような壁画を見たいという人は、ゲルニカの北4kmのところにあるサンテマミニエ洞窟 Cuevas de Santimamiñe に行くとよい。

1917年、この洞窟で、アルタミーラと同じマドレーヌ文化期に描かれたり彫られたりした絵や彫刻が発見されている。先史時代の人々が描いた馬、熊、山羊、野牛など、ここで見ることができる。

洞窟の話が出たついでに余談をひとつ。

19世紀後半から20世紀初頭にかけて、スペインは時ならぬ洞窟ブームで沸いた。アルタミーラをはじめ各地でみごとな洞窟発見が続き話題となった。これが、同時代に思想形成期を迎えたアントニ・ガウディに影響を及ぼし、その造型的発想の源になったのではないかという仮説を提起した人がいる。鳥居徳敏氏がその人で、彼は、スペイン語で出版した『ガウディの謎にみちた世界』という大部の研究書で、ガウディ全作品を、「洞窟」と「エジプトの鳩小屋」という二つの発想起点でもって解析してしまうという離れ業をやってのけ、世界中のガウディ研究者を驚かせたのであった。

コミージャスの気まぐれ館

サンテジャーナ・デル・マルから西へ走る。この道は海岸線から少し離れているが、海へ続くなだらかな起伏の緑の丘が美しい。20kmほど行くと、こじんまりと整った魅力的な町が見えてくる。コミージャス Comillas だ。

19世紀の初め、当時片田舎だったこの村に生まれたアントニオ・ロペスは、志を立ててキューバに渡り、汽船会社を興す。そして、バルセローナを拠点に海運業で新興ブルジョアジーにのしあがり、ついに、コミージャス侯爵に叙せられるところまでのぼりつめる。

彼の娘イサベルは、カタルーニャきっての新興財閥エウセビオに嫁ぐ。これが、ガウディのパトロンであったグエル伯爵である。

コミージャス家は2代目のクラウディオの時代に移っても発展を続け、

国王から「廷臣」Gentihombreの称号を授けられるほどの信頼を得た。そして、毎年夏、アルフォンソ12世は、避暑のため侯爵館に滞在するほどであった。

今は市民に開放された公園になっているが、広大な侯爵家庭園の眺めのいい丘の上に侯爵家付属教会と侯爵館が残っている。その教会のすぐ下、庭園の一角に、ガウディが設計したEl Capricho（気まぐれ）が建っている。この建物の依頼主は、初代コミージャス侯爵と同様に中米で蓄財したディアス・デ・キハーノで、ガウディはこの依頼主に一度も会うことなく、また、現場に足を運ぶことすらせずにこの別荘を造ったのだという。

彼の建築学校時代の同窓生クリストバル・カスカンテがガウディの意を受けて現場監督を務めたからできたのだろう。ちなみに、ガウディ、カスカンテ両者が助手を務めた恩師マルトレールは、コミージャス侯爵家の建築家で、侯爵館も教会もマルトレールの手になるものであるという因縁で、ガウディが依頼されたのであろうと、前出の鳥居氏は推察している。

煉瓦壁を帯状に取り巻く浮彫タイルのヒマワリと葉の模様が美しい。玄関ポーチの上に建ち上がるイスラム風の塔がいかにもガウディ風で異様だ。このあたりがカプリチョと言われるゆえんだろう。施主がキハーノ（ドン・キホーテ）というのもつじつまが合っている。

このキハーノ氏は独身であったため、この屋敷は彼の死後、妹（コミージャス侯の弟と結婚した）に譲られ、さらに家具商ディエス氏に売却された。その後また売りに出されたが、こんな豪華な個人邸を所有できる時代ではない。

けっきょく、たいへんな改修費をかけてエル・カプリチョ・デ・ガウディという高級レストランになった。投資したオーナーは日本人である。

リゾート地といえば、すぐ隣のサン・ビセンテSan Vicente de la Barqueraも負けない。緑の丘が入江を囲む美しい町だ。

ずっと昔の9月初旬、この町で泊まろうとしたところ、バカンス客がたくさん残っていて空室がない。そこへ、客引きのおばちゃんが来て「部屋があるよ」と言う。ついて行ったら、ふつうの民家で73歳の老婦人のひとり暮らし。そこに泊めてもらった。

「わたしはフランシスカ。正確に言うと、フランシスカ・コルタビタルテ・オルテガ。コルタビタルテというのはバスク人の名で、祖父から受け継いだのよ」

「夫は漁師だったけど50歳で死んだ。息子が３人いて、ひとりはスイスに出稼ぎ。あとの２人は漁師。末っ子は42歳だけどまだ独身。ここはフランスに近いから、漁場や市場をめぐってフランスの漁師とよくもめごとが起きる。ECに加入すれば解決するのかしら」

「フランコの時代は、本当に悪い時代だった。わたしたちは共和派だったから、内戦後ずいぶんひどい目に会った。夫は６年間牢獄に入れられていたし、わたしも４年間牢獄にいた。次の選挙で右派が勝ったら、また悪い時代がくるんじゃないかと怖くなる」

夜遅くまで、静かな口調でこんな話をしてくれたフランシスカ、健在ならば百歳近くなるはずだがお元気だろうか。

サン・ビセンテを出る。橋を渡ると登り坂。進むに連れて入江をへだてた左手の丘に城、教会、そして町が絵のように広がってくる。そして、ウンケーラまでの約10km、左右に緑の丘が連なる美しい景色が続く。

ウンケーラで左折、これから後はデバ川に沿ってひたすら山道を走ることになる。海の巻が終わり、山岳篇へと場面が転換するのだ。

ヨーロッパの尖峰

目指すのは、ピコス・デ・エウロパ。Picos de Europa「ヨーロッパの峰々」と名づけられた東西40kmにわたるこの山塊は、カンタブリア山脈で最も高い山塊である。海岸線から直線距離にして30kmのところに2600 m級の岩山がいくつもそそり立つということからも、その急峻ぶりが想像できるだろう。

ウンケーラからN621でパネスを経てデバ川に沿って入り込んでいく道は、切り立つ山と山の間を縫うようにくねっている。そんな道を

40km 走ったところがポテス。デバ川に石造りの家並みを映すこの町の役場は、15 世紀の塔 Torre del Infantado を修復したものだ。

このポテスを出てすぐ左手の道を行くと、フランシスコ会の修道士たちが今でも住んでいる修道院がある。サント・トリビオ・デ・リエバナ修道院だ。

これまで何度も「ベアトゥス写本」のことについて書いてきたが、その原本を書いたベアト Beato730? ～ 798 がここに起居していたのだ。彼がそれを書いたとき、単なる修道士だったのか、それともこの修道院長だったのかはわからないが、とにかく、ベアトの『黙示録註解』Comentario del Apocalipsis は 786 年ころ書かれ、それが次々と筆写されて、以後数世紀にわたり、キリスト教世界に大きな影響を与えることになった。

また、この修道院は、アストルガ司教がエルサレムから持ち帰ったキリスト磔刑の十字架の断片を保管しているということでも有名である。キリスト処刑時の十字架の断片を所有しているという教会はあちこちにあるが、知られているかぎり、この修道院が持つ断片が最大なのだそうだ。

フエンテ・デ Fuente De への道標に従って進む。このあたり、野生のアマポーラが畑一面を真っ赤に染めていた。遠景の灰白色の岩山群とのコントラストが強烈だ。道はぐんぐんと高度を増し、25km 進んだところで尽きる。

青空を背景に、正面の視界いっぱいに、びょうぶのような大岩山が立ちはだかる。その裾にパラドールの建物が平たく広がっている。

この構図どこかで見たことがあるなと記憶をたどって思い出したのは、エジプトの王家の谷にあるハシェトプスット神殿。感じがそっくりだ。

この、パラドールが建っている地点の標高が 1005 m、背後の岩山が 2000 m。千 m の落差をほとんど垂直といってよい角度で一気に引き上げるリフトがかかっている。その、カブレ展望台からの眺めは、絶景の一語に尽きる。

ここまで来てしまったら、先を急がずゆっくりと展望を楽しみ、パラドールに泊まって山の気分を味わうしかない。巨大な岩壁が、夕日、朝日そして月の光を浴びて輝く神秘的な美しさにひたるとよい。

ピコス・デ・エウロパめぐりを続けるためには同じ道をポテスまで戻らねばならない。そして、リアニョまで57km、眺望を楽しみながら走る。

リアニョ手前でN621と分かれて右へ、少し走ってさらに右へC637に入る。16km進んだところがポントン峠（1290 m）。

時間に余裕があったら、このポントン峠を右に入る道を下って約10kmのところにあるソト・デ・バルデオンSoto de Valdeónという村まで足を伸ばすとよい。古い小さな村だが傾いた木造のバルコニーの家並み、独特の高床式貯蔵庫、そして、石造りの小さな教会等が、山間の村という雰囲気をよく出している。ここから振り仰ぐ周囲の岩山も迫力がある。村で一軒のバルには鳥類保護のポスターと並んで、ゲルニカのポスターが貼ってあった。

ポントン峠からセリャ川沿いにくねくねと曲がる道を45km下るとカンガス・デ・オニスの町に着く。町に入ってすぐのところにローマ時代の小さな石の太鼓橋がある。ここは、アストゥリアス王国最初の首都となったところだ。

この町の近く、ビリャヌエバにある旧サン・ペドロ修道院は、17世紀に12世紀のロマネスク教会を併合して建造されたもので、後陣と側面入口にそのロマネスクが残っている。

1907年にナショナル・モニュメントに指定されたこの建物が、今は、パラドールになっている。

次に訪れるコバドンガへ行く途中にあるエル・ブクス洞窟Cueva del Buxuには、アルタミーラと同じ先史時代マドレーヌ期に描かれた線画や壁画があり、あまり大きくはないが、鹿、馬、野牛などを見ることができる。

レコンキスタ発祥の地コバドンガ

カンガス・デ・オニスから東へ約10km行くとコバドンガCovadonga、キリスト教スペインの聖地である。

時代は一挙に飛ぶが、711年、イスラムがイベリア半島に侵入し、それまでの支配者だった西ゴート王国を滅ぼし、たちまちのうちに半島のほとんどを制圧してしまった。

キリスト教勢力は、後ろはもうカンタブリア海という北端まで追いつめられ、峻険なカンタブリア山脈にたてこもるということになってしまった。

ここで登場するのが、西ゴートの残党貴族ドン・ペラーヨなる伝説的英雄である。彼は718年300人ばかりの手兵を率いてアストゥリアス王国を樹て、ピコス・デ・エウロパの山々を起点にゲリラ戦を開始する。そして、722年（718年という説もある）、コバドンガの戦いでイスラム軍相手に最初の歴史的勝利を得る。ここから、以後770年に及ぶレコンキスタ（国土回復戦争）が始まったというわけなのだ。

レコンキスタにおける最初の価値ある勝利は、844年レオン王ラミロ１世がクラビホであげたものとする人も多いが、とにかく、アストゥリアス王国を建てたペラーヨをレコンキスタの開祖とする伝説は根づいている。その意味でコバドンガは聖地なのだ。

このアストゥリアス王国からスペインの王制は始まる。そこで、スペイン王宮の護衛兵と王子の乳母はアストゥリアス出身者に限るとされ、スペインの王位継承者は、イギリス王室における「プリンス・オブ・ウェールズ」と同様「アストゥリアス大公」と称するならわしになった。

この聖地に詣でる人たちは、まず、抵抗の基点であったとされる洞窟に入り、そこに祀られている「戦いの聖母」を拝む。このマリア像は、今でも国難の際には苦悩の汗を流すと言い伝えられている。

バシリカ（教会）は、19世紀末に建てられたネオ・ロマネスク様式のもので、バスで訪れる団体客のために、毎日何回もミサをあげる。このバシリカ前の広場に、英雄ペラーヨの彫像が建っている。その台石の四方に帯状にアルフォンソ３世の年代記から採られた次の文が刻んである。

「われらの希望はキリストにあり。この小さな山はスペインの救いになるであろう」

コバドンガから、バスでは通れないほどの狭い道を登る。

８kmほど行くと見晴らしが開け、レイナ（王妃）の展望台に着く。放牧の牛や馬がのどかに草を食む姿と、雄大な眺めがすばらしい。曲がりくねった狭い道を、対向車と崖に注意しながらさらに登って行くと、前方に、まさに夢のように美しい小さな湖が出現する。エノール湖とその先にあるエルシナ湖だ。このあたりの標高は1232 mである。

ここまで来れば、ピコス・デ・エウロパの主なビュー・ポイントはほぼ全てクリアしたと言ってもいいだろう。

そのうち、ぼくのお気に入りは、フエンテ・デの巨大な岩山、ソト・デ・バルデオンの素朴な村、そして、このコバドンガの山上湖ということになる。

ロマネスクの追っかけをしていると、すばらしい自然とめぐり合うことができるが、ピレネーとはまた違う魅力がこのピコス・デ・エウロパにはあると思う。

さて、カンガス・デ・オニスに下って、そこから、オビエド方向に向かうとしよう。

神の谷ヴァルデディオス

オビエドは、カンガス・デ・オニスから西へN634で約70kmのところにある。途中、ヴァルデディオスのサン・サルバドール教会に寄っていく。かなりオビエド寄りのラ・セカダからビリャビシオサ方向に右折する。この道は、ミシェランでは638となっているが現地ではAS113と表記されている。

途中からカーブの多い山道になるが、18km進んだあたりで左手の谷へ下りていく。左折せずにそのまま7km直進するとビリャビシオサへ行く。この港町があるところは、かなり深い入江の奥で、リア・ビリャビシオサと名づけられている。リアというのは、深く切れこんだ入江のことで、リアス式海岸というのはこのリアから来ている。

1517年9月、この港に、17歳の新国王カルロス1世／5世一行がフランドルから漂着した。本当はサンタンデールに着くはずだったのだが航路を間違えたのである。このカルロスのことについてはセゴビアの節でも書いたが労を厭わずその肩書を並べてみよう。

・王としては――ドイツ、カスティーリャ、レオン、アラゴン、両シチリア、エルサレム、ハンガリー、ダルマチア、クロアチア、ナバラ、グラナダ、トレド、バレンシア、ガリシア、セビーリャ、マジョルカ、サルディニア、コルドバ、コルシカ、ムルシア、ハエン、アルガルベス、アルヘシーラス、ジブラルタル、カナリア諸島、インディアス、大洋の諸島と大陸部、

・公爵としては――オーストリア、カタルーニャ、ブルゴーニュ、ブラバント、ロートリンゲン、ケルンテン、カルニオラ、リンブルク、ルクセンブルク、ヘルデルラント、アテネ、ネオパトリア、ミラノなど

・侯爵としては――アントワープ、オリスタン、ゴリアノなど

・伯爵としては――バルセローナ、フランドル、チロル、アウクスブルク、アルトア、ブルゴーニュ、ロセリョン、セルダーニャなど

＊この部分に関しては、藤田一成『皇帝カルロスの悲劇』（平凡社）参照

何ともたいへんな権力である。カルロスは16歳にしてこれを継承したのだ。

フランドルから連れてきた部下を従えて上陸した新国王を見て、スペイン人はみな「顎のお化けだ」と仰天したらしい。常人の3倍はあろうかというこの顎はハプスブルグの血統マークみたいなもので、ベラスケスが描いたフェリペ4世などにもその異貌は遺伝している。とにかく

500年前、このカルロスが上陸したのがこのビリャビシオサであった。

ヴァルデディオスとは、「神の谷」を意味するが、緑に包まれるようにしてそのすっきりした姿を示しているサルバドール教会の清々しさは、まことにその名にふさわしい。

893年つまり9世紀末に献堂された教会で、ロマネスクに先行する時代の建築なのだが、それが、ロマネスク特有の「ずんぐり」という印象を越えて、ゴシックに近い上昇性を感じさせる。先ほど、この教会の印象を「すっきり」と表現したが、そう思わせるのは、中央身廊の天井が高く、縦長に見える外観だからだ。タンパンのない凱旋門型の入口の上に細長い窓が2つ並び、その上に小さな鐘塔が接続している。この配列が垂直性を強調している。

さらに、平面プランにおいても、突起のない長方形となっており、これらが相まってスリムな感じを生み出しているのだろう。

このシルエットにおいても、平面プランにおいても長方形が好まれ、全体的に背高だと思わせるスタイルは、これからオビエドで見る教会にも共通していて、これがアストゥリアス様式と呼ばれるものの特徴らしい。このアストゥリアス建築というのは、西ゴートの伝統をひいた8世紀から10世紀にかけてのもので、西欧ロマネスクの原型とも言われているが、ヴァルデディオスのこの教会は、その様式の最終期のものだけに、より洗練されているというべきなのだろう。

ロマネスクの原型をオビエドに見る

オビエドは、アストゥリアス地方の経済と文化の中心都市（州都）で、小高い丘を中心にカテドラルの尖塔（80 m）がそびえ、西にサンフランシスコ公園が広がっている。

全体に新しい感じがするのは、内戦前の反乱で、正規軍との激闘によって壊滅的な損傷を被り、それに続く内戦でも戦闘の舞台となり、20世紀後半に再建された町だからである。

しかし、もともとは、古い歴史を誇る町なのである。

ここは、8世紀半ば、オベトゥムという名の丘の上に築かれた小さな町だったが、イスラム教徒によって廃墟とされていた。9世紀に入って、アルフォンソ2世（791～842在位）の時代に再建され、アストゥリアス王国の首都となった。そして、次の王ラミロ1世（824～859在位）の治世下に、夏の離宮として築かれたのが、ナランコ山中腹（北西4kmの郊外）に残るモンテ・ナランコ聖堂である。その旧謁見の間が、サンタ・マリア・デル・ナランコ Santa Maria del Naranco として、また、王家の礼拝堂が、サン・ミゲル・デ・リーリョ San Miguel de Lillo として残っている。どちらも848年に建てられたものだ。

現在、オビエドの鉄道駅は、市心を外れたところにあるが、そこからナランコ山を目指していくと、見晴らしのいい中腹に、この建物が、手前にサンタ・マリア、奥にサン・ミゲルと、歩いて10分足らずの間隔で並んでいる。

リーリョは、本来は方形の中に十字を組み込んだものだったが、17世紀の改変で今は前室と身廊の一部を残すのみである。しかし、半身をもぎ取られたとはいえ、草原にぽつんと建つそのたたずまいはなかなかのものだ。

西ゴートに及ぼした東方の影響は、浅浮彫の装飾となって残り、入口両側の柱には、ローマの円形競技場の猛獣使いや宙返りする人などのようすが刻まれている。アーチや窓を縁取るひねり紐文様がリズミカルな印象を与えている。この繊細な装飾感覚はサンタ・マリアにも共通して

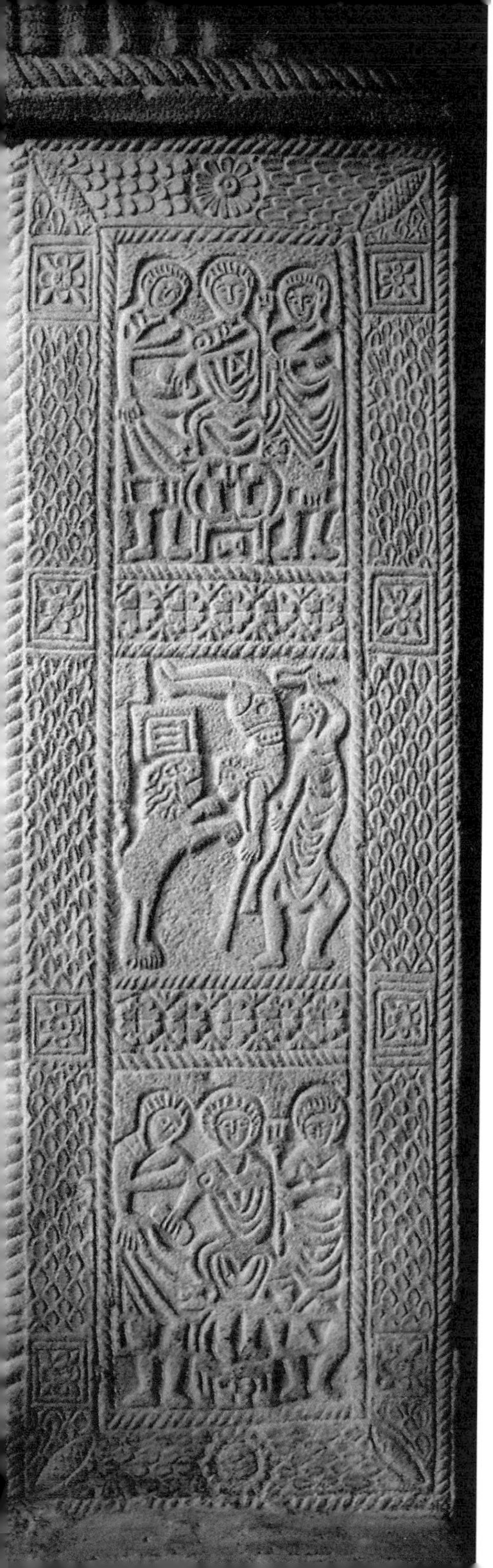

いる。

なだらかな斜面に建つサンタ・マリアには、教会のいかめしさはなくエレガントな感じで建ち上がっている。周辺から聞こえてくる放牧された羊の首の鈴の響きものどかだ。

後に、サンタ・マリアに捧げられた聖堂になったとはいうものの、本来は、離宮の謁見の間、つまり、サロンとして建てられたものだけに、見通しも風通しもいいように窓が大きく開けられている。そして、立面も平面も長方形でほっそりしている。この長方形が美しく見えるのにはわけがあって、その構成全体に黄金比が用いられているからである。

黄金比というのは、古代ギリシア以来、最も美しく見える縦横比とされているもので、その割合は、1:1.618といわれている。名刺サイズがそれだといえば想像しやすいだろう。

この黄金比を意識的に活用したのか、当時の美意識の結果そうなったのか知らないが、ここのかたちの美しさには黄金分割というワケがあったのだ。
さて、このアストゥリアス建築最盛期の代表作といわれる、このサンタ・マリアのどういうところがロマネスクの原型と言われるのだろうか。
それは、当初、見晴らしの間として造られた階上廊が大きなトンネル・ヴォールトによってかたちづくられていることによる。教会堂の東西の軸線上にトンネル・ヴォールトを用いるところにアストゥリアス建築の特性があり、それが、カタルーニャにも波及してロマネスク建築のスタイルになったのである。
トンネル・ヴォールトというのはアーチ型を連続させてカマボコ型にすることで、それを直交させた交差ヴォールトなどさまざまに発展させることができる。リーリョの場合は、そのヴォールトに高低差をつけて分節したり、直角と組み合わせたりして複雑な構成になっている。
このトンネル・ヴォールトは、このナランコより前の830年頃に建てられたサン・フリアン・デ・ロス・プラド（通称サントゥリャーノ）ですでに使われていた。
この教会は、町の北側からヒホンに向かう高速道路が敷地をかすめているところにあるが、壁面全体がフレスコ画で飾られていることで知られている。
この壁画は、さまざまな建物などをテーマにした装飾的なもので宗教的な主題は見当たらない。壁に、円柱や破風や垂れ幕などを騙し絵のように描く装飾はポンペイの壁画などにも通じるもので、こういうところに西ゴートの宮廷美術の伝統が受け継がれている。
また、ヴァルデディオスのようにアストゥリアス様式の後期になると、唐草文の透かし彫り窓が表れてくるが、これは、早くにレコンキスタが進んだこの地方にイスラム支配から逃れてきたモサラベがもたらした影響なのだろう。
こういうところが、ロマネスクとは少し違う雰囲気を生み出すことになっているのではないだろうか。

アストゥリアスの反乱

オビエドからレオンに向かう。そのためには、カンタブリア山脈を越えねばならない。走り出して20kmあたりでミエレスを通る。地図を見ると、このあたり至るところ鉱山のマークだらけだ。ここからの石炭産出量は国内一だし、鉄鉱石、マンガン、銅、水銀なども埋蔵している。地下資源の宝庫だ。

これらを採掘するだけでなく、関連して、製鉄、金属、機械などの工業も発展した。スペイン全土から、ここに労働者が集まってきた。当然、労働運動も盛り上がる。アストゥリアスは、スペイン労働運動の中心地でもあるのだ。

それを象徴的に示したのが歴史に残る「アストゥリアスの反乱」だ。前節最初に書いたオビエドが壊滅的な損傷を受けた「内戦前の反乱」のことである。

スペインでは、1931年、国王アルフォンソ13世が退位亡命して、第二共和制が成立し、ワイマール憲法に範をとった第二共和国憲法が制定されていた。

この憲法は、スペインを人民主権の国とし「あらゆる労働者の民主的共和国」と規定していた。

そして、自由結婚と離婚の公認、学校からの十字架排除、教育改革、軍隊の削減、カタルーニャ自治政府の承認等、世界恐慌の波に翻弄されつつも少しずつ社会改革が進んでいた。しかし、1933年の総選挙で勝利したのは右派であった。

その中軸であったCEDA（スペイン独立右翼連合）の入閣をめぐって、それを承認することは、共和国憲法を認めない政府の成立を認めることだとして、反対運動が起こり、34年10月5日、全国的にゼネスト、武装蜂起という事態になった。

カタルーニャでは、「スペイン連邦内のカタルーニャ共和国」が宣言され、マドリードではゼネストが起きた。これに対し、政府は全土に戒厳令を布告し、軍隊の力で瞬く間に鎮圧してしまった。

しかし、オビエドを中心とするアストゥリアスでは、社会主義者、アナキスト、共産主義者の同盟が結ばれ、コミューンは2週間にわたって維持された。これは、パリ・コミューン、ロシア革命に続く歴史的な出来事であった。しかし、「モロッコから軍隊を派遣せよ」というフランコの献策を容れた政府軍の手で、10月18日、この「アストゥリアスの反乱」は鎮圧され、3万人以上の労働者が投獄されるという結末になった。この功によって、フランコは参謀総長に昇進した。

その翌々年の総選挙で人民戦線が勝利し、フランコはカナリアに左遷され、そこから反乱を起こして内戦となる、このように歴史は動いたのであった。

そんな感慨を抱きながら、労働者の町ミエレスを通過する。

州境のパハレス峠へ

州境の峠へ向かって南下するのだが、途中で、サンタ・クリスティナ・デ・レナ教会Iglesia de Santa Cristina de Lenaへ寄っていきたい。ミエレスから11km走ったポーラ・デ・レナで脇道に下りる。少しA66に沿って進んでからそれを渡る。そして、鉄道線路（ヒホン－レオン）を潜ってすぐ左手の丘の上にこの教会はある。細い道を15分ほど登らなけれ

ばいけない。駐車場はガードの手前にある。

静かな丘の頂に建つこの教会ができたのは9世紀後半、オルドーニュ2世(850～866在位)の時代だ。ナランコに離宮を造ったラミロ一世とヴァルデディオスにサルバドール教会を建てたアルフォンソ3世（866～919在位）に挟まれた時期の教会と言える。

西ゴート伝来の方形を原則とするアストゥリアス建築としては異例の十字形プランだ。立体的にも高低差のある分節構造で、平面も十字ということになると、そこで用いられている穹窿（トンネル・ヴォールト）構造は、さぞ複雑に組み合わせられているのだろうと想像してしまう。しかし、その平面立面にわたる変化がほどよいアクセントになってすっきりとまとまった印象を与える。それぞれの壁面に開けられた窓のへこみの深さもめりはりとなっている。とても味わい深い小堂だ。

さて、いよいよ、パハレス峠への上りになるわけだが、ここでは、よく整備されたA66を使わずに、あえて、旧道のN630で行くことにする。なぜなら、トンネルで一気に通過するより、眺望を楽しむことができるからだ。

何より、1379 mの峠に達して、そこから振り返って見るカンタブリア山脈の壮大な眺めのすばらしいこと、この一瞬のためだけでも、旧道をお勧めしたい。

墨で描かれた中国の山水画のような風景というべきか、ピコス・デ・エウロパの尖峰が雲のかなたにいくつも突起している。それはまさに「ヨーロッパのとんがり」そのものなのだ。このあたりいくつもスキーリフトが見えるが、ここで滑るのは、さぞ、爽快だろうなと思う。

峠を過ぎて1km、道路に面した左側に、かわいい、しかし、風格のあるサンタマリア・デ・アルバス教会がある。1118年に創建されたロマネスク様式の教会だが、ルネッサンス期にゴシック様式の入口の間と円屋根がつけ加えられている。内陣を囲む柱頭彫刻のロマネスクもいいが、入口の床に敷きつめられた白と黒の石が描く模様がとてもきれいだ。

この教会は、パハレス峠から来ると見逃しがちだが、逆のレオン方向からだとカーブした道の正面に見える。その印象がいい。

ここからレオンまでは60km、そこには、サン・イシドロの壮麗な壁画が待っている。

ピコス・デ・エウロパ　ソト・デ・バルデオンの村

17

道はサンチャゴへ

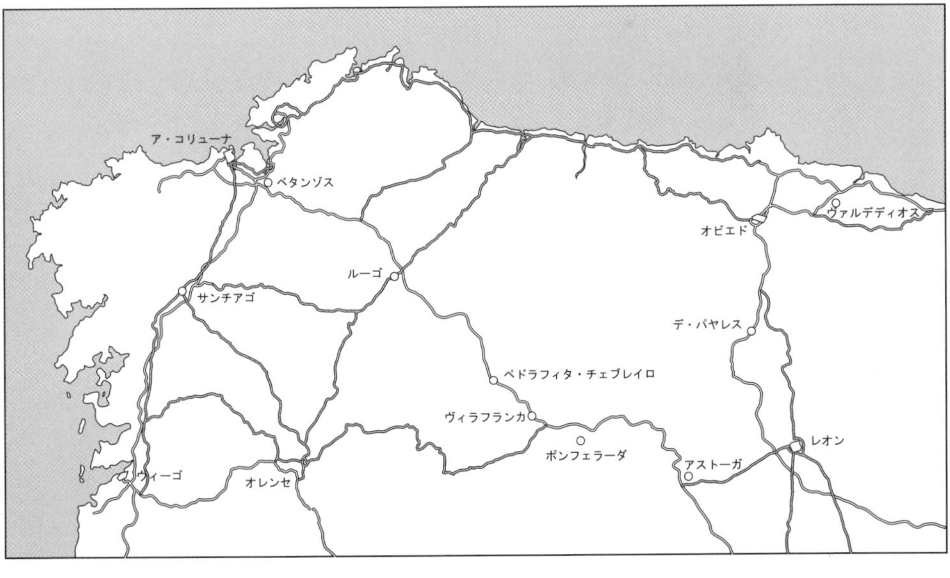

ア・コリューナ
ベタンゾス
ヴァルデディオス
オビエド
ルーゴ
サンチアゴ
デ・パヤレス
ペドラフィタ・チェブレイロ
ヴィラフランカ
ポンフェラーダ
レオン
アストーガ
ヴィーゴ
オレンセ

史層が堆積するレオン

フランス各地に発したサンチャゴ巡礼の道は、ピレネーを越えて一筋となり、海からの道は、険しい峠を越え、そして、広大なメセタを貫く道と、それぞれレオンで結ばれ、一路、ユーラシア大陸の西サンチャゴ・デ・コンポステラへ向かうことになる。

レオン Leon は人口 15 万ほどの中都市である。スペインの町はどこも歴史の堆積を感させるのだが、特にこのレオンは、その史層が残された建造物によってはっきりと確認できる町だ。

語感から「レオンとはつまりライオンなのだ」（天本英世）と思ってしまう人も多いが、これは無邪気な誤解というべきで、本来は、ローマがこの植民市を守るためここに第 7 軍団 Región septima Gemina を置いたこと、つまり Región（軍団）から発した地名である。それだけ古いということだ。

前章で、われわれはオビエドから長い坂を登ってこのレオンにやって来たのだが、そのオビエドを首都としたキリスト教徒最初の王国であるアストゥリアス王国が、914 年、オルドーニョ 2 世（914 ～ 924）の時代に、このレオンに遷都し、レオン王国を建てた。これは、レコンキスタが進行し、支配権が南に拡大したことを物語るものだ。

この王国は、後に（1230 年）カスティーリャ王国と合併し、さらに、1479 年、同じく合併を重ねてきたアラゴン王国と結ばれてスペイン統一ということになる。

さて、10 世紀、ここを首都と定めたレオン王国は、強固な城壁を築いてイスラムの反攻に備えた。その城壁が残り、当時の面影を偲ぶことができるあたりに、サン・イシドロ教会がある。この教会は、1063 年、7 世紀にセビーリャ大司教であった聖イシドロの聖遺骸をここに移し、祀るために建てられた。

この聖イシドロ（560 ～ 636）という人は、イスラム侵入以前の人で、セビーリャ大司教としては、西ゴートやユダヤ教徒のカトリックへの改宗に尽力し、スペインのカトリック教会の基盤を不動のものとしたという功績があったという。また、学者としても多方面にわたる著作で、百科全書的な大知識人であったと言われている。

フェルナンド1世（1035～63）は、イスラムの王子と交渉して、この聖イシドロの遺骸を受け取ることに成功し、それをここに祀ったのである。

中世の『巡礼案内』には、次のように書かれている。

「この町では、尊者イシドロの敬うべき遺骸を見に行かねばならない。司教、告解者、教会博士であった彼は、教会聖職者たちに、敬虔なる会則を教え、全スペインの人々に彼の教理を浸透させ、そして、彼の多くの労作により、聖なる教会に栄誉を与えた」

この教会はロマネスク様式で建造されたが、後に改修され、原型は入口のところに残っているだけだ。

右側「免罪の門」のタンパンの両側にとりつけられているのは、持物から推して左聖パウロ（本を持つ）、右聖ペテロであろうか。マタイ伝によると、聖ペテロがイエスから与えられた「天国の鍵」は、罪を許す力を持ち、人間の救いに対する教会の権威を示しているのだという。書物を持つのはパウロに限られていないが、礼拝像のなかで、ペテロとパウロは対になって表現されることが特に多いのでそう考えてもいいだろう。

タンパンに彫られているのは、「十字架降下」「聖墳墓参り」「昇天」の情景で、３人のマリア、民衆の表情などよく残っている。

中央の門、扉口下に羊の頭部、タンパン正面に十字を負った羊、そして、下部にはわが子に刃をかざす「アブラハムの供儀」。羊といいアブラハムといい、テーマは「犠牲」である。

11世紀、このみごとなロマネスク彫刻をつくったのは、イスラム治下で技術を学んだモサラベといわれるキリスト教徒の職人だったに違いない。特にこのレオンは、スペインの中でも重要なモサラベ都市であったから。

その証拠が「犠牲の門」上部にとりつけられた星座のレリーフにうかがえる。ここの星座は、右から左へと流れている。これは、右から書き始めるアラビア文字の習慣を残した当時の混交文化のあらわれではないだろうか。

羊といい、星座の配列といい、当時の人にとっては寓意でも謎でもなかったことを、千年の時を隔てたわれわれは、想像力を働かせて読もうとする。その楽しさが、写実性が強いゴシックよりも象徴表現のロマネスクには多い。ぼくはそこに惹かれる。

サン・イシドロ教会の原型は入口のところにしか残ってないが、同じ場所に、同じ時期に建てられたレオン王家の霊廟 Panteon Real は、当時のままに残され、23 人の王が、王妃、王子たちとともに眠っている。

案内人に引率されてそのパンテオンに踏み込むが否や、天井から壁一面を埋め尽くしたフレスコ壁画に圧倒される。キリストを中心にした新約聖書の世界がそこに描かれているのだが、興味深いのは、当時の民衆の暮らしぶりが同時に描かれていることだ。特に、アーチの内側に描かれた農時暦は、庶民の姿を伝えて親しみ深い。カタルーニャのリポユのファサードでは、それが石のレリーフとなって表されていたが、ここでは壁画（それも保存のいい）だけにより鮮明だ（p360 も）。

カタルーニャ美術館のロマネスク壁画もすごいが、このパンテオンのそれは、現場にありながらきわめてよく保存されているという点で、スペイン一と言ってよい。

ロマネスク期に壁画が果たしていた役割は、ゴシックになると、ステンドグラスにとってかわられる。

レオンのカテドラルは、スペイン一を誇るステンドグラスの美しさで知られる。入口中央に穏やかに微笑む「白い聖母」(これはコピーで本物は堂内)が飾られたカテドラル(13世紀半ば～14世紀末)の中は、光彩が乱舞する美しい空間だ。

細長いパネル状の窓が125、円窓が57、巨大なバラ窓が3つ。全てが強烈なスペインの陽光を透して輝いている。ぼくには、下部の細長い窓にはめこまれたさまざまな植物や花のバリエーションが優美で印象に残った。

レオンの町を流れるベルネスガ川のほとりに、サンチャゴ騎士団の本拠として建てられた旧サン・マルコス修道院がある。これは、巡礼の救護所でもあった。この建物の起源をたどると1152年にまで遡ることができるらしいが、現在残っているのは1541年に建てられ、細部まで完成したのは18世紀という100mにも及ぶ華麗なファサードを誇るルネッサンス様式のものである。

現在は、サンチャゴのReis Castólicosと並ぶ5つ星のパラドールとなっているこの建物ファサードの中央に彫られているのは「マタモロス」(モーロ人殺し)のサンチャゴだ。帆立貝の装飾もあちこちに見える。中世巡礼の宿駅だったことの名残だ。

巡礼たちは、このサン・マルコス脇の橋を渡って、次のアストルガへと歩み去ったのである。

このレオンに、ガウディはボティネス館Casa de los Botinesを残している。カテドラルに近いサン・マルセロ広場に面して建てられたこの作品の工期(1892～93)は、彼が、アストルガの司教館を造った時期の後期と重なる。

依頼主のフェルナンデス・イ・アンドレス商会は、織物と金融を扱う商会だったが、ガウディのパトロンだったグエルが経営する繊維会社と取引があった関係で、アストルガに近いということもあって、ガウディに依頼したのだろうというのが鳥居氏の説明。

地階、1階は商売用、2階が建築主の住居、3階以上がアパートということになっていたらしいが、現在はレオン信用金庫の建物になっている。ガウディを思わせるのは四隅の塔ぐらいで、割とおとなしいゴシック様式を思わせる建築である。

サン・イシドロ（ロマネスク）、カテドラル（ゴシック）、サン・マルコス（ルネッサンス）、ボティネス（近代）と、それぞれの時代様式を刻んだみごとな建造物が、全て歩いて回れる範囲に建っているという点で、レオンは貴重な町だ。

ここにあえて強引に（ぼくなりの思い入れで）もうひとつを加えるとしたら、それは建物ではないけれど、ブエナベントゥラ・ドゥルティ（1897～1936）の生地だということだ。ドゥルティはスペインの革命運動において忘れることのできない有名なアナキスト闘士だ。彼は、王制下最大の武闘派として全ヨーロッパに指名手配され、入獄と亡命を繰り返し、内戦ではドゥルティ軍団を率いて転戦、マドリードの街頭で銃弾に斃れた。

この革命児の生涯については、エンツェンスベルガー『スペインの短い夏』（晶文社）に詳しい。彼を撃った銃弾を発したのはどの陣営なのか、フランコ側なのか、共産党なのか、それとも誤発なのか、今も謎に包まれている。

アストルガのガウディ

レオンからアストルガまでは約40km。舗装はあまり良くないが、並木が増えて気持ちのいい道だ。このあたり、両側に砂糖大根の畑が続く。スペインでは、サトウキビが栽培されているのは、グラナダ近辺の僅かな地域で、輸入以外は砂糖大根から精製しているのだそうだ。

レオンを出外れたところに、モダンなブロンズの聖霊降臨祭の群像をファサードに取り付けたビルヘン・デル・カミーノ（道の聖母）教会がある。

1961年に造られた新しい教会だが、中に祀ってあるピエタ（悲しみの聖母像）は、昔のみごとなものだ。なお、このブロンズを造ったカタルーニャの彫刻家スビラックは、現在、バルセローナのサグラダ・ファミリア西側の受難（パション）のファサード彫刻を一手に任されて、精力的に制作中である。おかげで、外尾くんの出番はなくなってしまった。スビラックを少しでも評価する人間は、片はしから彼に絶交されているみたいだ。

アストルガは、かつて、ローマ時代アストゥリカ・アウグスタと呼ばれ、ローマ期スペイン（北東部）における交通の結び目として、また、当時の裁判所の中心として重要視された町であった。今でも、中世の市壁が一部残っており、それに接してガウディが設計した司教館が建ち、その隣がカテドラルである。

カテドラル（15～18世紀）は、両側に大きな鐘塔を持ち、正面扉口は多くの彫刻で飾られたプラテレスコ様式（スペイン・ルネッサンス建築様式で、ゴシックの構造体にルネッサンス装飾を施している）である。使われている石材がやや赤みを帯びているため、そこに夕日が当たるとバラ色に輝いて美しい。

このカテドラルと道ひとつ隔てて建てられた「司教館」は、けっきょく、使われることなく、現在は巡礼路博物館となっている。

1886年、ガウディと同郷（レウス）で旧知のグラウ神父が、アストルガ司教に任命されて着任したが、同年12月に司教館が火災で焼失してしまう。その跡地に新しい司教館を建てるに当たってガウディが依頼されたものである。

ゴシックの城郭を模したとも、テンプル騎士団の城砦にヒントを得たともいわれるこの設計案が認可されるまで時間がかかり、着工したのが89年6月、しかし、93年9月にグラウ神父が死んでしまう。最大の理解者を失ったガウディに僧会の風当たりは強く、神父死去2か月後にガウディは辞任してしまう。後に、新司教から続行を依頼されてもガウディは拒否する。

けっきょく、残りは、ガルシア・ゲレッタという建築家の手で仕上げられる（1914年）のだが、誰も住まない。内戦の時はフランコ軍の兵舎とされ、かなり損傷される。だから、軒部までは、ガウディの責任で建てられたのであるが、屋根部及び祭室の内部装飾はゲレッタのものと言えよう。そのため、最初の計画にはあった玄関ポーチ上のとんがり屋根が省かれている。

しかし、ガウディ自身、設計図通り建設したわけではない。

「ガウディは、バルセロナでの仕事に追われ、一度もアストルガを訪れぬまま、これらの図面を作成した。が、実際に見るアストルガがガウディの想像と余りにも違っていたため、設計は初めからもう一度再検討され、法務省に提出した図面とはかなり相違する司教館が建設された」（鳥居徳敏『アントニオ・ガウディ』鹿島出版会）。

ガウディの作品を内側から見ることができるのは、かつては、グエル邸ぐらいだったのだが、このごろは、カサ・ミラもカサ・バトリョもかり高い金を取って公開している。カプリチョはレストランになった。

この巡礼路博物館に入ってみると、交差リブを駆使した天井の組み方や、全ての窓にはめこまれた半透明のガラスの柔らかさ、上品な色ガラスの使い方など、無骨な外見からは想像できないエレガントな空間が実現されているのに感心する。

ビエルソの免罪門

アストルガから西へ、A6を65kmほど進むと、左手にいくつものボタ山が見えてくる。ポンフェラーダだ。11世紀末、ここのシル川に巡礼者の便宜のために鉄の橋pont de ferが架けられたので、それが地名になった。

現在は炭鉱の町だが、かつては聖堂騎士団の町だった。巡礼の保護とレコンキスタの僧兵として活躍した騎士団の名残として、13世紀の城砦跡が残っている。

そこからさらに20km行くと、中世巡礼の宿駅として栄えたビリャフランカ・デル・ビエルソだ。このあたり、気候に恵まれて果樹栽培が盛んで、フルーツの缶詰工場が多い。イチヂクのシロップ漬けが美味しいという評判だ。

国道に面して（右側）パラドールがある。これという特徴もない建物だが、1959年のオープンの時に出席したフランコ総統が泊まったというスイートルーム（115号室）が豪華だという噂。

このパラドールの手前を右折して町に入る。少し進んで右折、古い城を右に見て進むとサンチャゴ教会がある。昔の巡礼路を来るとここが町の入口になる。1186年建立のこのロマネスク教会の北側にある「免罪の門」は、とにかくここまでたどり着いたら、あとは脱落してもサンチャゴ巡礼を果たしたと見なしてあげるとされた曰くのある扉口だ。ロマネスク特有のアルカイックなレリーフが風雪に耐えて残っている。

教会の鍵は、すぐ前の巡礼宿を兼ねた植木屋？にあり、頼むと開けてくれる。１身廊に木のベンチを並べたシンプルそのものといった教会で、鍵につけられた帆立貝の貝殻が、風に吹かれ、カタンカタンと厚い扉を叩いていた音が忘れられない。

教会の横は墓地、このあたりから一望すると、町のあちこちに教会が見える。いかに巡礼の町として栄えたかということが想像できる。サンチャゴ教会から、お城のところで右折して、古い家並みを抜ける道Calle de Aguaが、昔、巡礼が通りすぎて行った小道だ。

ビリャフランカから30kmも行くと、ガリシアとの州境になる。そこを過ぎてすぐのところから、左へ、かつての巡礼路が伸びている。その古い道を登って行く。

セブレイロ峠奇蹟譚

「私たちは足半分を雪に取られた。少なくとも膝まで、しばしば腰まで雪に埋もれ、お互いに杖を使ってできるだけ助け合った」

と、古い記録にあるように、このセブレイロ峠（1300 m）は、巡礼路最後の難所であった。それにふさわしい次のような奇蹟譚が、この村には伝えられている。

ある大嵐の日、行き倒れになりそうなひとりの巡礼が、セブレイロにたどり着いて、ここの司祭にミサをあげてくれと頼んだ。信仰心の薄いその司祭が、なんでこの巡礼はたかが一切れのパンと一滴のワインのためにこんなに苦労するのかと内心で思った。そのとたん、パンは肉に、ワインは血に、つまり、キリストの血と肉に変わった、というのである。

1300年ごろに始まったこの話は、巡礼たちの口を通してヨーロッパ中に広まり、ワーグナーは、彼のオペラ「パルシファル」の中に、この物語をとり入れた。

村の入口、小高いところに、巡礼を導いた石づくりの十字架の道標が建っている。巡礼路のあちこちで見られるこの十字架、かつて、「おお、慕わしき十字架、ただひとつの希望」と、巡礼たちの心の支えとなったものだが、イエスとマリアを背中合わせにし、その下に巡礼姿のヤコブを浮き彫りにした、このセブレイロの十字架を見ると、当時の旅人の気持ちがいくらかは伝わってくるようだ。

難所に救護所はつきものだが、このセブレイロの救護所の設立は最も早い時期に属する。すでに、9世紀には、中部フランス、オリヤックの聖ジェロー修道院によって建てられたという。それが今は旅籠となっている。そのオスタルと隣り合って、プレロマネスク（9世紀）の小教会が建っている。パンを肉に、ワインを血に変えた聖杯と聖体皿は奇蹟の聖遺物として、カトリック女王イサベルが提供した銀の容器に収めて展示されている。

また、この村で、旅人の目を引くのは、円形の低い石壁に朶葺きの屋根を載せたユニークな民家（パリョサス）である。

紀元前3世紀にローマ帝国がイベリア半島に侵入する以前、このあたりはケルト人の居住地だった。スペインに鉄器をもたらしたケルト人の遺跡さながらの形の家が、今も数軒残され、最近までそこに人が住んでいたというのは驚きだ。

1966年まで実際に住んでいたという丸屋根の家のひとつが、今、民俗博物館として公開されている。入って右手が寝室、その奥が台所、テーブルの上には大きな木製の皿が置かれ、料理はそこに大盛りにされて、各自手づかみで取って食べたのだという。

テーブルの甲板を上げると、そこは赤ん坊用のベッド。腸詰めを吊る

した木の輪がいくつも天井に下がり、その下は織機、そして、左半分の地階は家畜の居場所で、その上の中二階が居住区、採光は、壁にあけた小さな円形の明かり取りからだけだから薄暗い。

ちなみに、手づかみで食べるのは未開野蛮というのではなく、金属製スプーンは、1360年代にフランスで、二股のフォークが作られたのは、1492年に法王庁領内でというように比較的新しく、ふつう、17世紀までは誰も手づかみで食べていた。一般的に大衆がナイフやフォークを個人使用するようになったのは、17世紀の半ばごろからだという。

ガリシアの空を赤く染める落日の刻、シルエットとなった十字架の傍で、冷たい風に吹かれながら、この峠に住み、あるいは、この峠を通り過ぎて行った人たちの、長い長い時間の蓄積、その凝結というようなことを、いつまでも考えて立ちつくしていたことがある。

ガリシアの町を過ぎて

巡礼の道は、このセブレイロ峠を越えてサンチャゴへと続いていくのだが、われわれはA6に引き返し、ガリシア地方のいくつかの魅力的な町に寄り道しながら行くことにしよう。

ピエドラフィータ峠を越え、さらにカンポ・デ・アルボル峠を過ぎて30km も行くと、左手の小高い丘の上にルーゴの城壁が見えてくる。ここは、ローマ期アウグスト帝の時期、ルクス・アウグスティと呼ばれ、ガリシア地方の中心都市であった。そのころ（1～2世紀）に造られ、中世に改修された高さ 10 m、周囲2km 余りの城壁に包囲された町である。

そこを過ぎて、ラバデで右折し、ビリャルバという小さな町へ行ったことがある。とりたててどうってことのないこの町を訪ねたのは、そこに定員 12 名という最小のパラドールがあったからだ。崩壊した中世の古城のうち残っていた八角形のアンドラデ塔（15 世紀）を改修し、その塔のなかに6つの客室を押しこんでしまったという珍しい造りだ。部屋から外を眺めると、景色よりもまず、石壁の厚さに驚かされた。一夜明けると日曜日、早朝からこの塔の下一帯に市が立っていた。野菜、果物、衣服、家庭用品、生きた鶏まで、あらゆる生活用品が道路や広場一面に広げられ、ガリシア地方のふつうの人々の暮らしの姿を伝えてくれた。その露店を動かしてもらって停めた車を出したのも懐かしい思い出である。現在、ここは収容人員 96 人のふつうのパラドールになっている。

ここからバーモンデまで 17km 走って A6 に戻る。そして、47km 進んで美しい町に入る。ベタンソスだ。広場に車を停めてあたりを見回すと、家並みの美しさはもとより、白く塗られたその家々の窓わく、青空を映して輝く一面のガラスのみごとな構成美にうっとりする。

海がフィヨルドのように陸地へ深く入りこんだリアの先端の丘に位置するこの町は、坂の町でもある。ガラス窓のバルコンの流れがゆるやかに湾曲しつつ傾斜するこの町は、歩く楽しさを味わうべきところだ。

人口1万と少しの小さな町なのに、豊かさを感じさせるのは、かつてここが、この地方一帯の交易の中心地であり、ラ・コルーニャ県全体に小麦を供給していたという実績の賜物なのだろう。

ローマの昔、ブリガンティウム・フラビウムと呼ばれた地名は、ケルトがもたらしたもので、同じ地名がイギリスやアイルランドにもあることから、カンタブリア海を隔てた向こうとのつながりを思わせる。それほど古い町なのだが、この町のサンタ・マリア・デ・アソゲ、サン・フランシスコ、サンチャゴという３つの教会は、いずれも14〜5世紀ゴシックの比較的新しいものだ。教会の名に含まれるアソゲとは、アラブ語の市場・広場に由来する。サン・フランシスコの入口左には創設者フェルナン伯爵の墓が猪と熊に支えられている。サンチャゴ教会は、洋服屋の組合によって設立され、正面入口にサンチャゴ・マタモロス（モーロ退治のサンチャゴ）の騎馬像がある。

このベタンソスをラ・コルーニャに向けて走り去るとき、橋を渡って少し行ったあたりで振り返って見るのを忘れてはいけない。白壁の家々が積み重なる美しさを見逃さないために。

窓のガリシア

「壁のアンダルシア」「窓のガリシア」と、ぼくは勝手に名づけているのだが、それを実証してくれるのが、ラ・コルーニャのマリーナ大通りだ。

港のヨットハーバーに面したこの通りの高層住宅の窓々が、白い窓わ

くのそれぞれに趣向を凝らしながら、全体的にみごとな調和を保って、巨大な鏡壁のきらめきを見せてくれる。朝の輝き、昼の反射、そして、オレンジの夕映えと、それは「ガラスの町」と呼ばれるにふさわしい。

1588年、リスボン港で編成された130隻の無敵艦隊は、ここで船隊を整え、イギリスに向かって出撃していった。

16世紀後半、新大陸から収奪したさまざまな富をカリブ海域から本国に運ぶスペイン船は、しばしば、イギリスの海賊ドレークやホーキンズの手兵に襲われ、略奪された。その海賊行為をエリザベス女王は公然と認め、煽動すらした。

また、宗教的対立もからんで、当時スペイン領だったオランダの独立を支援したりした。これらを「反カトリック」として断罪するというのが、イギリス攻撃の大義名分だった。

しかし、波静かな地中海や貿易風を利用する大西洋での操船とは勝手が違う北ヨーロッパの海では、小回りの利く海賊戦法に敵わない。こてんぱんにやっつけられて、サンタンデールに戻ってきたときには66隻になっていた。そして、翌年、ラ・コルーニャはイギリス艦隊に砲撃され町は破壊された。ガラスの町として再建するためには、鉄とガラスを縦横に駆使する19世紀モデルニスムの登場を待たねばならなかった。

ガラスの町を過ぎて、旧市街に入るとすぐサンチャゴ教会。これは12世紀に建てられたロマネスク様式のもので、扉口の両脇に、聖ヤコブとサン・ファンの像が向かい合いにつけられ、タンパンには馬に乗ったサンチャゴ（マタモロス）、そして、それを囲む奏楽天使の群像が彫られている。

そこから少し北へ進んだところにあるのがサンタ・マリア・デル・カンポ教会（12～4世紀）。扉口の彫刻は、キリストを祝福しているサン・ペドロとサン・ファン、それと東方3賢王の礼拝。天使たちの音楽が聞こえてくるようだ。

この町の北端、大西洋に突き出たところに、高くそびえているのがヘラクレスの塔。

ローマ時代に起源を持ち、現役としては世界最古の灯台としてナショナル・モニュメントに指定されている。とは言っても、1790年、カルロス3世の時代に補強され、外側がすっかり石で覆われてしまった。58mの高さ（海抜104m）に登ると、大西洋とカンタブリア海の両方が見渡せる。白いレースを思わせる優雅なガラスの町と、歴史を誇る古い史蹟とが組み合わさった美しい町である。

さて、このラ·コルーニャから巡礼の最終地点であるサンチャゴ·デ·コンポステラまでは1時間もかからないほどの距離だ。直行すると旅は終わってしまうので、その前にひとつだけ気になるところについて書いておきたい。

ベンポスタこども共和国

1987年から93年にかけて、ぼくがしばしば訪ねたガリシアの町がある。サンチャゴから南東に100km、ミーニョ川に面したオーレンセである。この町には温泉もわき出ているし、12世紀起工のカテドラルもあるけど、ぼくが訪ねたのは「ベンポスタ」というこどもの共同体だ。

1956年、ひとりの青年神父と15人の少年たち（10～12歳）が、「自活」を目指して発足させたこの共同体運動は、自分たちで工場（自動車修理、家具製作、鉄工）を運営し、学校や教会、放送局、映像音響学校、銀行、売店も経営するというところまで成長した。

そして、自分たちで市長を選び、議会を開き、教師を雇うという自治的生活体を築き、働きながら学び成長する体制を確立した。

何よりユニークなのは、主たる収入を、こどもたちのサーカスで賄うということだ。

そのサーカスも半端ではない。綱渡りも空中ブランコもあり、馬も登場する本格的なものだ。そして、国連平和賞（1973年）、アルベルト·シュヴァイツアー賞（68年スイス）、パリ·マッチ賞（フランス）、福祉大十字賞（ベルギー）などを受賞している。

しかも、そのサーカスは、単なる収入源としてだけではなく、「こどもがてっぺん」となる世界にしようというメッセージを主題に構成されていることだ。

この、「自活」と「変革」を目指す生き方こそ、「管理」と「適応」を主調とする日本教育の克服に示唆するところが大きいのではないかと考え、ぼくは何度も足を運ぶことになった。そして、これをドキュメンタリー映画とし（『ベンポスタ子ども共和国』幻灯社 1990 年、監督青池憲司・監修村田）、さらに、彼らの活動を実際に日本のこどもたちに見てもらうための「サーカス公演」（1993 年、9 つの国籍を持つ 85 人のこどもたちが来日）ということにまでなってしまった。

その過程で、ぼくは、彼らの共和国の「日本大使」ということにされてしまい、責任も赤字も背負うことになった。この共同体についての詳しいことは、『生きているこども共和国』（風媒社 1991 年）という本にしてあるので、興味のある方は読んでほしい。

さて、この「ベンポスタこども共和国」であるが、コロンビアとベネ

ズエラでは健在なのだが、本国のオーレンセは、壊滅状態らしい。それがどのような事情によるものか、ぼくは彼らの日本公演以後、指導者のシルバ神父と相容れぬことがあって関係が切れているのでわからない。

いずれにしても、オーレンセ郊外の丘に、世界中からこどもが集まり、半世紀にわたって「世直し」のメッセージを発し続けた事実は残る。この貴重な実験は記憶に留めておきたい。

栄光の門を仰いで

エルサレム、ローマと並んで、3大聖地として崇められ、最盛期には年間50万人の巡礼がここを訪れたというサンチャゴ、この町の詳しい説明はガイドブックにゆずることにして、ここでは、本書の主題に即して、「栄光の門」(巨匠マテオによる初期ゴシック彫刻)と「銀細工師の門」(ロマネスク彫刻)だけを取り上げることにする。

正直言って、大聖堂正面のオブラドイロ(金でできた作品という意味)と呼ばれるファサード(1750年)は、装飾過剰で好きになれない。

巡礼路に沿って建てられたロマネスク教会の単純素朴な姿を見てくると、この大本山正面のチュリゲラ様式(スペインバロック末期の建築様式)は、悪趣味としか思えない。

宗教改革の時代を経て、巡礼の時代は終わる。この衰退をなんとか盛り返すべく「鬼面人を驚かす」風の飾りで、客を呼ぼうという下心の卑しさが、この(文字通り)とってつけたファサードにはあると思う。

ただ、この玄関のおかげで、「栄光の門」Portico de la Gloriaが保護されたという効用だけは評価しよう。

この方たちは生きているのでしょうか
石でできているのでしょうか
この、いかにも真実《まこと》のもののようなお顔
このすばらしい寛衣《チュニック》
この生命あふれる眼差しは?

ロサーリア・デ・カストロがこう歌った感動は、「栄光の門」を前にした人の胸に、すなおにしみて同感するであろう。

ロマネスク彫刻独自の寓意性、精神性、そして官能性を十分に発揮しながら、ゴシックのいやらしさに陥らないぎりぎりのところまで表現された写実性、このみごとな調和は、ロマネスク彫刻の最高の達成を引き継いだ、ゴシック期最初の傑作である。

1188年4月1日、その20年前からこの門の制作を監督してきた棟梁マテオの手で、マグサ石がはめこまれることによって「栄光の門」は完成した。

それは、タンパンを持つ大きな中央門と左右の側門という3つの入口を備えている。この3つの門は、人間の前世、現世、来世を表すとも、ユダヤ教、キリスト教、異教を表すとも言われ、いずれにしても、壮大な世界を象徴する図像学的プログラムに従って構築されたものである。

中央門から見ていこう。

半円形のタンパン中央は、いうまでもなくキリスト、その両脇上下にそれぞれの象徴を持った福音史家－ヨハネ（左上、鷲）、ルカ（左下、牡牛）、マタイ（右上、人）、マルコ（右下、獅子）。

キリスト受難にかかわる道具を持った天使たちがタンパン下部に並ぶ。

アーチ状の飾り迫縁には、黙示録の長老が24人、それぞれに異なる楽器を抱いて座る。この長老たちの表情がいい。互いに隣と談笑しながら音楽を楽しんでいる。

以前、「メニューヒンが語る人間と音楽」というテレビ番組で、メニューヒンが、銀細工師の門（後述）にとりつけてあるダビデの彫像を示して、このダビデの持っている楽器こそ、弦を弓でこすって音を出すバイオリン型楽器の原型であると説明していた。このように、長老たちが持つそれぞれの楽器群は、音楽史的に見ても貴重な資料で、古楽器の再生に欠かせないものだという。

中央門左右の人像柱、左側に律法の預言者たち、つまり左からエレミア、ダニエル、イザヤ、モーゼ。右側は（左から）聖ペトロ、聖パウロ、聖ヤコブ（小）、聖ヨハネというイエスの弟子にしてカトリック教会の創設者であった人たち。

中央柱頭は三位一体を表し、その下に、聖大ヤコブ（サンチャゴ）が、左手に杖、右手に巻物を持って座っている。巻物には、「ミント・メ・ドミヌス」（主がわれをつかわせり）と書かれている。サンチャゴの下には、イエスの家系を表すエッサイの樹、その根元に、サント・ドス・クロケス（ごっつんこの聖者）と呼び親しまれている男の跪座像。これは偉大なる棟梁マテオを象ったものと伝えられている。

巡礼たちは、この柱に手をかけて、長い巡礼の旅の完了を告げ、クロケスに額をつけてマテオのような記憶力と知力が授かるように祈った。この柱にできた指の窪みが、祈りに満ちた長い時間を黙示している。

人像柱左側、預言者たちの官能的な表情がぼくは好きだ。

左側門——飾り迫縁のところに、生命の書を手に祝福を与えるイエス、アダムとイブ、アブラハム、イサク、ヤコブ、そしてユダ、モーゼ、アーロン、ダビデ、ソロモンと、旧約の王、長老たちが並ぶ。それを4人の預言者像が支えている。

右側門――中央の父と神、その左右に、天使に抱かれた義人と、悪魔に捕らえられた悪人たちが描かれ、柱の根元には、善悪を象徴する動物が置かれている。

「栄光の門」について、基本的なことを説明するだけでこれだけのスペースを要した。全ての彫像に及んだら一冊の本が必要だろう。これだけ壮大な図像を20年かけて構成美に高めたマテオという人物、どこの国の人で、どういう修業を積んだ人か不明だというが、やはり、ひとつの時代が生み出した天才的巨匠と言うべきであろう。

さて、このすばらしい「栄光の門」を潜って踏みこむ聖堂の内部はというと、ギンギラギンの装飾で説明する気力も失せる。ガイドブックには、彫刻よりこちらの説明の方が詳しいと思うのでそちらで間に合わせてほしい。

石が歌う町サンチャゴ

聖堂右手に回る。四頭の馬が立ち、そこから水を噴き出しているプラテリアス広場の階段を上がると、この聖堂で最も古い（11世紀）とされている「銀細工師の門」Portada de las Plateriasがある。

左右ふたつに分かれた門の右側の主題は「裏切り」、左側は「誘惑」である。今は破壊されてしまった聖堂北の扉口を飾っていた「アダムとイブ」のレリーフもこの門の左脇に掲げられている。その下に、前述のメニューヒンが指摘したダビデの像がとりつけられている。

この「銀細工師の門」についての説明であるが、1139年ごろに書かれたとされている『巡礼案内』の記述が、ほぼそのままあてはまるのには驚く。だからここでは、その文章をそっくり掲げるので、800年前の人たちの鑑賞をそのまま追体験してほしい。

右側の門の外側、扉板のすぐ上の、いちばん下の層に、きわだった技法で『キリストへの裏切り』が彫刻されている。ここで、主イエス・キリストはユダヤ人の手によって柱に縛りつけられ、笞打たれている。また、そこに彼を裁くためのように、ピラトが法廷に姿を現している。その上方の別の層にはベツレヘムにおけるイエスの母、至福のマリアが息子とともに表され、それとともに、子供と母親に会いに来て、三つの贈り物を捧げる三人の王と、ヘロデのもとに帰らないよう警告する星と天使とが表されている。

この門の左右の側柱には、入口を警備するかのように使徒が一人ずつ配置されている。同様に左手の門にも支柱に二人の別の使徒が置かれている。入口のすぐ上の層には『主の誘惑』が彫られている。実際、キリストを神殿の頂にあげた怪物さながらの恐ろしい天使たちが、キリストの前にいる。別の天使はキリストに、パンに変えろと言って石を見せている。また別の天使は自分たちの前にひざまづいて、ひれ伏すなら与えてもいいと偽って、この世の王国を示している。まったくとんでもないことではないか……。

しかし、ほかの清純な天使、良き天使たちがいて、あるものはキリストの背後に、あるものは上方に来て、彼に香を捧げたり、彼に仕えたりしている。

この扉口には獅子が四頭いる。各入口の左右に一頭ずつ。これら二つの入口のあいだの中央柱の上方に、他の二頭の獰猛な獅子が背を向け合っている。十一本の柱がこの扉口をかこんでいる。右の入口の右側に五本、左の入口の左側にも同じく五本。十一番目の柱は入口の通路を分けている二つの門の中間にある。これらの柱は、あるものは大理石、あるものはふつうの石材によるものだが、さまざまな、たとえば花、人間、鳥、動物などの彫像がたくみに刻まれている。なお、これら大理石の柱は白色である。

さらに『キリストの誘惑』の横にある女性について言及するのを忘れてはならない。この女性は両手で、彼女の誘惑者の汚れた頭蓋骨を抱えている。その頭は彼女の夫が切り落としたのであり、彼女は夫の命によって、日に二度それを抱かなければならないのである。まことに、姦通せる女に対する何と恐ろしく、何とみごとな懲罰であろうか。これをすべての人々に語り伝えなければならない！

上層部分、開口部の上方、教会堂の上階歩廊に近く、白大理石のすばらしい装飾がきらびやかに輝いている。事実そこには、主イエス・キリストが立ち、キリストから向かって左手には、鍵を手にした聖ペテロ、そして右手には糸杉にはさまれた福者聖ヤコブ、さらにそのかたわらに、その兄弟聖ヨハネをしたがえ、なお左右にその他の使徒たちの姿も見える。上下、左右、壁はすっかり花や人間や聖者や鳥や動物や魚や、さらに詳述できない他の彫刻で壮麗に飾られている。しかし、入口通路上にあってラッパを吹いて最後の審判の日を告げている四天使に注目しなければならない。

＊イーブ・ボティーノ『サンチャゴ巡礼の道』（河出書房新社より重引）

この『巡礼案内』の説明のうち、右タンパン下層左隅の『盲人の治癒』と、右端の『ユダの接吻』についての説明が欠落していると、これは馬杉宗夫氏の指摘である（『スペインの光と影』日本経済新聞社）

ロマネスクの彫刻は、まだ教会建築から自立せず、壁面の構成に支配された「枠組みの法則」に縛られているところに特徴がある。

彫刻家たちは、この制約を逆手にとって、リアリズムを大胆に突き破った奔放なフォルムを創造した。そこで、象徴性、寓意性が強く前面に出てきた。

この「銀細工師の門」と、その80年後にできた「栄光の門」とを比べてみると、そこに彫られたものが、平面的なレリーフから、より写実的な立体へと、「壁」から自立して行く流れがはっきりと見てとれる。

そのどちらを好むかということは、見る人の自由だが、想像力をより強く刺激してくれるという点で、ぼくはロマネスク彫刻の象徴性により魅かれる。

それは、ぼくが長いこと小学校で、こどもの表現とつきあってきたということにも関係しているのだろう。学校文化（制度化された）に染色されない幼い子ほど、「うまさ」を気にせず、描きたいものをストレートに表現する。その飾り気のない直接性がかもし出すエネルギーがぼくは好きだった。

ガリシア地方は、雨が多い。これは昔も変わらぬ自然現象だ。おそらくはそのためだろうが、サンチャゴの町はアーケードが多い。この石のアーケードで結ばれた通りを伝い歩く散策は、回廊の延長のようで楽しい。

夜ともなると、そのアーケードのどこかで、トゥナと呼ばれる学生のセレナーデ歌いが黒装束で古い歌を歌い、その歌声が石壁に響き、遠くまで流れていく。ダビデが琴を弾き、「栄光の門」で黙示録の長老たちが楽しげに合奏している姿と思い合わせ、ああ、サンチャゴは「石が歌う町だ」と、ひとしお、旅情がかき立てられるのを覚える。

参考文献

エミール・マール『ロマネスクの図像学』国書刊行会
エミール・マール『ヨーロッパのキリスト教美術』岩波書店
世界美術大全集８『ロマネスク』小学館
大系世界の美術『ロマネスク美術』学研
柳宗玄他『キリスト教美術図典』吉川弘文堂
辻佐保子他『ベアトゥス黙示録註解』岩波書店
柳宗玄『西洋の誕生』新潮社
柳宗玄『黒い聖母』福武書店
立石博高他『スペインの歴史』昭和堂
ミシュラン・グリーンガイド『スペイン』実業之日本社
田尻陽一『スペインの旅』昭文社
原誠他『スペインハンドブック』三省堂
池上岑夫他『スペイン・ポルトガルを知る事典』平凡社
中丸明『スペインを読む事典』JICC 出版局
櫻井義夫『スペインのロマネスク教会』鹿島出版会
GUIA VISUAL ARTE ROMANICO DEL MNAC
LOS PUEBLOS MAS BELLOS DE ESPAÑA
鈴木孝壽『カタルーニャ美術館物語』筑摩書房
鈴木孝壽『スペイン・ロマネスクの道』筑摩書房
馬杉宗夫『スペインの光と影』日本経済新聞社
林ふじ子『スペイン――プレロマネスク紀行』皆美社
高坂知英『ロマネスクの園』リブロポート
高坂知英『ひとり旅の楽しみ』中公新書
M・ジンマーマン他『カタルーニャの歴史と文化』白水社
ASI ES CATALUÑA Guía del Patrimonio Arquitectónico
Guía del Arte Prerománico Asturiano
東谷岩人『スペイン革命の生と死』三省堂
東谷岩人『スペイン入門』三省堂
エンツェンスベルガー『スペインの短い夏』晶文社
フランシスコ・フェレル『近代学校』創樹社

ブニュエル『映画、わが自由の幻想』早川書房
ロバート・バルドック『パブロ・カザルスの生涯』筑摩書房
M・コレドール『カザルスとの対話』白水社
川成洋『幻のオリンピック』筑摩書房
石井清司『4分間の第九交響曲』NHK出版
フィリップ・ティエボー『ガウディ――建築家の見た夢』創元社
鳥居徳敏『アントニオ・ガウディ』鹿島出版会
W・モンゴメリ・ワット『地中海世界のイスラム』筑摩書房
伊東俊太郎『十二世紀ルネッサンス』講談社学術文庫
ダニエル・ジャカール『アラビア科学の歴史』創元社（知の再発見双書 131）
佐藤賢一『オクシタニア』集英社
甚野尚志『中世の異端者たち』山川出版社
関哲行『スペインのユダヤ人』山川出版社
司馬遼太郎『街道をゆく 23 南蛮のみちⅡ』朝日文庫
櫻井義夫『フランスのロマネスク教会』鹿島出版会
中村好文他『フランスロマネスクを巡る旅』新潮社
馬杉宗夫『ロマネスクの旅』日本経済新聞社
饗庭孝男『フランス・ロマネスク』山川出版社
橋本一郎『ロマンセーロ』新泉社
大島正『スペイン文学の誘い』創世社
作者不詳『ラサリーリョ・デ・トルメスの生涯』岩波文庫
ル・サージュ『ジル・ブラース物語』高桐書院
ゴードン・トマス他『ゲルニカ』TBSブリタニカ
藤田一成『皇帝カルロスの悲劇』平凡社
江村洋『カール五世中世ヨーロッパ最後の栄光』東京書籍
渡邊昌美『巡礼の道』中公新書
岩根圀和『物語スペインの歴史―人物篇』中公新書
レーモン・ウルセル『中世の巡礼者たち』みすず書房
関哲行『スペイン巡礼史』講談社現代新書
イーブ・ボティーノ『サンチャゴ巡礼の道』河出書房新社
ジャン・クロード・ブールレス『サンティアゴ遥かなる巡礼の道』青山社
『新約聖書』（新共同訳）日本国際ギデオン協会

あとがき

だれが言いだした説か知らないが、ヨーロッパ文学が生み出した四大ヒーローは、ファウスト、ハムレット、ドン・キホーテ、ドン・ファンだという。

前二者とくらべて、スペイン生まれの後二者は、その強烈な個性で, メいっぱい人生を生きてやろうと願う人々を元気づけてくれる。

「完全な真理は、ふつう除去法（via remotionis）によって、すなわち極端なものを排除することによって、中庸の中に求められる。ところで極端なものとは、その相互的機能と働きによって生のリズムを生み出すものであるが、そうした除去法によっては、ただ真理の影にしか到達しない。私が思うに、それよりも好ましいのは、別の方法、つまり矛盾を交互に肯定する方法であり、読者の魂の中に極端なものの力をきわ立たせることによって、中庸のものが魂のなかで活気を帯びることである。生とは闘いの合成運動なのだ」

これはスペイン思想界のリーダーであったミゲル・デ・ウナムーノのことばであるが、「中庸」という玉虫色の管理下に飼育的生を過ごしているわれわれの惰眠を覚ましてくれる、爽快な一撃ではないだろうか。

要するにスペインは、心のビタミンなのだ。過激に生きることの快感を、この国と接することで享受してしまった人間にとって、スペイン熱が冷めることは終生あるまい。

このような「あとがき」をつけて『スペインロマネスク巡礼』を上梓したのは、1989年のことであった。

それは、スペインがECに加盟（1986年）したばかりで、また、3年後（1992年）に、バルセローナ・オリンピック、セビリャ万博を控えていこたころでもあった。それから20年近くの間に、ユーロ通貨が導入され（2002年）、ゴンサレス（社会党）政権が倒れて、アスナール政権に移り（1996年）、さらにそのアスナールも、ブッシュのイラク侵略に迎合した報いで爆弾テロに倒れ、政権は、サパテロ（社会党）に移行するというような変動があった。

一方、ぼく自身の側にも、ベンポスタこども共和国の映画制作（1990年）、ロス・ムチャーチョス・サーカスの招聘（1993年）、RIDEF（フレネ教育者国際集会）の日本開催（1998年）などというイベントが続き、また、大学での授業を担当した（1996－2004年）関係で、学生を引率する旅を毎年重ねたりしたということで、かなり頻繁にスペイン（を含むヨーロッパ）を訪ねることになった。

その積み重ねのなかで、ロマネスクに関する見聞も少しずつ広まり、前著を補完したいという気持ちが強まってきた。そこで、書き直しを始めたところ、ほぼ全面的に新稿ということになってしまい、部分的改訂の域を越えてしまったので、書名も改めることにした。一部、旧著の叙述を残した箇所もあるが、ほぼ「新著」ということでご了解願えれば幸いである。「石も夢みる」という題名は、敬愛するアントニオ・マチャードの「ソリアの野よ　そこでは岩も夢みているようだ」というフレーズからの転用である。

旧著出版の段階では、カスティーリャとアンダルシアを中心とする続

編を予定し、書き出してはみたのだが、けっきょく、実現しないままになってしまった。「最もスペインらしい」とされているところを欠落させているのだが、主題を「ロマネスク」と限定するならば、これでもいいかという気になっている。恐らく、体力的にも経済的にも「続編」の取材は、もう無理だろうなと思っている。

ロマネスクをめぐる何度もの旅は、ひとりでハンドルを握ることもあったが、多くは道連れに恵まれての旅だった。その時々に同行してくれた仲間たちに感謝したい。

とりわけ、1985年から91年まで、連続7回の旅で、存分にロマネスクゆかりの地を訪ねることを可能にしてくださった恩人として、遠藤豊吉氏を忘れることはできない。氏は、1997年に73歳で亡くなられたが、最後までロマネスクの写真集を枕頭に置いて、再訪の夢を抱いていた。

版元の社会評論社とのご縁は、「戦後教育論」に始まって、これで11冊目となる。すべて松田健二氏のご配慮によるものである。この本の旧版を担当してくださったのは福島啓子氏だったが、今回は濱崎誉史朗氏のお世話になった。ありがとうございました。

2007年2月

村田　栄一

44
42
40
38
36 N
8 W
6
4
ラ・コルーニャ
アストゥリアス
サンタンデール
オビエド
ルーゴ
サンチャゴ・デ・コンポステーラ
カンタブリア山脈
レオン
オレンセ
ビーゴ
ガリシア
ブルゴ
サモラ
バリャドリッド
レオン
大西洋
サラマンカ
アビラ
マドリー
ポルトガル
アランフェス
トレド
カセレス
カンポ・デ・クリプター
バダホス
リスボン
シウダード・レア
メリダ
ラ・マンチ
エクストゥレマドゥーラ
コルドバ
ハエン
ウエルバ
アンダルシア
セビーリャ
グラナ
カディス
マラガ
ジブラルタル
タンジール
セウタ
モロッコ

0
200
400
km
フランス
トゥールーズ
フェンテラビア
バスク
ナルボンヌ
サンセバスチャン
ンセスバージェス
ペルピニャン
ピレネー山脈
パンプローナ
タゥール
リポユ
ウエスカ
ジローナ
カタルーニャ
ビック
レリダ
リア
サラゴサ
バルセローナ
アラゴン
タラゴナ
テルエル
メノルカ島
バレンシア
クエンカ
バレンシア
マジョルカ島
アルバセーテ
イビサ島
アリカンテ
フォルメンテーラ島
ムルシア
地中海
ルメリーア
アルジェリア
2
0
2 E
4

村田栄一（むらた・えいいち）

1935年　横浜生まれ
1958年　横浜国立大学学芸学部卒業
1958-80　川崎市立小学校勤務
1996-04年　國學院大学講師（教職課程／教育原理）
現在　教育工房主宰　現代学校運動JAPAN

『学級通信・ガリバー』『戦後教育論』『学級通信・このゆびとまれ』
『無援の前線』『じゃんけん党教育論』
『大学の授業記録・教育原理1』『大学の授業記録・教育原理2』（社会評論社）
『闇への越境』（田畑書店）
『教室のドンキホーテ』『ことばがこどもの未来をひらく』（筑摩書房）
『シエスタの夢／私のスペイン』（理論社）
『教育戯術』（明治図書）
『ことばあそびをしよう』（さ・え・ら書房）
『生きているこども共和国』（風媒社）
『授業からの解放』（雲母書房）
『いま語る戦後教育』（三一書房）

石も夢みるスペインロマネスク

2007年3月15日　初版第1刷発行

著　者：村田栄一
発行人：松田健二
発行所：株式会社社会評論社
東京都文京区本郷2-3-10
TEL 03-3814-3861 Fax 03-3818-2808
http://www.shahyo.com
印　刷：吉原印刷
製　本：東和製本